内部控制·合规管理

——现代企业治理新探

江九顺　艾河清　王亚平　著

中国商业出版社

图书在版编目（CIP）数据

内部控制・合规管理：现代企业治理新探 / 江九顺，艾河清，王亚平著．-- 北京：中国商业出版社，2023.10

ISBN 978-7-5208-2639-6

Ⅰ．①内… Ⅱ．①江… ②艾… ③王… Ⅲ．①企业内部管理－研究②企业管理－研究 Ⅳ．① F272

中国国家版本馆 CIP 数据核字 (2023) 第 182878 号

责任编辑：杨善红
策划编辑：刘万庆

中国商业出版社出版发行

（www.zgsycb.com 100053 北京广安门内报国寺 1 号）

总编室：010-63180647 编辑室：010-83114579

发行部：010-83120835/8286

新华书店经销

定州启航印刷有限公司印刷

*

710 毫米 ×1000 毫米 16 开 13.75 印张 220 千字

2023 年 10 月第 1 版 2024 年 1 月第 1 次印刷

定价：88.00 元

* * * *

（如有印装质量问题可更换）

前　言

企业治理是当前国内外理论界和实务界关注的热点问题。从实践的角度看，它是随着社会经济的发展、经济体制的变化、企业改革的深入，逐渐产生并演化成事关企业生存发展的重大战略问题的。从理论研究的角度看，作为现代企业理论的重要组成部分，它涵盖了企业制度、公司管理、政府规制等研究领域，应用了定量分析、比较分析、案例分析等研究方法，是跨越管理学、经济学、法学、社会学等多个学科的综合性研究课题。

内部控制是由企业董事会、监事会、经理层和全体员工实施的，旨在实现控制目标的过程。企业内部控制是现代企业治理的重要手段。内部控制有效与否，直接关系到一个企业的兴衰成败。企业实行有效的内部控制制度，有助于促进企业发展，提高经济效益。实现合理的内部控制目标，能够保证企业经营管理合法合规、资产安全、财务报告及相关信息真实完整、提高经营效率、促进企业实现发展战略。国内外企业实践证明，内部控制是企业各项管理工作的基础，是企业提高企业管理水平和风险防范能力的一种有效机制。

企业合规是一个涉及企业治理、行政监管、刑法、刑事诉讼法、国际经济法等不同学科的研究领域。从企业合规的本身意义来看，这种强调企业依法依规经营的管理机制属于一种崭新的企业治理方式，它会对那种由董事会与执行部门组成的二元治理结构构成挑战，并逐步发展成以合规管理委员会、首席合规官、合规部门为核心的合规风险防控体系。如果说企业过去将经营风险、财务风险作为主要风险防控对象，那么对合规风险的防控，将成为企业所要防控的第三个对象，由此所建立的合规风险防控体系则成为企业治理的独立部分。自20世纪70年代以来，本来作为企业治理方式的企业合规机制，逐步被纳入政府行政监管和刑事执法的制度体系中来，成为对涉案企业进行行政监管激励和刑法激励的重要手段。由此，行政监管机制和刑事合规机制得到了全面发展，并成为行政法、刑法和刑事诉讼法中的重要研究对象。不仅如此，随着世界经济一体化的发展，诸多国际组织也开始了对企业进行合规治理的实践。最典型的例子是世界银行和一些区域国际银行，在对参与招投标项目的各国企业进行资格审核的过程中，发现存在腐败、欺诈等违规行为的企业，可以对其实施附加条件，责令被制裁企业重建诚信合规体系。只有在经过持续监控认定后企业满足合规要求的前提下，才能恢复其参与招投标的资格。由此，企业合规又进入了国际经济法的领域。

笔者在本书的撰写过程中，参考和借鉴了众多专家学者的论文和著作，并从这些论文、著作中受益匪浅，在此，对这些专家学者一并表示诚挚的感谢。

由于笔者水平有限，虽极力丰富本书内容，力求著作的完美，但不妥之处在所难免，诚望各位同人和广大读者批评指正。

笔者

2023 年 1 月

目 录

第一章 现代企业治理概述

第一节 企业治理的概念

企业治理又名公司治理、企业管治。企业治理问题伴随着企业的出现而产生。1776年，亚当·斯密（Adam Smith）在《国富论》中提出，要想使股份公司董事们监管钱财用途像私人合伙公司合伙人那样周到，是很难做到的。他虽然没有明确提出企业治理的概念，但已经注意到对企业经理人——董事的激励问题。1932年，伯利（Berle）和米恩斯（Means）在《现代公司与私有财产》一书中指出了现代公司的股权结构分散化的特征，并系统论述了所有权与控制权相分离的问题。他们对美国主流公司作了大量分析研究后指出美国的公司已经不再是归投资者所有，公司控制权已经转移到了管理者手中，而管理者的利益与所有者不同，由此产生了代理问题，这被称为研究公司治理问题的起点。

虽然企业治理问题伴随着公司的出现而产生，但是企业治理概念的出现则晚很多。1975年奥利弗·威廉姆森（Oliver Williamson）才首次提出了与企业治理相类似的"治理结构"一词，他认为，企业不是作为一种生产功能出现的，而是作为一种治理结构出现的。1984年英国经济学家的鲍勃·特里克（Bob Tricker）论述了现代企业治理的重要性，这是企业治理概念第一次出现在文献中。

20世纪90年代中期，企业治理才真正成为理论界研究的热点。西方企业治理的专著大多出现在20世纪90年代中期，我国企业治理的专著到21世纪初才出现。迄今为止，研究企业治理的文献数不胜数，该学科是学术界特别关注的学科之一。但学术界对于企业治理的定义界定却存在较大分歧，至今还没有形成一个统一的概念。《新帕尔格雷夫货币金融大辞典》关于企业治理的词条中，描述了并购市场、资本市场、产品竞争、董事会、债权人（贷款人）等经济主体对公司治理的影响，并对今后上述各情形下企业治理状况作出了预测。但他并没有给出企业治理的准确概念。由此看出，要对企业治理作出一个精确的定义是比较困难的。“很难找到一个词像企业治理那样，既引起人们的极大关注，也给人们带来极大的混乱。”尽管如此，国内外很多组织和研究机构对企业治理做了说明，一些国内外著名专家学者也从不同角度对企业治理概念提出了自己的看法。

一、组织和研究机构对企业治理的概念界定

最具代表性的是英国《凯德伯瑞报告》（Cadbury-Report）、经济合作与发展组织（Organization for Economic Cooperation and Development，OECD）和世界银行对企业治理的概念界定。英国《凯德伯瑞报告》提出企业治理是指导和控制公司的维度，董事会负责企业治理；并建议董事们对公司内部控制的有效性进行描述，同时规定建立审计委员会，以对公司的内部控制声明进行复核。可以看出，该报告将企业治理定义为管理和控制企业所依赖的制度。经济合作与发展组织在《公司治理结构原则》中提出，公司治理结构是一种据以对工商公司进行管理和控制的体系。公司治理决定了公司架构，该架构决定了公司的经营目标，并分配现有资源以达成目标，同时监督控制执行情况。良好的公司治理应该能形成适当激励机制，使得董事会和管理层能够作出有益于股东和其他利益相关者的决策，并提供有效监督，从而鼓励公司更加有效地利用资源。世界银行认为，公司治理体系可从公司与公共政策两个角度探讨。从公司角度来说，公司治理是指公司在符合法律与契约的规范内，建立可以促使公司价值最大化的机制，并且公司的决策机构——董事会必须平衡股东及各种利益相关者的权益，以创造公司长期收益；从公共政策角度来说，公司治理是指社会在支持企业发展前提下，要求企业行使权利时，应该尽其应有的社会责任。

由于公司治理涉及的内容非常丰富，研究领域非常广泛，对公司治理概念内涵的理解存在较大偏差。国内外学者对公司治理从不同角度给出的概念，见表 1-1。

表1-1　不同学者对公司治理概念的界定

学者（年份）	内容
科克伦（Cochran）、沃提克（Warkick）（1988）	公司治理要解决的是高级管理人员、股东、董事会和公司的其他利益相关者相互作用产生的诸多特定的问题。公司治理的核心问题是谁从公司的决策中获利、谁应该从公司的决策中获利
特里克（1994）	公司治理包含对现代企业行使权力的整个过程。一般以治理机构为中心，这个治理机构通常为董事会。公司治理可以受到产权股份持有人、高级经理和审计师及其他利益相关者的影响
凯德伯瑞（Cadbury）（1993，2002）	公司治理是掌握、指导和控制公司的制度或系统
吴敬琏（1993）	所谓公司治理结构是指由所有者、董事会和高级经理人员三者组成的一种组织结构。在这种结构中，上述三者之间形成一定的制衡关系。通过这一结构，所有者将自己的资产交由公司董事会托管；公司董事会是公司的最高决策机构，拥有对高级经理人员的聘用、奖惩以及解雇权；高级经理人员受雇于董事会，组成在董事会领导下的执行机构，在董事会的授权范围内经营企业
柯林·梅耶（Colin Mayer）（1995）	公司治理是借以代表和服务于它的投资者利益的一种制度安排。它包括从公司董事会到执行经理人员激励计划的一切东西……公司治理的需求随市场经济中现代股份公司所有权与控制权相分离而产生
哈特（Hart）（1995）	公司治理可以被视为一种对最初契约中没有界定问题进行决策的机制
钱颖一（1996）	公司治理是一套制度安排，用于支配若干在企业中有重大利害关系的团体——投资者（股东和贷款人）、经理人员、职工之间的关系，并从这种联盟中实现经济利益
费方域（1996，1998）	公司治理的本质是一种长期契约关系，公司治理的功能是配置权、责、利，公司治理的起因在产权分离，公司治理的形式多种多样
施莱弗（Shleifer）、维什尼（Vishny）（1997）	公司治理讨论以何种方式确保公司的资金供应者得到他们的投资收益

续表

学者（年份）	内容
凯文等（1999）	我们一般将公司治理定义为能够使组织成功运作的结构、过程、文化和系统。责任是治理的一个子集，包括监控、评估和控制组织的代理人以确保他们的行为维护股东和其他利益相关者的权益
让·梯若尔（Jean Tirole）（1999）	公司治理就是指设计出一系列制度，以使管理者将所有利益相关者的福利引入企业之中
张维迎（1999）	公司治理狭义地讲是指有关公司董事会的功能、结构、股东的权力等方面的制度安排；广义地讲是指有关公司控制权和剩余索取权分配的一整套法律、文化和制度性安排
田志龙（1999）	公司治理的狭义含义是指公司股东经股东大会选举董事会负责公司经营，而董事会又聘用经理人员负责公司的日常管理工作，为股东的利益服务。公司治理的广义定义则涉及公司各方面的当事人，是指公司的利益相关者或当事人用于控制和指导公司管理的一个系统或过程
罗伯特·蒙克斯（Monks.Robert）、尼尔·米诺（Nell Minow）（1995，2001）	公司治理是影响公司的方向和业绩的各类利益相关者之间的关系。公司治理的核心内容是主要利益相关者的权利、责任和影响，以及在决定公司的发展方向、战略、业绩表现时能做什么和应该做什么
李维安（2001）	公司治理是一个由主体和客体、边界和范围、机制和功能、结构和形式等诸多因素构成的体系。公司治理主体是以股东为核心的诸多利益相关者，公司治理的客体由治理边界加以限定
青木昌彦（2001）	我们把公司治理界定为治理参与人策略互动的自我实施机制。这种机制的核心是经理关于在经营业绩不佳的情况下，其他参与人可能的策略反应的预期，这种预期在事前对经理本身的行为构成约束
安达巧（2002）	公司治理是在更广泛的范围内考虑公司为谁存在、能够做什么，并研究公司应该具备哪些功能
约翰·卡弗（John Carver）、卡罗琳·奥里弗（Caroline Oliver）（2002）	最好把公司治理看成是存在于管理现象之外所有权现象之内的活动。公司治理是在超越当前事物和公司的一些具体惯例的层次上进行，并将人们提到一个更高的抽象层面，从而更加清晰地了解董事会的责任

续表

学者（年份）	内容
张春霖（2002）	所谓公司治理，指的是一套规则和相关的机构，这些规则及相关机构调节股东和经理、控股股东和非控股股东、股东和利益相关者之间的关系，以便公司在履行其财物和其他法律的、合同的义务之后实现公司价值最大化
于东智（2002）	公司治理是指如何签订合约、组织和立法的设计以使公司运作得更好的一个多学科交叉的经济学领域
孙永祥（2003）	公司治理是以股东利益为主导，解决好股东、债权人、董事会、经理及其他利益相关者之间相互作用产生的诸多问题
艾伯哈特·史瓦克（Eberhart Schwartz）（2003）	公司治理是指所有为公司建立良好经营机制和监督机制的规则
佐久间信夫（2003）	公司治理是指股东或利益相关者通过与公司之间的利害关系来监督管理者，对管理者产生影响的体系建构、运作
胡鞍钢（2004）	公司治理是对公司进行管理和控制的系统。可基本上看成两个系统三个层次。两个系统是指公司内部的权力分配系统和来自公司外部的市场压力，也就是公司控制权市场。三个层次是公司内部的权力博弈、公司外部的控制权争夺，以及处于两者之间的信息披露
严武（2004）	狭义的公司治理是指建立所有者对经营者的一种有效的监督和约束机制的制度安排。广义的公司治理不仅涉及所有者之间的约束与激励制度安排，不仅是通过股东大会、董事会、监事会以及经理层所构成的内部治理，也涉及股东、债权人、供应商、雇员、政府和社区等所有利益相关者的关系问题
王文钦（2004）	公司治理可以界定为以解决公司管理者与公司股东之间代理问题为目的的构架，公司管理者、公司股东以及公司其他利害关系人之间各项法律的制度安排。这种制度安排首次体现于公司法传统公司组织架构的构造，但也受证券法、竞争法、劳动法、破产法等其他法律的影响
施天涛（2005）	公司治理就是在委托—代理关系中，如何确立委托人与代理人之间的关系，确立他们各自的法律定位，在他们之间分配公司的权力，以及各自如何履行其职责

续表

学者（年份）	内容
玛丽 · 奥苏丽文（Mary Ousiwen）（2005）	公司治理是关于企业法人如何配置其资源和收益的制度的。更确切地说，公司治理体制决定谁在公司中有权作出投资决策，他们可以进行何种投资和投资收益如何分配
陆一（2005）	公司治理是一种指导、管理公司业务和事务的过程与结构，它通过加强公司的绩效与责任、平衡其他利益相关者的利益，从而达到增加公司所有权人长期利益的目标
让 · 梯若尔（Jean Tirole）（2006）	公司治理是关于公司的出资者会采取何种方式来保证他们自己从投资中获得回报
于群（2008）	公司治理可理解为股东、经营者、职工、债权人等利益相关者之间有关公司利益配置的制度或机制
魏明（2011）	公司治理包含两方面含义，静态地看，公司治理是一套制度体系，是人们在特定制度环境中围绕公司这一经济现象而设计出来调节人们之间利益关系的一些约束条件；动态地看，公司治理是一个过程，是在一定制度体系约束下，治理主体利益协调与利益实现的过程
黄少安（2012）	所谓公司治理，是在公司的所有权与经营权分离、所有者与经营者（委托人与代理人）之间信息不对称的前提下，委托人对代理人的激励与约束

二、关于公司治理定义的评述

从表 1-1 可以看出，根据一个年轻学科既有的特点，几乎每个研究者都试图给公司治理下一个定义。尽管他们的观点和范围各有侧重，但大致可归纳为以下几类。

（一）公司治理的狭义论和广义论

美国学者布莱尔教授首先从广义和狭义两个方面定义了公司治理，此后的一些中外学者从其某一方面来界定公司治理的内涵。

狭义的公司治理，在于探讨有关董事会的结构和权利，或者是讨论股东在董事会决策中的权利和特权。狭义的公司治理仅仅涉及董事会以及股东的权利问题。很显然，作为一个经济组织，公司内部的各种结构已经发展到了非常复杂的地步，董事会的确重要，但我们不能因此而忽略其他主体的重要性；股东的权利固然重要，但他们绝不能离开其他参与者的配合。因此，狭义的公司治理仅限于对公司治理简单的，甚至主要是公司内部问题的分析而已。

广义的公司治理，“应该关注的不仅仅是一系列属于股东的有形资产，相反应该关注的是制度安排，这种制度安排控制着所有那些为企业贡献了专用资产的不同成员之间的关系。这些成员不仅包括股东，而且还包括那些为公司增加了专用化技能价值的长期职工，以及供应商、用户或其他也可能进行专用化投资的人”①。广义的公司治理，将其归纳为法律、文化和制度性安排的有机整合。这一整合决定了“公司可以做什么”“谁来控制它们”“这种控制是如何进行的”“它们从事的活动所产生的风险与回报是如何分配的”等。因此，公司治理就是关于如何有效地控制企业内部的资源，即公司如何通过制度安排来影响资源配置的效率和收益的分配。公司治理体制决定了“谁作出投资的最后决策”“投资的类型是什么”，以及“投资的收益如何分配”等公司最基本的问题。经济合作与发展组织（OCED）则给出了一个更全面的定义：公司治理关注于治理公司实体的方式，它与公司内部对业务进行管理的方式存在显著差异。公司治理主要解决董事所面临的一些问题，诸如与公司高级管理层的相互关系，与所有者及其他公司事务关联方包括贷款人、债权人、分析师、审计师和公司管制者之间的相互关系。通过参与公司战略的形成及政策的制定影响公司绩效，通过对管理层的监督和对利益相关者的责任保证公司的一致性等，也在公司治理需要关注的范围之列。因此，广义的公司治理不仅关注公司内部的问题，还考虑公司外部的问题。

综上所述，从学术发展史的角度看，早期学者更多地从狭义角度定义公司治理，而近来的学者则更多地从广义角度界定公司治理。从不同地域来看，采用英美法系的国家或地区更多是持狭义的公司治理的观点，而采用大陆法系的国家或地区则更多是持广义的公司治理的观点。

（二）公司治理的个体论和组织论

从表 1-1 不难看出，一些学者强调公司治理是股东会、董事会和管理层之间在权力、责任和利益之间的分配，即从组织的角度定义公司治理；一些学者则强调股东、利益相关者、董事和经理人等个体在公司治理中的

① 布莱尔．所有权与控制：面向 21 世纪的公司治理探索 [M]．张荣刚，译．北京：中国社会科学出版社，1999：2.

行为以及权益、责任的分配。此外，早期的一些学者主要从完全契约角度定义公司治理，近来的学者开始从不完全契约角度定义公司治理，这反映了公司治理研究的某种动向。

（三）公司治理的法学论和经济学论

从表 1-1 中我们还可以清楚地看到，法学家主要从公司管理者、公司股东以及公司其他利益相关者之间的法律地位、制度安排的角度来定义公司治理，主要关注公司中委托人与代理人之间的权力分配以及各自如何履行其职责；而经济学家则主要从资源配置和收益分配的角度来定义公司治理，他们关心的主要问题是“谁在公司中有权作出投资决策”“他们可以进行何种投资”“投资收益如何分配”，等等。

第二节　企业治理基本理论

一、超产权理论

超产权理论是在 20 世纪 90 年代以后兴起的一种治理理论，是产权理论经过实证解释和逻辑演绎的结果。该理论认为，企业产权改革、利润激励只有在市场竞争的前提下才能发挥其刺激经营者增加努力和投入的作用。要使企业完善自身治理机制，基本动力是引入竞争，产权改革只是改变机制的一种手段。该理论的基本观点有：产权改革并不能保证公司治理机构就一定变得有效，竞争才是保障治理结构改善的根本条件。英国经济学家马丁（Martin）和帕克（Parker）经过实证研究后发现，在竞争比较激烈的市场上，产权改革后的企业平均效益有显著提高，而在垄断市场上并没有明显提高。一些未私有化的国有企业因引入内部竞争机制而走出困境的事例也有很多。澳大利亚经济学教授泰腾郎（Tittenbran）的研究结论也与此相似，他认为，企业效益主要与市场结构即市场竞争程度有关，因而企业仅通过产权改革等措施改善自身的治理结构还不够，而且还需要通过引入竞争性的动力机制。

对经营者的利润激励与企业绩效的提高并不总呈正相关，只有在市场竞争的前提下才是如此。在没有或不完全竞争的市场上，经营者完全可以通过人为抬价来“坐收地租”式地增加自己的利润收益，而不会增加自己的投入，这种情形只有在市场存在较充分的竞争时才会改变。此外，现代企业的经营者不但受剩余索取权的激励，同时还要受剩余控制权收益的激励。控制权收益越高，经营者就越重视他的控制权，这种控制权收益激励同样随市场竞争程度加大而发挥更大的作用。

超产权理论作为公司治理理论的新兴分支，为公司治理提供了新的理论基础。它通过引入市场竞争概念，借鉴了国际上部分国有企业特别是国有控股公司成功的经验，同时，也为健全和完善公司治理结构带来新的启示：只有健全和完善市场体系，并通过积极而主动地参与市场竞争，才能建立起有效的公司治理结构，确保多方利益得以有效实现。

二、两权分离理论

两权分离理论即公司所有权与控制权分离理论，它是随着股份公司的产生而产生的。该理论的代表人物是伯利、米恩斯和钱德勒（Chandler）等。伯利和米恩斯在 1932 年出版的《现代公司与私有财产》一书中，对美国 200 家大型公司进行了分析，发现在这些大型公司中有相当比例的是由并未握有公司股权的高级管理人员控制的。由此得出结论：现代公司已经发生了“所有权与控制权的分离”，公司实际已为职业经理组成的“控制者集团”所控制。钱德勒认为，股权分散的加剧和管理的专业化，使得拥有专业管理知识并垄断了专业经营信息的经理实际上掌握了对企业的控制权，导致“两权分离”。

三、委托代理理论

所有权与控制权分离所带来的最直接问题，是作为失去控制权的所有者如何监督制约拥有控制权的经营者，以实现所有者利益最大化为目标而进行经营决策，而不是滥用经营决策权，这同时也是委托代理理论所要解决的核心问题。委托代理理论是公司治理理论的重要组成部分，该理论将在两权分离的公司制度下的所有者（委托人）和经营者（代理人）双方关系的特点归结为：经济利益不完全一致，承担的风险大小不对等，公司经营状况和资金运用的信息不对称。经营者负责公司的日常经营，拥有绝对的信息优势，为追求自身利益的最大化，其行为很可能与所有者和公司的利益不一致，甚至于损害所有者和公司的利益，从而诱发风险。所有者为了规避这一风险，确保资本安全和最大的投资回报，就要引入公司治理这一机制，实现对经营者的激励和监督。

委托代理理论的基本思想是：公司股东是公司的所有者，即委托代理理论中所指的委托人，经营者是代理人。代理人是自利的经济人，具有不同于公司所有者的利益诉求，具有机会主义的行为倾向。所以，公司治理的中心问题就是解决代理风险问题，即如何使代理人履行忠实义务，具体地说，就是如何建立起有效的激励约束机制，督促经营者为所有者（股东）的利益最大化服务。

四、利益相关者理论

利益相关者理论是近些年发展起来的一种公司治理理论，布赖恩·科伊尔将其称为“利益相关者流派或多元化流派”。利益相关者理论可以追溯到美国学者多德（Dodd）的一个重要思想，他在20世纪30年代初与伯利和米恩斯的一场著名的争论中提出了“董事长应该为谁承担义务”的问题，他主张公司的董事不仅是股东的信托人，还应是公司其他成员的信托人，他们包括公司雇员、消费者，尤其是整个社会。继多德之后，许多学者从不同角度深入研究了公司利益相关者的问题，如公司之所以出现就是因为它和社会成员的互动能够产生单纯的市场交易无法带来的收益——准租金。因此，公司治理的目的在于实现公司利益相关者利益的最大化，而不仅仅是股东利益的最大化；公司的治理也需要各类利益相关者的共同参与，只有调动所有利益相关者的积极性，才能实现良好的公司治理；等等。在利益相关者理论指导下，公司治理问题可以更广泛地理解为一种法律、文化和制度性安排的有机整合。这一整合决定了公司行为的范围、控制权的归属、控制权行使的方式和程序、风险承担与收益分配的机制等。利益相关者理论的要点如下：

其一，董事会是资产的受托人，而不仅仅是股东的受托人。德国学者霍西（Hoshi）认为，“公司治理可以从公司管理受多种利益相关者影响这一角度来定义”，这些利益相关者主要包括股东、银行、雇员、供货商与客户以及政府，此外产品市场、公司法等制度因素也影响公司治理。沃化·施密特（H. Schmidt）进一步认为，关于公司治理结构的讨论应该超越单纯的委托——代理冲突，它是一套公司制度和机构设置，其核心是企业的决策、干预和控制权。

其二，股东并不是公司风险唯一的承担者，而人力资本的投入者比股东承担了更大的风险。美国学者布莱尔等提出，公司除了股东，其他利益相关者如公司的管理人员、员工等也应该是公司治理的主体，而不仅仅是股东的代理人。因为，从风险分担的角度看，真正处于风险之中的不是股东而是公司中的人力资本的投入者，如技术人员、技术工人等，他们投资所形成的专用性人力资本，是一种沉没资本，高度依赖于公司的存在，一旦离开了公司其价值将会大打折扣，前期投资形成的沉没成本根本无法收回。因此，他们应当通过参与公司治理，以保护其专用性人力资本及其收益。

其三，公司的所有决策要充分考虑所有利益相关者的利益均衡问题。利益相关者理论主张，公司应当充分考虑各相关者群体的日常优先权。在公司剩余分配的主张上，他们认为应该充分考虑各利益主体的合理要求。虽然利益相关者理论的这一主张受到来自各方的反驳，但这一理论或思想却因符合新经济的某些要求而备受关注。

其四，劳动市场的刚性是实施利益相关者主义的重要约束条件。富兰克林·艾伦（Franklin Allen）和道格拉斯·盖尔（Douglas Gale）指出，终身雇佣和刚性的劳动力市场似乎是利益相关者资本主义的重要组成部分。为了更加有效地促使所有员工作出努力，必须使公司具有足够大的可能性留住年轻员工。刚性的劳动力市场则为合作提供了机会。这一理论主张也遭到了股东主义者的反驳。迈克尔·詹森（Michael Jensen）指出："利益相关理论的不足之处在于其支持者没有提供解决各方利益冲突的方法。具有讽刺意味的是，利益相关理论导出的是一个与他们提出该理论的初衷完全相反的结果，即当管理者做决策时，实际上没有受到任何约束，故而只会依照他们的偏好。"①股东主义者进一步认为，除非决策是基于股东价值之上，否则冲突很难消除。此外，过多考虑利益相关者的利益，会导致管理者过高的薪酬、福利和缺乏责任感，会造成员工和供应商不恪守职责，会使股东价值被忽视、公司资源被大量浪费，最终使得公司成为易受敌意接管的对象。这一理论甚至会形成傲慢的、迟钝的管理模式，致使公司长期利润低下和股票收益低迷。

① 詹森．企业理论——治理、剩余索取和组织形式[M]．童英，译．上海：上海财经大学出版社，2008：2.

第三节 企业治理结构、治理机制与治理环境

笔者认为，企业治理是从企业治理更一般的理论概括角度来看待的，而企业治理结构、治理机制以及治理环境则是从治理企业的具体权责结构与运营过程等角度来看待的。一方面，企业治理是一个大的理论体系，企业治理结构、治理机制和治理环境则是这个大体系的分支，前者包括了后者的所有意义，后者只是前者的组成部分；另一方面，企业治理与企业治理结构、企业治理机制等又是不同层次的问题。我们甚至可以说，企业治理结构、企业治理机制和企业治理环境共同构成了一个完整的企业治理概念。既然如此，我们就需要搞清楚企业治理结构、企业治理机制和企业治理环境的实际含义。

一、企业治理结构

（一）权责结构

青木昌彦和奥野正宽认为，企业治理结构即法人治理结构，是指在股东、债权人、职工、关联企业、顾客等企业权益人之间有关经营与权利的配置机制。经济合作与发展组织于1998年4月制定了《公司治理结构原则》（以下简称《原则》），该《原则》明确指出："公司治理结构是一种据以对工商业公司进行管理和控制的体系。企业治理结构明确规定了企业的各个参与者的责任和权利分布，诸如董事会、经理层、股东和其他利害相关者。并且清楚地说明了决策企业的事务时所应遵循的规则和程序。同时，它还提供了一种结构，使之用以设置企业目标，也提供了达到这些目标和监管运营的手段。"[①] 也就是说，企业治理结构是指由出资者、董事会、监事会和经营层等组成的一种相互制约的企业组织结构或一套制度规定，并通过这种联盟实现其经济利益。在这个结构中，上述参与者之间形成一定的分工和制衡关系。通过这个结构，出资者将自己的资产交由企业董事会托管；董事会作为出资者的代言人是企业的最高决策和监督机构，拥有对高级经理的聘用、奖惩和解雇权；而高级经理受雇于董事会，并组成在董事会领

① 孙永祥．公司治理结构：理论与实证研究[M].上海：上海人民出版社，2002：293.

导下的执行机构，在董事会授权范围内经营企业。监事会则专门对董事会和经营层的行为进行全面监督。

（二）角色结构

英国学者伊丽莎白·切尔（Elizabeth Chell）从社会学的角度指出，所谓“结构”[①]通常是指人们从事业务活动的条件，是人们在社会环境中的角色与关系。这种角色和关系可以在正式的环境中依法确立，也可以在非正式的环境中随机地形成。组织的结构可以理解为一个角色、相关的人物、报告关系，以及将各种角色成员的工作联系起来并进行沟通所组成的系统。按照这一说法，企业治理结构就是指企业的各方参与人在正式或非正式的制度环境中，逐渐形成的特定角色、报告关系，以及按照工作关系联系起来并进行沟通的组织系统。但角色说法过于一般化，并不能准确地说明企业治理结构的特殊性。

概括地说，企业治理结构就是在企业制度框架内形成的各种结构的总和。一个好的治理结构有助于公司目标的实现，也有助于结构中各个角色功能的有效实现。同时，当治理结构不能适应外部环境时能够实现有效的调整和转换。

二、企业治理机制

一般而言，机制主要是指有机体的结构及其功能之间的关系。企业治理机制则主要指企业的结构及其功能相互协调与制衡的关系，是企业治理学说的重要组成部分。许多学者先后研究了诸如激励机制、约束机制、决策机制、信息披露机制以及控制权市场等公司持有的治理机制。总体来看，这些机制又可合并成内部和外部治理机制两大类。这里，我们除了要搞清楚企业治理机制的基本含义，还要探讨一下不同治理机制之间的关系。

（一）企业治理机制的含义及类型

学者艾伦和盖尔（2000）将公司治理机制界定为引导企业决策和部署战略去实现股东财富最大化的一系列规定，其主要功能就是为价值增加型

① 哲学家皮亚杰指出：“结构是一个由种种转换规律组成的体系。这个转换作为体系（相对于其各成分的性质而言）含有一些规律。正是由于有一套转换规律的作用，转换体系才能保持自己的守恒或使自己本身得到充实。而且，这种转换并不是在这个体系之外完成的，也不是求助于外界的因素。总而言之，一个结构包括了三个特性：整体性、转换性和自身调整性。”

投资提供充分的激励，以提高投资效率。津加莱斯（Zingales）则将公司治理机制界定为由许多约束条件构成的一个集合，这些约束条件能规范对企业的准租金进行事后谈判的行为。其主要功能不但能影响效率，还能决定企业内部租金的分配。我国学者曾德明在对西方国家公司治理机制的比较研究中指出，公司治理机制是监督与约束公司管理层行为的机制。于东智认为，公司治理机制是用来对高级管理人员施压，使他们有效地配置资源，并为股东和利益相关者服务的各种措施。郑志刚认为，公司治理机制指的是公司的投资者利用法律以及公司章程等对保护其自身权益的规定，或者借助市场竞争的自发选择，或者在公司治理理论指导下通过人为的制度设计等来实现的对公司控制和降低代理成本的各种机制和制度安排的总称。杨松武认为，公司治理机制是在现代公司所有权或现金流权与控制权分离的条件下，用于制约"控制者"代理问题的相关制度安排。正如董志强指出的："公司治理机制的一个重要内容，就是对管理层的攫取行为构成有效约束，以克服代理问题。"[①] 马东生和陈国荣认为，公司治理机制可理解为对公司治理各要素之间的在其权力、职责和能力基础之上的一系列选拔、监督和激励的制度安排。

由此，我们认为，首先，公司治理机制的核心在于监督、约束和激励管理层，降低公司运行中的各种代理成本；其次，公司治理机制是一个涉及公司制度的范畴，是在公司治理的基本组织与制度框架下，实现治理公司所要借助的一系列程序和路径；最后，公司治理机制是一种客观存在，我们不太认同将治理机制等同为措施的观点。因为，措施是指人的有意识的行为。的确，从治理机制发挥作用的过程来看，确实离不开人的作用，甚至某些机制就是人们事先设计出来的。但这并不等同于说所有机制都是事先由人设计出来的。比如产品市场机制、声誉机制等。而且，与措施不同，治理机制还具有稳定的可重复性。

多数学者认为，公司治理机制有若干个，大致可分为公司内部治理机制和外部治理机制两大类。这两类机制尽管作用的结果都在于激励和约束代理人的行为，使其为以股东为核心的利益相关者的长远利益服务。但二者的基本性质和发挥作用的程序与路径有很大的差别，甚至有时两者会发生冲突。

---

①董志强．合谋与公司治理——对公司治理中一个政治经济问题的理论考察[M]．北京：经济科学出版社，2009：32.

1. 内部治理机制

内部治理机制主要解决公司股东、董事、经理以及雇员之间由于委托代理关系而产生的激励与约束问题。激励机制、监督机制、决策机制、信息披露机制等都属于内部治理机制。从本质上说，内部治理机制是一种契约型机制，它是可以被人为设计的，并通过事先确立的各类契约，包括公司章程等对经理人的行为进行激励和约束。

2. 外部治理机制

外部治理机制是指影响和约束公司行为和表现的各种外部力量，主要包括产品市场、经理人市场、控制权市场，具有对公司管理者的激励约束作用。从本质上说，外部治理机制是一种干预型机制，它是通过事后可能发生的潜在威胁的约束与压力进而对经理人的行为产生影响的，这种机制的约束作用在时间上是不确定的，而且难以为人所操控。

在外部治理机制之外，则是公司的治理环境，包括政治、法律和文化道德等。有人甚至将各种治理环境看作广义的外部治理机制，但我们认为，将公司治理的外部机制与公司治理的环境区分开来，更有助于对有关问题的深入分析。

（二）内、外部治理机制的比较

现实中的公司治理不只有内部治理机制，也不只有外部治理机制，而是两种机制共同作用于公司的治理。因此，比较两类治理机制的异同，分析它们发挥作用的程序和路径，对公司的治理具有一定的理论和现实意义。

1. 内、外部治理机制的对比

公司的内、外部治理及其机制虽然会产生相同的结果，但两者之间发挥作用的程序和路径却存在很大的差异。

首先，内部治理是一种委托人与代理人之间通过显性和隐性契约进行的直接治理，而外部治理则不能通过签订明确的契约来进行治理，最多通过一些隐性的承诺来进行间接治理。可以说，外部治理机制无法对公司的代理人产生直接的治理作用，必须通过内部治理机制对公司的代理人产生治理效果。

其次，与内部治理机制的事前方式相比，外部治理总是在事后发挥作用。它是公司委托人通过公平的市场竞争机制反映的公司业绩的真实信息，对公司代理人进行考核、监督和奖罚。然而，如果内部治理机制不健全，仅依靠外部机制是无法对公司代理人产生任何约束的。

最后，内部治理是需要付出成本的。例如，委托人为了搜集代理人真实的经营业绩需要付出一定的信息成本、签约成本、激励与监督成本，以及代理人的保证成本等，而外部治理则并不需要花费委托人的资产，只需借助一些“公共品”来完成对公司的治理。表 1-2 总结了公司内、外部治理之间的异同。

表1-2　公司内、外部治理机制的比较

类别	公司内部治理机制	公司外部治理机制
治理参与者的属性	积极的参与者	消极的参与者
治理变量的属性	内生性	外生性
发挥作用的方式	直接的行政方式	间接的市场方式
发挥作用的时间	事前、事中	事后
是否可被人选用	可以	不可以
发挥作用的机制	通过提供公司治理的制度框架、契约结构，使治理者完成对管理层的激励和约束	通过提供公平竞争的市场环境和公司业绩的真实信息，以便于治理者对公司管理层进行考核和监督
主要功用	解决公司股东、董事、经营者及其他利益相关者的相互利益关系	主要影响和约束公司的行为和表现
是否需要付出治理成本	需要	不需要

2. 内部与外部治理机制的协调与冲突

企业治理是一个错综复杂的过程，企业治理机制也是一个权重不同、层次众多的复杂体系。在这些不同的治理机制之间，存在着相互协调和相互冲突的复杂关系。

从治理机制的协调性来看，它是指某些治理机制的指向是基本一致的，它们之间是一种互补或强化的关系。例如，董事会对管理层的监督与监事会对管理层的监督都增强了公司的监督力度，并且，两者是在不同领域进行监督，因此会使监督更全面。再如，公司的激励机制与监督机制是两种不同类型的治理机制，都是针对管理层的行为而设置的，激励可以降低监督的难度，而有效的监督也可以降低激励的成本。但是，这些机制之间并不总是协调的，甚至某些机制间的冲突大大降低了它们的治理效果。

从治理机制的冲突性来看，它是指某些治理机制的基本指向并不一致，甚至是相互抵触的。比如，经理持股的激励机制与收购约束机制、债务机制与收购约束机制、大股东监督机制与收购约束机制、大股东监督机制与小股东利益保护机制之间就是冲突的关系。部分学者甚至通过建立模型进一步研究了经理股权激励机制与收购约束机制之间的具体冲突过程。治理机制之间的冲突与其的人为设计有关。

一个好的公司治理安排是将内部治理机制与外部治理机制进行合理组合，最大限度地发挥其协同作用，而避免产生冲突或弱化其产生冲突的一面。

三、企业治理环境

（一）政治环境

企业的政治环境主要指影响企业运行的各种政治制度因素。政治环境对公司治理会产生各种影响，如：决定谁能拥有公司；一家公司究竟能发展到多大规模；公司生产什么才能盈利；公司如何筹措资本；谁拥有资本并进行投资；管理者或雇员如何看待自身以及彼此之间的关系；公司内部如何进行权力分配；等等。[①]具体而言，企业的政治环境包括司法系统的建立、可靠的货币系统的管理、运输等基础设施的发展、公共安全的维护以及重量和测量的标准、对新建企业设立进入壁垒、税收等，都会对公司的生产成本尤其是代理成本的变动发挥作用。

马克·罗伊（Mark Roe）研究了政治环境对公司代理成本影响的机制。他认为，实行社会民主主义的国家，其公司一般具有较高的第一类代理成本，而实行非社会民主主义的国家，其公司的第一类代理成本则较低。当代理成本较高时，股东的反应是集中股权以最大限度地降低代理成本；当代理成本较低时，股东则没有必要集中股权以对抗经营者。因此，政府的政治主张对公司治理会产生间接影响。

① 罗伊．公司治理的政治维度：政治环境与公司影［M］．陈宇峰，张蕾，陈国营，译．北京：中国人民大学出版社，2008：2.

（二）法律环境

所谓法律环境，主要是指一国或地区的法律完善程度和法律的实施程度。学者丹尼尔·F. 史普博（Daniel F. Spulber）研究了法律关于产权保护、契约法的实施对企业治理的影响。完善的法律体系可以保证外部投资者的权利得以行使，否则，投资者只有通过集中的股权结构来保证其利益。近来一些学者强调了法律体系在公司治理中的基础性作用。此外，也有学者指出，法律与公司代理成本之间有很强的相关性，法律程序越不完善，公司代理成本就越高，反之，就越低。

（三）技术环境

所谓技术环境笼统来说，是指公司所在国家或地区处于怎样的技术发展阶段，比如是工业化早期的技术阶段还是工业化中期或后期的技术阶段；具体是指公司处于怎样的产业领域，比如是传统产业的技术环境，还是高技术产业的技术环境。按照马克思和众多制度经济学家的观点，生产力层面的技术进步必然会对生产关系层面的公司治理产生影响。在这里，我们强调，由于人类社会目前正处于以信息化、高科技为代表的新的技术革命时期，互联网、大数据、云计算和智能化等技术正扑面而来，这不仅改变着人们的理念，对传统的公司治理方式发起了挑战，也为公司的治理提供了新的解决路径和方案。因而，公司治理的研究对此必须高度重视。

综上所述，从企业治理环境到公司内、外部治理机制，就如同一摞叠加起来的“盘子”，处于最基层的是社会的政治、法律、文化以及技术水平，这构成了企业治理的外部环境。这一外部环境对处于顶端的各种市场机制产生基础的约束作用，而各种市场机制和体系作为企业的外部治理机制又对企业的要素市场产生约束作用。要素市场直接影响企业的契约性质，这些契约构成了对公司董事会运作的直接影响。最终由董事会完成对代理人的所有治理活动。

第二章　企业治理的制度背景分析——基于国家与企业双重视角

第一节　国家制度背景下企业治理分析

一、制度、制度环境与制度安排

（一）制度的界定

制度主义者将制度看作影响社会经济结构（包括企业所有制）和企业效率的重要因素。[①]制度主义的先驱凡勃伦（Veblen）最早把制度看作在人们主观心理的基础上产生的思想和习惯。“制度实质上就是个人或社会对有关的某些关系或某些作用的一般思想习惯。而生活方式所构成的是，在某一时期或社会发展的某一阶段通行的制度的综合。因此，从心理学的方面来说，可以概括地把它说成是一种流行的精神态度或一种流行的生活理论。”[②]

制度学派的奠基人康芒斯（Commons）则认为，“制度这个词的意义极其难以确定。有时候一个制度似乎是一座建筑物，是一种法律与规章的框架，个人就好比在这框架之内活动的同居者。有时候又似乎是对这些同居者本身的行为而言。”[③]“假如我们要想求得一种普遍的原则可以适用于一切

①王鹏．投资者保护、代理成本与公司绩效[J]．经济研究，2008（2）：68-82．

②白重恩，刘俏，陆洲，等．中国上市公司治理结构的实证研究[J]．经济研究，2005（2）：81-91．

③卞琳琳，王怀明．股权、董事结构、高管薪酬与上市公司的竞争力[J]．改革，2008（4）：130-134．

的行为而称之为制度，我们可以为制度下个定义说，这是‘集体的行动控制个人的行动’。”①

诺思（North）曾在他的多本著作中给制度下过定义。在他看来，制度其实就是一种“规范人的行为的规则”。他在《经济史中的结构与变迁》一书中写道“制度提供了人类相互影响的框架，它们建立了构成一个社会，或确切地说一种经济秩序的合作与竞争关系”“制度是一系列被制定出来的规则、守法秩序和行为道德、伦理道德，它旨在约束主体福利或效用最大化利益的个人行为”。②

在《制度、制度变迁与经济绩效》一书中，诺思又说“制度是一个社会的游戏规则，更规范地说，它们是决定人们的相互关系的系列约束。制度是由非正式约束（道德的约束、禁忌、习惯、传统和行为准则）和正式的规范（宪法、法令、产权）组成的”③。

舒尔茨（Schultz）将制度定义为一种行为规则，“这些规则涉及社会、政治及经济行为”。他在其《制度与人的经济价值的不断提高》一文中对“制度”作了经典性的分类：①用于降低交易费用的制度，如货币、期货市场等；②用于影响生产要素的所有者之间配置风险的制度，如合约、分成制、合作社、公司、保险、公共社会安全计划等；③用于提供职能组织与个人收入流之间的联系的制度，如财产，包括遗产、资历和劳动者的其他权利等；④用于确立公共品和服务的生产与分配的框架的制度，如高速公路、飞机场、学校和农业试验站等。④

总的来说，经济学家们倾向于把制度理解为与具体行为合集有关的规范体系，即约束人们行为的一整套规则，包括正式的规则（如法律法规）和非正式的规则（如伦理道德）。用通俗的语言来讲，制度就是“一个社会的游戏规则”。

① 宾国强，舒元．股权分割、公司业绩与投资者保护[J]．管理世界，2003（5）：101-108，154.

② 陈冬华，陈信元，万华林．国有企业中的薪酬管制与在职消费[J]．经济研究，2005(2)：92-101.

③ 陈小悦，徐晓东．股权结构、企业绩效与投资者利益保护[J]．经济研究，2001（11）：3-11，94.

④ 胡豪，陈维政．公司治理权变模式研究[J]．四川大学学报(哲学社会科学版)，2005(2)：33-36.

制度可进一步细分为制度环境和制度安排。国内学者把制度环境定义为一系列用来建立生产、交换与分配基础的基本的政治、社会和法律规则，如支配选举、产权和合约权利的规则等。制度环境有时也被称为基础性制度安排，通常认为其包括政治制度、经济制度、法律制度、文化制度、技术制度五个方面。制度安排是指支配经济单位之间合作或竞争方式的一种安排。这种安排可能是正式的，也可能是非正式的；可能是暂时的，也可能是长期的；可能是个人，也可能是一批自愿合作者，或者政府。制度安排能为其成员提供一个可以合作的结构或一个能影响法律或产权变迁的机制。①我们通常所说的一般意义上的制度，指的是制度安排，它有时又被称为第二级制度安排或次级制度安排。

（二）制度环境与制度安排的异同

制度环境与制度安排属于不同层次的制度。一般而言，制度环境是组织难以控制的变量，而制度安排则是组织可以控制的变量。正因如此，新制度经济学一般把制度环境视为制度创新模型的外生变量。

尽管制度环境与制度安排属于不同层次的制度，但二者之间却存在着非常密切的关联。概括而言，制度安排与制度环境之间的相关性主要体现在以下两个方面：一方面，制度安排在制度环境的框架里进行，制度环境决定制度安排。从社会的经济运行和发展的角度来看，制度环境可被解释为一套对所有个体或组织的行为选择都具有直接或间接的约束和引导作用的基础性制度安排，它往往作为一种外围力量决定着个人或组织活动的“合法”边界范围，制度安排只能在这一范围之内进行。一般来说，制度环境决定着制度安排的性质、范围、进程等。从这个角度来看，与制度环境不相适应的制度安排是不会有效率的。另一方面，制度安排可反作用于制度环境。“力的作用是相互的。”当制度环境对制度安排产生作用力时，制度安排也会对制度环境产生一种反作用力。这种反作用力的大小主要取决于新的制度安排所能够带来的收益与对制度环境进行变革所需要的成本之间的差额，新的制度安排带来的净收益与成本之差越大，这种反作用力就越强。在某些因素的影响下，当这种反作用力增强到足够大时，它也会对制度环境造成一定的“伤害”，从而引起基础性制度的变革。这可看作制度安排对制度环境的一种反馈作用。

① 冯根福．关于健全和完善我国上市公司治理结构几个关键问题的思考[J]．当代经济科学，2001（6）：23-28.

二、制度环境与公司治理的相关性

公司治理作为一种制度安排，其机制的选择及其治理作用的发挥要受到企业所处的制度环境的约束。这种约束力可能表现为对治理机制的类型、内部结构安排的影响，进而影响到公司治理机制的作用发挥乃至企业对治理机制的选择。这种作用路径可描述为：制度环境→治理机制的结构安排→治理作用→机制选择。反过来，公司治理机制也可以对制度环境产生作用力。从长远来看，当一种新的治理机制的引入，或对已有治理机制的变革所带来的收益大于对制度环境进行变革的成本时，公司治理机制也可引起制度环境的变迁，其反馈路径可表示为：新的公司治理机制→更高的治理收益→制度环境的变迁。

（一）政治制度与公司治理的相关性

一个国家只有在实现社会的和平稳定之后，才能进行生产。不同的国家通过不同的途径实现社会的和平和稳定，这些途径根植于商业企业、公司所有权模式以及公司治理结构。实现并维持社会和平的途径存在多样性，并且正是这种多样性更好地解释了“为什么世界上的公司治理结构会存在差异”。

公司与国家政治紧密相连，只有同政治要求相一致的公司制度安排才有可能很好地发挥作用。政治可以从以下七个方面对公司产生影响：能决定谁拥有公司；究竟能发展到多大规模；公司生产什么才能盈利；公司如何筹措资本；谁拥有资本并进行投资；管理者或雇员如何看待自身以及彼此之间的关系，公司内部如何进行权力分配。①

具体地说，政治制度环境对公司治理的影响主要体现在以下三个方面：

第一，一个国家社会的民主程度在某种程度上决定着企业的所有权结构进而影响公司治理机制的选择。社会民主的压力会导致管理者偏离股东利润最大化目标，并且弱化使管理者与股东目标相一致的现代手段（如激励性薪酬、透明性财务、敌意收购）的作用，这使得股权分散有着较高的代理成本，而大股东持有模式可成为控制上述成本的最佳途径，即社会民主与所有权集中之间呈现一种正向关系。换句话说，社会民主与分散化的公司所有权之间存在着冲突，在社会民主下，最好的选择就是集中的所有权

① 黄速建，余菁．国有企业的性质、目标与社会责任[J]．中国工业经济，2006（2）：68-76.

结构。[①] 这种影响力是通过股东对自身利益的关注间接产生的，是在政治因素的影响下股东自主选择的结果，不具有强制性。

第二，一个国家的阶级本质和公民在国家生活中的地位决定了各利益相关者在公司治理中的地位乃至其治理作用，从而在一定程度上造成了各国公司在治理主体选择上的差异，这必将影响到一国企业内部董事会的结构安排及其治理功能。例如，西方资本主义国家的政治制度是为资产阶级服务的，国家政权的主要任务是保护资产阶级的利益，普通公民属于被剥削的阶级。在经济生活中，国家强调资本的作用，资本雇佣劳动的理论盛行。这一切也体现在公司治理中，表现为股东在公司治理中的绝对地位，公司经营强调"股东利益至上"。而在一些社会主义国家，如南斯拉夫，则强调劳动者在国家生活中的主导地位，员工是公司治理中的治理主体，并以"员工利益至上"为公司治理目标。

第三，政治会直接要求公司的治理结构遵循某种模式，从而决定着公司治理结构的特征。在公司治理中，国家的意志维护某一或某些阶级的利益可以通过董事会这一治理机制体现出来。不同的政治制度中，公司董事会的董事成员来源不同、比例不同、代表或维护的利益相关者的利益不同，从而形成了不同的公司治理结构特征。如在德国，劳工依旧占据监事会的半数席位，这是公司治理的政治性决定因素中最显而易见的一个例证。[②] 政治也会直接要求公司的所有权结构遵循某种模式。政治对公司治理的直接作用力往往具有强制性。

（二）经济制度对公司治理的影响

经济制度环境中对公司行为影响最为明显的就是市场体系。这类市场体系主要包括产品市场、证券市场和经理市场。市场是企业活动的主要场所，一个国家或地区市场体系的完善和成熟程度在很大程度上影响着企业行为的选择。在公司治理中，这种影响尤为明显。

1. 证券市场对公司治理机制的影响

首先，证券市场的成熟度影响着公司的融资结构，进而决定了融资结构机制的治理作用。如果一个国家拥有活跃的股票市场，并且有完善的法

① 纪宝成．国有经济制度创新的几个理论与实践问题研究 [J]．中国人民大学学报，2004（5）：25-33.

② 简新华，石华巍．独立董事的"独立性悖论"和有效行权的制度设计 [J]．中国工业经济，2006（3）：60-67.

律制度，则该国公司更容易获得外部资金。证券市场的成熟度决定了公司在融资活动中可采用的融资方式以及每种融资方式的融资成本。同不发达的证券市场相比较，发达的证券市场为公司提供了更多可供选择的融资方式以及较低的融资成本，这必然会影响到公司的融资结构。在证券市场发达的国家，企业更青睐于股权融资和债券融资（如英美国家）；而在证券市场不发达的国家，企业则更多地采用债权融资的方式，其中又以银行贷款为主要形式（如德日国家）。不同的融资方式决定了公司不同的资本结构，也决定了股权方和债权方在公司治理中的地位及参与程度，进而形成了不同特征的公司治理机制。

其次，证券市场的发育程度影响着公司的股权结构，由此影响着股权结构机制的治理作用。一个国家的股票市场的发育程度，影响着股东参与公司治理的方式。在股票市场运行规范的国家，股东的利益能够得到较好的保护，股东多采用“用脚投票”的方式参与公司治理；而在股票市场运行不规范的国家，股东利益往往得不到有效保护，这时，作为一种替代保护机制，股东会通过提高持股比例，以“用手投票”的方式参与公司治理，从而引起企业股权结构的变化，进而影响这一治理机制的治理作用。

再次，证券市场影响着敌意接管、代理权竞争、管理报酬等机制治理作用的发挥。敌意接管机制和代理权竞争机制的治理作用的充分发挥都以股票的自由流动为基础，成熟的证券市场则为此提供了条件。在规范的证券市场上，股票价格能够较为真实地反映公司业绩的波动，这更利于接管方发现接管目标企业，也为代理权竞争方把握发起代理权竞争活动的时机提供了有价值的信息。股票价格与公司业绩的挂钩也使得对管理者实施的股票期权的激励作用能够得到更好的发挥。

最后，运行规范的证券市场本身具有一定的治理功能。证券市场的定价功能使得公司业绩与股票价格挂钩，运行规范的证券市场可以有效地传递公司的经营信息。为了避免公司及个人声誉受损而受到股东“抛股”的惩罚，经理人员必须把企业业绩维持在一定的满意度之上，这就要求他们努力工作，减少其机会主义行为。

2. 产品市场的竞争性与公司治理机制

首先，来自产品市场的竞争压力影响着公司所有权的结构，进而影响着股权结构的治理作用。产品市场作为市场体系中最重要的一部分，对企业及企业管理人员的行为起着非常重要的激励和约束作用。当产品市场的竞争异常激烈时，迫于生存的压力，经理人员会自觉地通过努力工作，使股东的利益可以得到较好的保护。此时，出于投机和分散投资风险的目的，股东倾向于分散持股，从而形成分散的所有权结构。而微弱的产品市场削弱了对代理成本的重要约束，使得分散的所有权结构下的股东成本更高，相应地，这促使实现更为集中的所有权模式。① 不同的所有权结构决定了股权结构的治理功能。

其次，竞争性的产品市场对公司治理有着一定的替代作用。企业作为一个向市场提供产品的有机组织，其经营业绩的好坏、管理者个人收入的高低乃至其管理职位的稳定在很大程度上依赖于企业产品在市场上的竞争力。竞争性的产品与要素市场作为一种"硬预算约束"和激励机制，考验着企业的生存能力，并淘汰不合格企业，这给经理人员造成了极大的外部压力。破产退出的威胁迫使想控制企业资源的经理们努力提高公司效益，避免沦为被清算的对象。② 在动态的产品市场上，竞争可能具有"赢者通吃"的特征。在一个强大的竞争对手面前，一家企业可能会失去其全部市场份额。因此，可以将这种产品市场的竞争看成是接管的替代物。即产品市场上的竞争起着接管的作用，有着更强的管理团队的企业会占领拥有较弱的管理团队的企业的产品市场。这种威胁可以有效地约束和激励经理人员。③ 此外，竞争可以向资产所有者提供关于成本和经理努力程度的信息。利用这些信息，资产所有者可以制定更有效的激励机制并对经理努力程度进行更加准确的评估。由此可见，产品市场上的竞争能有效地促进公司治理。产品市场的开放和竞争不仅可以提高资源配置的效率，增加社会福利，也促进了公司治理的完善和代理成本的降低。

再次，从监督成本的角度来说，股东要对经理人员的行为进行有效监督就必须收集大量的信息，需要花费一定的成本，产品市场的竞争则可以节约这些成本，在一定程度上替代内部监督。当外部人员拥有的信息有限时，产品市场上的机制就是最重要的。当既不存在能充分获取信息的股东，又没有控制管理决策的有效机制时，公司竞争就起到两个作用，既能约束

---

① 金雪军，潘丽春．代理权竞争价值：案例研究[J]．管理世界，2003（9）：146-147，153.

② 李新春，苏琦，董文卓．公司治理与企业家精神[J]．经济研究，2006（2）：57-68.

③ 李富强，王林辉，董直庆．国企治理新模式：多元目标、相容激励和有效委托理论及实证分析[J]．中国软科学，2006（1）：124-131.

管理者，又能选择出最强管理者。在无法获得与最优管理战略有关的信息时，次优的选择也许就是让不同的管理者进行竞争，看谁能在竞争中胜出。[①]而从另外一个角度来看，竞争的产品市场还可以服务于一种信号机制，可以作为企业业绩评价的标准。[②]这一信号机制为控制市场上的接管者和代理权竞争者提供了有价值的信息，从而为接管机制和代理权竞争机制作用的发挥提供了机会。

最后，产品市场作为一种外部约束，在很大程度上起着激励和约束经理人行为的作用。这种治理作用的大小取决于产品市场竞争的充分程度，来自产品市场的竞争越公平、越激烈，这种激励和约束作用就越有效，故一定的产品市场竞争可替代公司内部监督，从而提高公司治理的效率。有效竞争的产品市场的治理功能可以减轻所有者对公司进行治理的压力，也可因此而降低其对公司治理结构进行革新和完善的积极性，进而影响到公司治理机制的选择。

3. 经理市场的治理功能及其对公司治理的作用

发达的经理市场能够起到对经理人员行为的激励和约束功能，在一定程度上起到替代或加强公司治理的作用。首先，在一个发达完善的经理市场上，存在着许多职业的经理人员，企业所有者可以根据现任经理人员的表现而对其进行替换。经理市场上的职业经理人员作为公司职位的潜在竞争者能够对现任经理人员的心理形成一种无形的压力，这种压力迫使他们努力工作，并约束其机会主义行为，从而使公司降低代理成本。其次，在成熟的经理市场上，有着畅通的信息传递机制，经理人员过去和现在的经营业绩极大地影响其未来收益甚至其职业生涯。此时，"声誉"成为经理人员的一种潜在的收益，成为其管理报酬的一部分。"由于现在的行为有一种持久的'记忆'，当过去的纪录被用于为现在的行为提供信誉时，代理人声誉的价值提高了。如果这种体现率不是很大，那么现在的行动会有长期的影响。当这些结果的资本价值的收益比违约行为、偷懒和当前行为中错误的利益更大时，声誉的损失可以作为一种威慑力量。"[③]拥有良好的声誉意味

① 李寿喜．产权、代理成本和代理效率[J]. 经济研究，2007（1）：102-113.

② 李涛．国有股权、经营风险、预算软约束与公司业绩：中国上市公司的实证发现[J]. 经济研究，2005（7）：77-89.

③ 李向荣．制度环境约束下的国有企业及其治理模式选择[J]. 商业经济与管理，2008(3)：26-30.

着将来更好的工作岗位和更高的薪酬，而不好的声誉不仅影响着经理人员未来的收益，甚至还可能使其职位不保。这使得声誉成为一种有效的激励机制，激励经理人员勤奋工作。此外，代理权竞争和接管的成功往往意味着企业高层管理人员的替换，成熟的经理市场则为这种人事变动提供了便利，有效地降低了所有者对新任经理人员的选择成本，从而对代理权竞争机制、接管机制治理作用的发挥提供了保障。

（三）法律制度与公司治理的关联

法律制度是以立法的形式对个人或组织的行为进行规范和约束的制度安排的总和。每一个国家都会制定一系列的经济法规，这些法律法规被用来规范和约束企业的经营活动，以促进经济的健康发展，也被用来保护某些集团或阶级的利益。这些法律法规极大地影响着企业的经营行为，也影响着公司治理机制的选择。

首先，法律制度对产权的保护程度决定了公司资本结构中股权分布的特征。公司治理在很大程度上是外部投资者为保护其利益免于被公司内部人攫取的一组制度安排。不同国家上市公司的股权集中存在较大的差异，而投资者能否得到法律保护是造成这一差异的重要原因。研究表明，一个国家的法律对外部投资者的保护程度与该国公司的股权集中度是有某种关联的。股权集中度与法律对股东的保护之间存在着一种替代关系。当投资者的权利保护弱化时，内部人就具有大量有效剥夺外部投资者的机会。[①]这时，投资者的理性选择是提高持股比例，通过掌握有效的控制权来监督和约束代理人的行为，以此降低代理成本（此处的代理成本可能来自经理人员，也可能来自大股东），这将导致公司股权的集中。简森（Jensen）和梅克林（Meckling）认为，企业内部股东的持股比例越高，其代理成本就越低。同时，当法律体系对股东利益的保护不力时，中小股东的利益面临较大的被侵犯风险，导致购买股票的需求不足或股价偏低，这会妨碍发起人股票融资的积极性，也将导致股权的相对集中。[②]相反，对小股东进行较多的法律保护意味着不需要较高的股权集中度，这使得公司更容易获得外

① 李增泉．激励机制与企业绩效——一项基于上市公司的实证研究[J]．会计研究，2000（1）：24-30.

②李维安，李建标．股权、董事会治理与中国上市公司的企业信用[J]．管理世界，2003(9)：103-109，5，1.

部融资，而且降低了资本成本。[1]美国学者亨伯格（Himmelberg）、哈伯德（Hubbard）和拉芙（Love）的研究表明，投资者利益保护情况对公司的融资成本将产生较大的影响，投资者利益保护越好，公司的融资成本越低。姜付秀等的研究发现，我国上市公司的股权融资成本与投资者利益保护呈显著的负相关关系。经验结果显示，正是由于一国的投资者保护程度与其公司股权集中度之间的替代关系的存在，在法律对投资人保护较好的普法系国家，公司治理机制更为合理，资本在企业间的配置更加有效，而在法律对投资人保护较弱的大陆法系国家，企业具有更高的股权集中度。这表明，法律制度对投资人利益的保护程度会影响融资结构、股权结构等治理机制的治理作用。

其次，法律制度中为了规范市场的运行而制定的一些规章制度影响着公司外部治理机制的治理作用，从而间接地影响到公司治理机制的选择。如证券法的出台，对证券市场的运行起到了规范作用，促进了证券市场的发展和完善，而证券市场的成熟意味着其价格定位功能的完善和企业融资渠道的多样化。证券市场的价格定位功能表现为股票价格的涨跌能够反映公司业绩的变化，这既为股东了解企业经营状况、收集相关信息进而对管理者作出奖惩（用脚投票）提供了帮助，也为接管企业发现目标收购企业提供了便利，从而促进了代理权竞争和接管机制治理作用的发挥。此外，有利的法律制度和法律环境有助于企业的融资活动，降低融资成本，并提供企业成长的源泉。融资渠道的多样化则为企业的融资活动提供了更多的选择，企业可以更合理地选择融资方式，优化融资结构，从而提高融资结构治理机制的治理作用。这表明，法律制度中为了规范市场运作而制定的相关法规对一些公司治理机制治理作用的发挥有着明显的促进作用。

最后，与公司治理相关的法律法规可以直接对公司的治理结构产生影响。例如，公司法的出台，直接决定了公司治理的内部结构安排（如对董事会中独立董事比例的规定），影响了内部治理机制的治理作用，而信息披露制度的出台则以强制性的方式迫使企业公开内部经营信息，因此提高了企业经营的透明度，使得外部投资者（小股东）的治理作用更加明显，并增加了企业被接管的风险。此外，很多国家以法律的形式对不同类型投资者的持股比例进行了规定，从而影响了公司的股东类型和股权结构。例如，

① 林毅夫，蔡昉，李周．国有企业改革的核心是创造竞争的环境[J]．改革，1995（3）：17-28.

美国对机构投资者持股比例的限制在一定程度上决定了美国公司中股权结构分散的资本结构特征，进而形成了以外部治理为主的治理体系。

（四）文化制度对公司治理的内化性影响

文化制度是指一系列对个人或组织行为产生约束作用的非正式规则的总和，这些规则往往以习俗、惯例和知识的形式存在。文化制度对公司治理机制形成的影响虽不像政治、法律制度那样直接、明显，但它对公司治理机制的影响往往更加深刻、持久。

诺思认为制度是基于个人行为约束而设计的，但这里的个人不是总在寻求自身经济利益最大化的独立的“经济人”，而是具有多维性的社会人，而个人选择是直接镶嵌到社会文化结构中的。[①] 文化制度对经济发展的影响主要表现在两个方面：一是以习俗、习惯、知识等形式积累下来的非正式规则对人们经济行为的约束；二是以道德伦理观为主体的社会精神对人们价值取向的影响。[②] 文化对经济的影响可以是直接的，也可以是间接的，它可以通过影响制度的生成而间接影响经济发展，也可以通过直接影响人的行为从而对经济发展起作用。文化直接影响人的行为可以通过两种方式实现；既可以通过共享价值观的形式直接引导人的行为，也可以通过舆论的形式约束人的行为，如西方典型的精神观念“时间就是金钱”“信誉就是金钱”“金钱应该用于增值”等，它们作为一种特殊的伦理规范直接影响了人们的行为。

反映在公司治理中，文化制度对公司治理机制的影响也是双面的。它可作为一种精神观念直接影响人们在构建公司治理机制时的行为选择，也可通过对其他制度的生成加以影响，进而间接地作用于公司治理机制的形成。这两种影响往往同时发挥作用，相互交织在一起共同影响着公司治理机制的特征。例如，美国人在其历史文化的熏陶下，其家庭持股现象相当普遍，使得美国公司在股权市场的融资成本较低，从而使企业形成了以股权融资为主的融资方式和较高的股权融资比例的资本结构。另外，美国人对“平等”的狂热追求，使得他们对经济中的金融垄断行为极其厌恶。为了迎合民意，政府出台了相关法律来限制金融机构和机构投资者在同一企业中的持股比例，从而造就了美国公司中股权相对分散的股权结构。然而

① 林毅夫，刘培林．自生能力和国企改革[J]．经济研究，2001（9）：60-70.

② 林毅夫，李志赟．政策性负担、道德风险与预算软约束[J]．经济研究，2004（2）：17-27.

分散的股权结构降低了股东参与公司治理的积极性，股东"用脚投票"为主的治理方式难以对经营者进行有效的监督。为此，政府又构建了发达的市场体系，以市场的力量加强对经营者的激励和约束，并由此演化出其他一系列以外部治理为主的治理机制。这些都是文化对美国公司治理结构形成的影响。

（五）技术制度环境对企业治理的外化性作用

技术制度环境对企业治理的影响，主要是利用现代通信、网络、信息、大数据分析与处理等技术，改善了企业内部在信息不完全、不对称等方面的问题，降低了企业代理成本。同时，利用良好的技术制度环境，促进处于不同产业链阶段、不同地理区域、不同产业之间企业的创新与合作，以进一步改善企业的治理问题。

1. 技术进步改善内部治理问题

随着信息技术、通信技术、网络技术等在企业中的应用，企业的业务活动越来越依赖于电子信息技术，尤其是在当今大数据、智能计算、移动互联和云计算技术背景下，技术已经内嵌到企业的生产经营过程中。[①]麦克道尔（Mcdowall）认为信息技术是强化企业治理的重要手段，信息技术可以内化到组织内部，以数据的规范化和标准化促进企业形成标准化的治理结构。人员招聘、物资采购、市场营销、内部沟通、生产过程控制等方面都离不开技术，技术及信息已成为企业生产经营及管理活动中的一种重要资源。通过对企业生产经营过程中信息的收集、处理和使用，为企业制定生产经营和管理决策提供依据，提高了企业信息的及时性、完整性和真实性，增加了企业内部不同层级管理人员获取信息的便捷性和可能性，降低了企业由于信息不完全和不对称造成的代理问题和代理成本，促进企业治理的改善。同时，企业的投资主体（股东和债权人）按照技术治理或者企业治理的规定，要求经营者将企业的经营活动信息及时、完整地呈现出来，为资本所有者监督和干预企业生产经营活动创造了更加有利的条件。

在不断丰富的信息和技术基础上，不同的资本所有者能够更低成本、更便捷、更快速地获取企业生产经营活动中的信息，了解企业经营的风险和收益情况，并以此强化投资者信心。而对于偏离投资者意志的企业经营活动，现代信息和通信技术可以帮助投资者迅速、准确地对其进行纠偏。

---

① 王钦．海尔新模式：互联网转型的行动路线图[M]．北京：中信出版社，2015：4.

对于股东来说，信息技术为其更方便、有效地参与公司治理提供了可能；网络视频、在线会议减少了地理空间的限制，为股东更方便地参与股东大会表达资本意志提供了条件；在线投票系统、电子计分系统可以提高股东大会效率，降低治理成本并提高治理的透明度；数据库后台管理与分析系统与当前的云计算等技术的结合，可以丰富、完善公司的知识库、思想库，提高股东大会的效率和决策质量；通过获取更加全面的治理信息，可以有效提高股东大会对董事会和经理层的监督力度和监管水平，实现对股东利益的有效保护。①

从现有企业信息系统的建设情况来看，对于债权人来说，现代信息与通信技术为其更快速、便捷地获取中小企业的生产经营及市场信息提供了可能。通过更准确、及时的信息获取，减少了企业与债权人之间的信息不对称情况，这为债权人客观认识中小企业并为其提供资金创造了条件。对于人力资本出资人来说，无论是企业高级管理人员还是一般员工，通过对信息系统的建设加快了企业人员间信息的传播和沟通速度，避免了沟通的时滞和误差，降低了人力资本的损耗，有利于人力资本价值的发挥。此外，通过便捷的信息技术，人力资本所有者可以在更广阔的地理范围区间内流动，实现人力资本从属于物质资本地位的显著改善。

2. 新技术背景下企业网络治理

技术不仅改善了资本所有者对企业的治理方式和治理效果，还促进了企业创新经营方式，形成了虚拟企业、战略联盟和企业集群等相关网络组织，这些新型经营方式的出现使得传统层级治理结构和市场化治理结构朝着网络化治理结构的方式转变。哥德曼（Goldman）等基于企业合作的动态联盟的基础，提出了现代企业的敏捷制造模式，并将这种模式中的生产单位界定为“虚拟组织”。达维多（Davidow）和马龙（Malone）从企业内外两个维度对“虚拟企业”进行界定。从企业外部来看，这类企业“几乎没有边界，公司、供应商和顾客之间的关系充满了变化”；从企业内部来看，这类企业区别于传统职能式和机械式的企业，这类企业是动态的，传统部门根据需要在不断地变革之中。②以虚拟企业为代表的网络组织，其显著特点就是组织边界的模糊化、核心竞争力凸显、以信息及现代物流技术为支撑。

① 何伟．信息技术与公司治理创新[J]．经济与管理，2003（8）：16-17，21.

②DACIDOW MALONE. The Virtual Corporation: Structuring and Revitalizing the Corporation for the 21st Century[M]. Harper Paperbacks, 1993.

随着现代通信、信息、物流等产业的发展，中小企业的网络趋势愈加显著，企业利用其掌握的核心能力，整合各种市场资源，将非核心业务外包并形成产业之间或企业之间明确的合作关系，以增加对动态环境的快速适应性。与企业生产经营方式变化相对应的是加强对企业间关系的治理，以促进企业之间的合作与竞争。传统的市场竞争和内部治理朝着网络治理的方式转变。

从技术促进网络组织产生和发展的这一现实来看，解决网络组织的治理结构问题同样需要从技术着手。徐宁将虚拟企业分为市场导向型虚拟企业和战略导向型虚拟企业，对于前者的治理应采用核心企业的权力治理机制与外部市场治理机制相结合；对于后者的治理，主要通过建立信任机制，促进集体惯性和互惠规范的形成并营造合作的网络文化。[①]李维安等认为网络治理是公司治理的延伸，应参照公司治理的制度设计并创新制度。企业要积极参与到网络组织中，将自身生产经营活动与网络联结，并形成网络组织中的每一个有效节点。[②]对于整体网络组织的治理，需要结合不同网络组织的特征采取针对性的措施。对于每一个企业来说，提升自身在技术、市场、生产运营等方面的优势才可以保证不为网络组织所摒弃，才能保持在网络组织中的重要地位。

第二节　企业内部治理结构及机制

一、董事会、监事会、首席执行官与企业治理

（一）董事会制度的内涵

1. 董事会的类型

全美董事联合会咨询委员会（NACD）对企业治理的目标定义如下：确保公司的长期战略目标和计划被确立，以及为实现这些目标而建立适当的管理结构（组织、系统、人员），同时要确保这些管理结构有效运作以保持公司的完整、声誉以及它的各个组成部分负起责任。NACD 的这个定义实际

① 徐宁．虚拟企业网络治理模式研究[J]．华东经济管理，2010，24（10）：89-91．

②李维安，林润辉，范建红．网络治理研究前沿与述评[J]．南开管理评论，2014，17(5)：42-53．

上是将公司的董事会看作治理结构的核心，针对不同类型的董事会功能而言的。NACD 根据功能将董事会分成四种类型：①底限董事会。仅为了满足法律上的程序要求而存在。②形式董事会。仅具有象征性或名义上的作用，是比较典型的橡皮图章机构。③监督董事会。检查计划、政策、战略的制定及执行情况，评价经理人员的业绩。④决策董事会。参与公司战略目标、计划的制订，并在授权经理人员实施公司战略的时候按照自身的偏好进行干预。

董事会的四种不同类型反映了董事会在公司治理中扮演不同的角色，发挥不同的作用。底限董事会和形式董事会主要出现在早期的公司治理结构中，其发挥的作用是很有限的。现存的董事会类型主要是决策董事会和监督董事会。在我国，公司治理趋于良性的公司，其董事会的类型为决策董事会或监督董事会；而治理机制不健全的公司及一些小型公司，董事会存在虚设的现象，其类型多为底限董事会或形式董事会。决策与监督型的董事会，在公司治理中有着举足轻重的地位。我们也应认识到，董事会职能的变化是社会经济生活发生变化的必然结果。

另外，从公司演化的角度看，董事会也可以分为以下四种类型：①立宪董事会。强调董事会是依照一定的法律程序，在某个权力主体的批准下成立的。政府颁布的公司法对公司而言就是一部宪法，董事会依照法律规定成立，仅具有形式上的意义。公司要么由创始人控制，要么由首席执行官（CEO）控制。在规模小、技术水平低的私人公司中，这类董事会比较多。②咨询董事会。随着公司规模的扩大和经营复杂程度的提高，CEO 需要更多的专业人员帮助，如技术专家、财务顾问、法律顾问等。CEO 通过招募这些人进入董事会来获得他们的帮助。如果这些人是公司外部的专家，则董事会属于“外部人控制型”，如果这些人是公司内部的专职人员，则董事会属于“内部人控制型”。在这个过程中，董事会素质得到了提高，职能得到了很好的发挥，其独立性也得到增强。当前绝大部分美国公司的董事会属于这一类型。③社团董事会。随着股权分散化、公众化程度的提高，董事会内部将形成不同的利益集团，不同意见通过少数服从多数的投票机制解决。这样的董事会需要经常召开会议，且董事们必须出席会议，否则董事会可能通过一些不利于某一集团或董事的决议。一些大型的公开上市公司存在这样的董事会。④公共董事会。董事会成员包括政治利益集团代表，仅在公有制或混合所有制的公司中存在这种董事会。

2. 董事会职能

根据公司法规定和公司章程，公司董事会是公司经营决策机构，也是股东会的常设权力机构。董事会向股东会负责。董事会的职能主要有：

其一，董事会拥有公司决策权，这是董事会的基本职能。在股东大会闭会期间，董事会是公司的最高决策机构，是公司的法定代表。可以说，除了股东大会拥有或授予其他机构（授权董事会）拥有的权利之外，公司的一切权力皆由股东大会行使或授权董事会行使。董事会的重大决策权，主要是指董事会有权对公司的经营管理事项作出决定，主要体现为对公司经营的方向、战略、方针以及重大措施的决定权。

其二，董事会拥有监督职能。主要表现在行使职责聘任和解雇经理人员，和通过制定重大和长期战略来约束经理人员的行为。董事会对执行机构的监督是为了监督其决定是否贯彻落实以及经理人员是否称职。董事会对经理人员的监督表现为一种制衡关系。由于董事只是股东的委托人，有些董事本身是股东，有些董事不是股东，并且董事会和经理人员分享经营权，可能存在董事人员偷懒或与经理人员合谋损害股东利益的问题。所以，董事会对经理的监督是有限度的监督。

其三，经济合作与发展组织出台的《公司治理准则》对公司董事会制定了下列关键职能：①审查和指导制定公司战略、重要的行动计划、风险对策、年度预算和商业计划，制定绩效目标、监督目标的执行和企业绩效的实现，监督重要的资金支出、收购和出售等行为。②监控公司的治理实践成效，在必要的时候加以方向上的干预。③选择、确定报酬、监控关键的经营主管人员，在必要的时候，更换关键的经营主管人员；监督更替计划。④协调关键经营主管人员和董事会的薪酬，使之与公司和股东长期利益保持一致。⑤保证董事会的选聘和任命过程的正规化、透明化。

（二）监事会与企业治理

1. 监事会及其监督

监事会是公司内部的专职监督机构。监事会对股东大会负责，以出资人代表的身份行使监督权力，其监督具有如下特点：一是监事会具有完全独立性。监事会一经股东大会授权，就完全独立地行使监督权，不受其他机构的干预。董事、经理人员不得兼任监事。二是监事行使监督职权具有平等性。所有监事对公司的业务和账册均有平等的无差别的监督权。

监事会的基本职能是监督公司的一切经营活动，以董事会和总经理为监督对象，在监督过程中，随时要求董事会和经理人员纠正违反公司章程的行为。为了完成其监督职能，监事会成员必须列席董事会会议，以便了解决策情况，同时对业务活动进行全面监督。监事会向股东大会报告监督情况，为股东大会行使重大决策权提供必要的信息。

从监事会监督的主要形式来看，为了完成监督职能，监事会不仅要进行会计监督，而且要进行业务监督；不仅要有事后监督，而且要有事前和事中监督（计划、决策时的监督）。监事会对经营管理的业务监督包括以下方面：

（1）通知经营管理机构停止其违法行为。当董事或经理人员执行业务时违反法律、公司章程以及从事登记营业范围之外的业务时，监事会有权通知他们停止其行为。

（2）随时调查公司的财务状况，审查账簿文件，并有权要求董事会向其提供情况。

（3）审核董事会编制并提供给股东大会的各种报表，并把审核意见向股东大会报告。

（4）当监事会认为有必要时，一般是在公司出现重大问题时，可以提议召开股东大会。

（5）在以下特殊情况下，监事会有代表公司之权：一是当公司与董事间发生诉讼时，除法律另有规定外，由监督机构代表公司作为诉讼一方处理有关法律事宜。二是当董事或他人与本公司有交涉时，监事会代表公司与其进行交涉。三是当监事调查公司业务及财务状况，审核账簿报表时，代表公司委托律师、会计师或其他监督法人。

2. 重塑我国公司治理监督机制

首先，保证监事会的地位和职权。应赋予监事会更多的权力，如董事会成员的任免应由监事会根据对董事工作业绩的评价考核向股东大会提议，由股东大会根据其提议最终确定。若董事会成员有重大违规或损害公司利益的行为，应赋予监事会特别免除权；为有效履行监督权，应赋予监事会充分的知情权和审查权。可借鉴《国有企业监事会暂行条例》相应条款及监事会知情权保障的措施，适当增加关于阻挠或不能保障监事会知情者的责任条款，增加保障监事会获得事前、事中监控的信息而不只限于事后财务信息的条款。股东大会仍是最终权力决定机构，其在特定情况下（当监事会渎职或不能胜任监督工作造成股东的巨大损失时）可以特定多数罢免监事会，以加大对监事会的约束。

其次，规范监事会成员的构成和资质要求。监事会成员的构成表明其监督时的利益取向。委托代理理论认为有效的监督应使监督者承担剩余风险和获取剩余收益。监事会成员应由以下人员构成：①资本所有者符合以上特点，其应由股东大会推举进入监事会。由于股东责任的有限性，在不同的状态下，一部分剩余风险将转移给债权人、员工等利益相关者。②商业银行往往是我国公司的主要债权人，故应根据公司负债的不同规模分别确定不同债权主体的银行代表进入监事会，这样既可发挥银行代表专业优势、信息优势的特长，又可改变债权人目前大多只能消极、被动地保护自己权益的局面，并可将债权人利益损失降到最低程度。③对于员工代表进入监事会的内容，《中华人民共和国公司法》对此已有规定，只是应进一步细化员工代表在监事会中的人数、相应的权限，做到既发挥员工主观能动性，保护其利益，又不至于干扰、延误公司的重大经营决策。有一点必须明确，由于监事会要对业务领导进行监督，所以就不能让业务领导者（董事、高级经理、财务负责人等）参加选举及担任监事。④为兼顾公司利益相关者的利益（客户、社区、环保等），同时防止内部监事被内部人收买，应从公司外部引入适当比例的独立监事。监事会的规模及其成员构成均应根据公司不同规模、性质在有关法律规范中予以明确规定，监事会要能切实履行法定职责，监事必须具备过硬的业务素质和职业道德，还应有相应资格认证，这在公司法及相关法规中也应予以明确。

再次，为协调目前独立董事与监事会功能的冲突，可将除审计委员会外的其他专门委员会中独立董事的职能定位为“顾问”或“专家智囊”，以保证董事会决策的科学性。可将审计委员会的职能整合并入监事会，这样不仅可以避免功能类同的机构重复设置造成资源浪费和执行效率下降，还可以避免兼职独立董事受时间、精力、信息的限制难以做到过程监控的缺陷。

最后，建立直接通向监事会的员工及小股东申诉机制。这是公司监督机制中非常重要的一环。大公司员工众多，能进入监事会的只是极少数；小股东为数众多而且分散，能进入监事会的可能性极小，并且与大股东的投资目的不同，他们在公司中均属于弱势群体。通过开放性的信息渠道建立的申诉机制，使监事会能广泛地听取广大弱势群体的声音，收集信息和线索，披露和曝光管理层滥用职权等道德行为，维护利益相关者的利益，更好地发挥监督作用。为有效地发挥这一机制的作用，监事会应指派专人负责该机制的相关工作，并定期就其中重要项目及其处理结果做公开说明，或在公司网站进行公开或发表声明。

（三）CEO 与企业治理

从理论上讲，董事会有权将部分经营管理权力委托给代理人代为执行，这个代理人就是公司政策执行机构的最高负责人。这个人一般被称为首席执行官，即 CEO。在多数情况下，首席执行官是由董事长兼任的。即使不是由董事长兼任，担任此职的人也必然是公司的执行董事并且是公司董事长的继承人。

1. 适宜 CEO 体制的董事会结构

董事会的治理结构最终要作到明晰和完善，需要专业化的技巧，即应该分清董事职责，细化内部分工和权力制衡。董事之间的职责无明细分工，表面上做到了权力的对等，实质上，当公司在董事较多的情况下，如果按正常程序进行决策，则很难应对千变万化的市场环境，最终导致董事会失去科学的决策能力和监督能力。董事会仅靠每年两次或四次全体会议是很难从组织上有效地履行其职责的。治理结构要求专业化的技巧，这些技巧必须通过董事会层次的委员会才能得到最佳执行。因此，在美、英等国家，董事会中通常会设置一些专业委员会，分别负责协调董事会做好各项工作。典型的专门委员会有执行委员会、审计委员会、薪酬委员会、提名委员会，其中审计委员会、薪酬委员会和提名委员会是英、美上市公司必须具有的。其具体内容如下：

（1）执行委员会。执行委员会通常由 CEO 及其他执行董事组成（也可以包括非董事的高级管理人员），是公司的最高经营领导核心，作为董事会的常设机构在董事会闭会期间代行董事会的职权。CEO（多数情况下兼任董事长）任该委员会主席。执行委员会可以每周召开一次会议，主要任务是决定和审查公司政策，并对大量日常工作和活动作出协调性决定，包括：听取情况汇报，审阅业务报告，审查投资和利润，就各部门提出的建议进行商讨等。

（2）审计委员会。其成员主要是公司的外部独立董事。审计委员会负责对公司的经济运行和财务活动进行审计监督。在不设立监事会的情况下，审计委员会起着监事会的作用。而且，由于审计委员会比公司法要求的监事会更具有独立性，其产生的效果更好。审计委员会还是公司与外部独立审计师之间矛盾的缓冲器，主要表现在减少管理层对外部审计师活动的影响和干扰，充分发挥外部审计的独立鉴证功能。

（3）薪酬委员会。薪酬委员会负责研究公司董事和高级管理人员的报酬事项（包括固定薪金的比例及持股方案等），向董事会提交薪酬方案。其目的是通过薪酬方案的杠杆作用，强调长期业绩的意义，以调动高级经理人员着眼于公司长期业绩的经营积极性。薪酬委员会基本上由外部董事组成。

（4）提名委员会。提名委员会负责向股东大会提交每年改选的董事名单和候选人名单，并负责寻找和提出 CEO 的继任人选，报请董事会考虑。提名委员会通常由外部董事组成。

从以上董事会的职责和结构分析可以看出，CEO 体制下，在董事会的人员组成中推行外部董事或独立董事制度对于完善公司治理结构是必要的，即公司董事包括内部董事和外部董事，外部董事中又以独立董事为主。独立董事需要在实践中积累经验，并在权责利相统一的机制下工作，不能只流于形式。比如有的公司邀请名人、熟人担任公司独立董事，就很可能会造成独立董事制度的“变形走样”。因此，董事会必须对每一名董事的绩效进行定期评估，并建立相应的激励机制。不管是执行董事、外部董事还是独立董事，都要承担相应的责任。

2. CEO 与公司治理体制

CEO 的作用和职能既不同于董事长，也不同于总经理。他行使了董事会的一部分职权，又行使了总经理的一部分职权，是一种权力的结合。CEO 的出现在某种意义上代表着将董事会手中的一些决策权过渡到经营层手中。CEO 是决策层与执行层的有机结合。CEO 的出现有效地解决了决策层与执行层的断裂问题，增强了企业的决策和执行能力，既提高了企业工作效率，又降低了企业管理成本。特别在经营风险较大、需要赋予公司执行者较大的决策权限的民营与高科技企业，CEO 制度对其有着特别的意义。

CEO 的权力与企业总经理的权限有明显差异：第一，CEO 对企业命脉有决策权，而总经理只是受命于董事会；第二，CEO 拥有股东的分配权，CEO 不仅采取年薪制，还持有股权年终分红，也可以拥有期权。尽管 CEO 与总经理，形式上都是企业的“一把手”，但 CEO 既是行政一把手，又是股东权益代言人。大多数情况下，CEO 是作为董事会成员出现的，总经理则不一定是董事会成员。从这个意义上讲，CEO 代表着企业，并对企业经营负根本责任。CEO 的权限比总经理大。

CEO 的主要职责有三个方面：①决策公司所有重大事务和人事任免。

公司重大经营决策和重要人事变动都由 CEO 作出决策，但 CEO 作出决策之后，权力就下放给具体主管，如总裁或首席运营官（COO）、首席财务官（CFO）、首席技术官（CTO）、首席信息官（CIO）等。在实际的执行过程中，CEO 具体干预较少。②打造企业文化。CEO 不仅要制定公司的大政方针，还要营造一种促使员工愿意为公司服务的企业文化氛围。CEO 是公司的精神领袖，总揽全局，制定公司的发展方向和远景设想。③推广公司的形象。CEO 的一个重要职责是企业形象推广，推广的对象可能是公司的投资者、潜在的客户、债权人及其他利益相关者。

在 CEO 体制下，董事会普遍发挥着“看门人”的作用，董事会成为“小董事会”，不再对重大的经营决策拍板，董事会的主要功能是选择、考评管理人员和制定以 CEO 为中心的管理层的激励制度，但 CEO 要接受董事会的监督和制约。

在 CEO 体制下，总裁或执行总裁是公司日常经营管理负责人，对 CEO 负责，比董事会领导下的总经理的职权要小。实行 CEO 体制是解决目前我国公司中董事长与总经理之间矛盾的一种有效途径。按照我国公司法的规定，董事长是股份公司的法定代表人，同时应当是股东的最大受托人，也是首席代理人，承担公司最重要的法律责任。可是公司法规定董事长的职权只有：①主持股东大会和召集、主持董事会会议；②检查董事会决议的实施情况；③签署公司股票、公司债券。公司的经营职权全部放在总经理身上，由此出现董事长的责任和权力不对称的情况。在公司运作实践中，董事长授权总经理经营，或者直接干预总经理的职权，董事长和总经理的矛盾频发。CEO 体制是一种解决矛盾的办法，CEO 既对董事会的决策产生重大影响，又对执行董事会的决议负责，上下贯通，权责对应。

二、资本结构与公司治理

（一）资本结构概述

资本结构是指企业各种资本的构成和比例关系。广义的资本结构是指企业全部资本的构成，不仅包括长期资本，还包括短期资本（主要指短期债务资本）。狭义的资本结构是指长期资本结构，而把短期债务资本列入营运资本来管理。企业的资本结构是由企业采用各种方式筹资形成的，筹资方式的不同组合类型决定着企业的资本结构及其变化。通常情况下，企业采用债务筹资和权益筹资结合的组合，由此形成的资本结构又称杠杆资本结构，可以用杠杆比率（债务比率）加以表示。简而言之，资本结构就是企业的资产中权益与负债的构成比例。

资本结构是公司治理的前提和基础，公司治理是资本结构的体现和反映，不同的资本结构设计影响了公司的治理成本。因此，可以通过资本结构的调整与变动，有效构建公司治理。从理论上讲，只有公司治理达到这样一种状态，即能够均衡所有对公司有经济资产投入的利益主体在公司中的权利和利益，才是效率最高的治理结构。公司为了达到较理想的治理绩效就要在资本结构中对负债和股权结构进行选择，进而形成资本结构的治理效应。

（二）资本结构的公司治理效应

1. 股权的公司治理效应

股权的治理效应，也就是股权结构对企业治理效率的影响，其具体表现为股东如何有效地控制和监督经营者行为。股权结构对公司治理的影响主要取决于两个因素——股权集中度和股权构成，股权集中度和股权构成的不同安排对企业的治理结构和经营绩效都有决定性的影响，合理的股权结构才能形成完善的治理结构。

一般认为，在股权高度集中的情况下，股权结构对公司治理既可能产生利益趋同效应，又可能产生利益侵占效应。所谓利益趋同效应，是指由于股权高度集中，使大股东具有足够的激励去收集信息并有效地监督管理层，从而避免股权高度分散情况下的“免费搭车”问题。所谓利益侵占效应，是指控股股东的利益和外部小股东的利益常常并不一致，在缺乏外部控制监督的情况下，控股股东可能以其他股东的利益为代价来追求自身利益，从而使自身利益最大化。而在股权高度分散的情况下，股权结构过于分散易造成“内部人控制”问题。内部人是指经营管理企业的经理人员，由于他们相对于外部股东而言具有明显的信息优势，并且他们和股东的效用目标不同，存在着经理人员为了追求自身利益的最大化，而损害股东利益的可能。“内部人控制”主要表现在过分在职消费、短期行为和过度投资等方面。

就股权构成而言，大多数上市公司，股东包括个人、非金融企业、非银行金融机构、政府、国外投资者、一般职工及高层管理者，在一些国家，商业银行也成为上市公司的股东，甚至是大股东。股东性质的多样性，使得股东对公司进行监督和控制的手段以及进行监控的积极性各有不同。比如，银行作为公司的股东，可以利用其向公司发放贷款和其在银行开设的账户，对公司的经营状况和财务状况进行及时的监督和控制。

股权视角下的公司治理机制主要体现在股票的所有者，股东拥有对企业的剩余索取权和剩余控制权。一方面，作为公司股权资本的供给者，股东拥有由其出资期所决定的资本受益权，此种受益权是一种剩余索取权。股东根据其所持股份等比例地获取企业的剩余收益，即对企业收入扣除其他所有固定开支后的余额。另一方面，作为企业剩余收益索取者的股东，拥有企业的剩余控制权，此种剩余控制权是通过股东所持股票的投票权实现的。在上市公司中，股东对企业的控制权主要是通过内部治理机制和控制权市场两种途径来实施的。

内部治理机制是股东以其所拥有的“每股一票”的投票权，通过投票选择经营者和参与公司重大事项的决策来实现的。首先，股东通过股东大会来行使投票权，达到对公司的最终控制。在投票制基础上，一些要夺取公司管理权的人（包括股东），也可不通过收购股份而是通过说服、联合其他股东，以争夺更多投票选举的方式挤掉在职管理者或改变公司的决策。投票制和在此基础上形成的争夺代理权，就是股东控制权的基本形式。其次，由股东决定董事会的人选，而董事会这种内部治理机制的一个功能就是控制经理和股东利益之间的不一致、监管沉溺于机会主义行为的经理。特别是部分股东进入董事会之后，股东的控制权又顺延到董事会中或间接通过董事会机能进一步发挥出对经理层的控制作用，如果经理未能对股东尽到法律上的义务，或者股东认为经营者因道德风险行为而未能使经营有效率时，股东可以通过董事会更换经理。董事会监控成为股东控制权的又一形式。内部治理机制的有效性受多方面因素的制约，主要包括股权结构、股票所有权的集中程度、股东的性质、股东的投票权限的强弱和投票机制。

当公司股权很分散或者股权结构中存在大量的有“廉价投票权”的股票，使得内部治理机制不能有效发挥作用，这时通过市场退出和控制权市场这种外部治理机制来有效地解决股东控制经理的问题。股东对公司业绩和管理效率表示不满或失望的信号就是利用资本市场转让股份或抛出股票。控制权市场主要通过兼并、收购、敌意收购、杠杆收购等方式来使企业达到效率经营目的。这种对公司经营者有致命打击的“接管”是资本市场比较发达的国家中一个非常重要的外部治理机制。股票的可转让性及股票的所有权特征构成了控制权市场的基础。当企业的经理经营不善，经营效率低下，或者股东无法有效地对董事会和经理进行控制时，股东可以将权力转移给能为股东利益进行效率经营的经理。而且，控制权市场的存在，能给企业经理以潜在的压力，使董事会和经理能自觉地按股东利益要求，从事经营活动。退出和接管机制，可以说是股东的一种激烈彻底的外部控制权形式。市场退出和控制权市场这些外部治理机制有效性的必要条件是公司的股票必须公开发行，而且还必须能在资本市场自由地买卖；充分条件是资本市场必须是有效率的市场，即资本市场上交易的金融证券的价格要能正确地反映公司的经营业绩。在这种情况下，资本市场的定价功能才能正确且充分地发挥作用。否则，就会使企业的外部治理机制扭曲，造成治理失灵。

投票权、争夺代理权、董事会监控、退出和接管机制共同组成一个有机的股东控制权体系，该体系又构成公司治理机制的基本组成部分。在这里需要注意的是，同样是股东，小股东的控制意义就无法与大股东相比。小股东发挥作用的主要途径就是投票权和退出，对公司经营者起不到太大的制约作用。争夺代理权、董事会监控和接管这些直接决定公司经营者命运的控制活动基本都是由大股东或机构投资者操控。不过，小股东往往成为大股东为壮大自己竞争实力时所考虑的联合对象。

2. 债权的公司治理效应

债权的治理效应，即负债对公司治理机制效率的影响。债权的“相机控制”使公司的控制权在公司发生财务危机、面临破产的情况下发生了转移，公司的剩余控制权和剩余索取权由股东转移到债权人，从而实现治理机制的重新安排，这种情况下可以实现债权人直接对经营者的控制。负债可以更好地约束经营，所以在强化债权的“相机控制”的基础上适当增加负债比率也可以起到对“内部人控制”的抑制作用。

债务合约具有这样的特征：债务人向债权人承诺一个非或有的支付流；债权人有权在违约状态下取消债务人资产的赎回权；破产时债权人有优先权。在新古典企业金融理论中，在企业正常经营的情况下，债权人按负债合约规定获取固定利息收益，债权人不拥有企业的剩余索取权和剩余控制权；当企业破产时，债权人通过清算，获取企业的剩余索取权。在现代企业金融理论中，债务合约不仅隐含着对现金流量的状态索取权，还隐含着控制权的配置。在委托代理理论中，负债的作用是在破产可能性出现的情况下，阻止企业继续经营。在交易费用理论中，负债是通过破产的威胁来对经营者施加市场压力的工具。在不完全合约理论中，强调的是负债所具有的企业重组功能，认为当企业经营破产时，不仅是剩余索取权由股东向债权人的转移，还包含着控制权的转移。负债从本质上隐含着对控制权的配置，当企业违反债务合约或资不抵债时，债权人拥有企业的控制权，可以通过处理抵押资产、迫使企业破产等方式来行使控制权，对经营者构成硬约束。这就是说债权人对企业的控制通常是通过受法律规范的破产程序来进行的。

大多数国家的破产法规定债权人对偿债能力不足的企业可以有两种处理方式：一种是清算，即把企业的资产拆开卖掉，收益按债权的优先序列分配；另一种是重组，即由股东、债权人和经营者等就是否对负债企业的资产及负债重新进行调整、组合和处理的协商过程。如果重组后的价值大于清算的价值，破产企业可能被重组。典型的债务重组是“债转股”，延期偿债，减免债务本金和利息，注入新的资本等；典型的资产重组包括剥离不良资产，引入新的管理制度，改变经营方向及采用更合适的生产技术。

由于交易成本问题，清算与重组两种方式之间的选择与债权人的债权集中度有关。如果债权人比较集中，每个债权人持有的债权比较大，那么重组的可能性就大，因为大的债权人清算后的损失大，所以债权人较集中时达成重组协议的可能性也大。相反，由于债权人比较分散，每个债权人持有的债权相对较小，重组的成本就高，清算的可能性就大。

尽管债权人控制的意义多围绕着破产情形，债务融资也可能提供其他方式来有效缓解经营者的代理问题。债务会迫使经理将企业现金收入及时分配给投资者而不是用来自己挥霍，债务还会迫使经理出售不良资产及限制经理进行无效但能增加其权力的投资。当债务人无力偿债或企业需要再融资以偿还到期债务时，债权人就会根据债务合约对企业的财务状况进行调查，从而有助于揭示企业的信息并更好地约束和监督经理。

（三）公司治理对资本结构的影响

1. 国内外理论研究成果

针对公司治理对资本结构的影响研究直到20世纪70年代后期才开始受到学术界的重视。在这方面进行开创性研究的是詹森（Jensen）和梅克林（Mecking）。他们提出的代理成本理论从股权结构和管理者激励的全新视角探讨了资本结构的决定因素，指出公司最优资本结构取决于外部股权代理成本与外部债务代理成本。针对资本结构的代理成本理论，国外学者做了大量实证研究。凯姆（Kim）和索勒森（Sorensen）的研究认为，公司选择负债融资的可能性会随着管理者持股比率的提高而增大。莫德（Mohd）、佩里（Perry）和林贝（Rimbey）研究了管理者持股和股权分散程度对资本结构的影响，结果表明，管理者持股比率与负债比率呈负相关，股份分散程度与负债比率呈正相关。蒂莫西·布雷尔斯福德（Timothy Brailsford）等以216家澳大利亚上市公司为样本进行的实证研究发现，公司负债水平与其外部股权呈正相关，与内部人持股呈“U”形曲线关系。

国内学者开展公司治理对资本结构影响的实证研究是在21世纪初才兴起的。主要发现有：①股权集中度（第一大股东持股比率）与负债比率呈负相关（梁彤缨等）。②流通股比率与负债比率不相关（蒋殿春、曹廷求、孙文祥），但也有一些研究认为两者的关系是负相关（谭克、肖作平）。③负债比率随着管理者持股比率的增加而下降（吕长江、王克敏、顾乃康、杨涛），但曹廷求、孙文祥的研究表明，负债比率与董事长持股比率呈正相关，而与总经理持股比率的关系在统计上不明显。肖作平却得出了二者不相关的结论。④董事会构成对公司资本结构具有重要影响，董事会中内部董事占大多数，导致对“内部人控制”失控，上市公司内部人可以不受股东和市场的约束，按照自己的意志和价值取向选择融资方式和安排资本结构，形成强烈的股权融资偏好（黄少安、张岗）。⑤中国上市公司经理的收益主要来自控制权收益，而与股票价格无关，股票价格对管理层不构成约束和激励，因而管理层并不关心配股造成的股价下跌（刘明、袁国泉）。⑥国有上市公司高管激励模式属于行政导向，民营上市公司的高管激励模式属于市场导向，但两类上市公司高管激励模式的不同并没有导致其资本结构的差异（吴晓求等）。

2. 公司治理中影响资本结构的因素分析

（1）股权结构对资本结构的影响。股权集中度是股权结构的基本标志。股权集中度对公司融资决策有很大影响，因为融资方式的选择要涉及两种关键成本：一是风险成本，即投资者的投资风险损失；二是治理成本，即维持公司治理有效运作而发生的成本，它主要包括治理的组织结构本身发生的成本和治理活动的组织协调成本。这两种成本与股权的集中或分散存在密切关系，如果公司存在控股股东即股权高度集中于第一大股东手中（拥有绝对控股权或相对控股权），按照所有权与剩余索取权相匹配的原则，公司所取得的利益大部分应该归该股东所有。在利益的驱动下，第一大股东为追求自身利益的最大化，就会利用一切制度和手段积极主动地监控经营者的行为。由于这属于高度的内部监控，监控花费少，治理成本低，但股权高度集中在第一大股东手里，对该股东来说投资风险大，风险成本高。因此当一家公司股权高度集中于第一大股东时，其在融资方式的选择上更有可能选择通过股权融资，以分散投资风险，减少风险成本，结果是该公司的股份由更多的股东持有，第一大股东的风险成本虽然降低了，但相应地也削弱了其对公司的控制权。随着公司股权的日趋分散，公司的治理成本会不断上升，第一大股东为了防止控制权的进一步松散以及治理成本的上升，在融资方式的选择上就更倾向于负债融资。

如果公司存在若干个大股东，那么随着大股东持股比率的增大，其监督和控制管理者行为的激励也会随之增强以保护其显著的投资利益。由于债务作为一种治理机制在约束管理者的在职消费行为方面较其他直接干预的方法效率更高，而大股东持有比管理者更为分散的投资组合，风险厌恶程度相对较低，大股东具有使用债务机制的偏好，并拥有足够的投票权以实现其偏好。另外，持股比率较高的第二大股东的存在，将对第一大股东起到一定的制衡作用，使公司在资本机构决策中可以避免出现绝对控股情况下第一大股东的"一言堂"现象。

（2）董事会特征对资本结构的影响。

首先，董事会规模会对公司资本机构决策产生一定影响。一种解释是，董事会规模越大，越难以达成一致意见。如果采用股权融资方式，由于存在股权和控制权稀释效应，公司要付出较高的交易成本解决沟通和协调问题。而负债融资方式不会稀释现有股东的股权，也不会轻易动摇现有股东的地位，因而容易被董事们接受。另一种解释是，董事会规模越大，越容易被经理们所控制，董事会成为一种象征性组织的可能性就越大。这样经理们的效用函数就决定了公司融资方式的选择。

其次，董事会构成同样会影响资本结构决策。内部董事通常是指担任董事的控股股东和公司经理等内部人，内部董事比率越高，董事会独立性就越低，公司的资本结构决策将在更大程度上反映内部人的融资偏好。在我国，股权融资市场存在软性分红约束。股权融资不仅资本成本低，不影响控股股东和经理对公司的控制权，还增加了可自由支配的现金流；而债务融资却减少了公司的自由现金流，对内部人具有更强的约束作用。所以，内部人偏好较低的负债水平。在现代公司，董事会是股东的受托人，董事会的独立性是其对经理层进行有效监督的前提。独立董事由于在财产、人格、业务、利益和运作上都具有独立性，可以比较客观、公正地参与董事会的活动，有利于董事会对公司资本结构决策的独立判断。

最后，董事长和总经理两职状态也会影响公司资本结构。董事长和总经理两职状态，即董事长是否兼任总经理，是董事会的另一特征。当董事长和总经理两职合一时，由于决策控制权和决策管理权集于一身将导致董事会对总经理监督的有效性降低，如董事会不能有效地行使监督、考核、解聘总经理等关键职能，内部治理系统将失灵，这时，董事长或总经理对公司的融资决策就有绝对的发言权。由于控制权市场和经理市场在我国仍不发达，不足以对管理层构成威胁，通过发行股票筹集的资金被普遍视为既缺乏监督约束又没有偿付股息压力的免费且永久的资金，而董事长或总经理支配的这种资金越多，越有利于自身效用的最大化。因此，相对于负债融资而言，股权融资给两职合一的董事长或总经理带来的收益更多，公司更倾向于股权融资。当董事长和总经理两职分离时，股权融资的大部分收益会被协调董事长和总经理之间的意见分歧而产生的交易成本所抵消，对于董事长或总经理来说，负债融资的收益会大于股权融资的收益，而公司更倾向于负债融资。

三、公司治理中的激励机制与约束机制

（一）公司治理中的激励机制

1. 激励与激励机制的内涵

激励是指激发人的动机的心理指向与过程，即主体在某种内部因素或外部刺激作用下，把行为保持在满足、渴望、兴奋、专注的状态下。因此，从广义上说，激励就是调动人的积极性；从狭义上说，激励是一种刺激，是外部条件满足个人需要，而使人的心理处于高度激发的状态和过程。激励是人在内在驱动力和外在刺激的作用下，其需要、动机、行为和目标之间的关系发生相互作用的过程。能满足人的需要的因素都可以作为激励的因素。激励要满足三个条件：一是个人的努力能够得到组织的认可；二是依据个人绩效给予适当的奖励；三是这种奖励能有效地满足个人需要。这三者共同作用，才能有效地激发个人的积极性，个人能力才会得到保持，并会使工作干得更加出色。

组织行为学有一个著名公式：绩效 = 能力 × 激励。完全的激励只有在

小业主制企业或“自然人”企业中才存在。现实的激励都是不完全的激励。有研究证明，一个没有受到激励的人，仅能发挥其能力的 20% ~ 30%，而当他受到激励时，其能力可以发挥出 80% ~ 90%。企业或经营者的经营业绩取决于三个因素：经营者的能力、激励状况和工作环境（主要是公司治理）。为什么要对经理人进行激励？要从经理人的人力资本（管理知识、经验和能力）、公司制企业风险机制的客观性、企业经营权的垄断等方面全面理解对经理人激励的根源所在。

一个好的管理层激励制度要解决以下三个问题：一是通过工作评价，解决内部管理人员之间的公平比较问题；二是解决与经理人市场接轨的问题；三是安排管理层的职业发展问题。激励机制，就是激励相容机制，激励相容就是将个人利益和他人利益统一起来，使得每个人在追求其个人利益的同时达到了其他制度安排设计者所想达到的目标。

从一定意义上说，激励机制通常是以双赢的方式在一定的制度框架内为使委托人和代理人的最大化利益都得以实现所做的制度安排。机制是学术上的说法，对应到现实中就是制度和规则。机制设计是指先给定一个组织目标，然后相应地设计一套规则，通过这套规则的实施，使得每一个参与经济活动的人，在掌握个人信息的情况下出于对自身利益的考虑而行事，其最终博弈结果能够实现该组织所设定的目标。经济学中的关键词之一就是“机制设计”，机制设计的重心在于改变行为主体的激励结构——一句话：你不愿意做的事情，我赋予你一种奖励让你去做；你不应该做的事情，我给你一种事前惩罚不让你做。激励机制是通过合理的设计使经营者的目标和股东及其他利益相关者的目标达到最大限度的统一，将经营者对个人效用最大化的追求转化为对企业利润最大化的追求，最大限度地实现公司的整体利益。

激励机制是机制体系中重要的机制之一。制度安排决定收益分配规则，收益分配规则决定了个人的激励机制，而个人激励机制决定了个人的行为，所有个人的行为合在一起决定了公司绩效。激励机制是所有者与经营者等利益相关者如何分享企业经营成果的一种契约。激励机制的核心是通过合理的设计使经营者等利益相关者的目标和股东的目标达到最大限度的统一，将经营者等利益相关者对个人效用最大化的追求转化为对企业利润最大化的追求，从而最大限度地实现公司的整体利益。激励机制的设计应尽可能地将经营者所创造的收益与其所得保持较高的正相关。激励的主要来源是剩余索取权，公平合理地分配剩余索取权对大多数要素所有者来说是最大的激励。而剩余索取规则应该解决两个方面的问题：一是谁来索取剩余，二是按什么原则索取剩余。前者指“谁创造剩余、谁获取剩余”，这是基础层面的制度安排；后者指剩余索取权与剩余控制权的对应。

2. 建立有效激励机制的两个环节

（1）对企业及经理人的经营绩效进行准确评估。绩效是指通过工作所产生的符合要求的结果的数量、质量及效率。绩效的考核与评估是绩效管理的核心环节。绩效管理是以结果为导向的，评估的标准、过程和方法，直接影响着考核结果的客观与公正。绩效管理的中心任务是构建一套科学合理的评估体系，主要包括指标设计和考核办法两个方面。作为企业价值评价的指标应该具备三个条件：一是它与企业价值之间存在天然联系；二是能够说明企业价值的来源——未来现金流的折现值；三是对企业真实的经营业绩、经营活动作出判断。

企业的复杂劳动其过程是难以直接监控、衡量的，更多地只能通过劳动结果来衡量，而在分配上的结果就是企业家的报酬不再单独由劳动时间或过程决定，要与产出、经济效益挂钩。如果没有准确的、透明的以及具有商业意义的企业财务信息，实施有效的激励就无从谈起。评估体系是指所有者根据可观测到的经营结果来推测企业经理人的行为。

公司绩效主要是以下四个方面因素的综合反映：一是运营状况，主要由主营业务、主营业务成本效率和主营业务的人均收入构成；二是盈利状况，主要由销售回报率、净资产回报率、资产回报率和人均净利润构成；三是资本结构，主要由长期财务杠杆和总财务杠杆构成；四是市场评价，即托宾Q值（托宾Q值是反映投资者对于上市公司总体评价的指标，Q值越高，表明市场对上市公司的市场评价和预期越高）。

根据反映公司绩效的综合因素，人们设定了一些考核公司业绩的指标：

①资本保全指标：期末资本 - 期初资本 =0。

②资本保值指标：期末资本 - 期初资本 ×（1+ 正常利润率）=0。

③利润总额指标：考核企业资产经营的回报情况，属于效果指标。

④净资产收益率指标：净资产收益率 = 税后净利润 / 所有者权益。

净资产收益率是效率指标，是以股东利润最大化为企业目标的绩效衡量指标，是反映资本收益能力的国际性通用指标。

⑤主营业务收入指标：是以企业规模最大化为企业目标的业绩衡量指标。

⑥现金流指标：是指企业在完成所有净现值为正的投资项目后所剩余的现金流量。

⑦经济增加值指标：表示一个公司扣除资本成本后的资本收益，即公司的经济增加值为该公司的资本收益和资本成本之间的差。

⑧总产值指标：该指标反映企业在市场占有率和成长性等方面的绩效表现。

⑨市值：即公司（股票）的市场价值，包括股票发行价格和交易买卖价格。该指标是上市公司规模和业绩水平的重要“参考系”，是公司治理水平、经营管理能力、市场竞争能力等关系到公司发展的一系列因素的综合反映。

⑩市场增加值：即公司股票市值与累计资本投入之间的差额，反映了资本市场对公司未来盈利能力的预期，常用于考核企业绩效。

对于企业业绩来说，上述指标是主要的，但对于企业竞争力来说，其重点是考虑规模、市场份额等指标。如一家小企业的业绩非常好，但不等同于它竞争力强。研究企业的竞争力，一定要进行对标指标、主要指标、辅助指标和否决指标的综合研究。

对于国有企业而言，公司的业绩除考核以上指标外，还要考核企业承担的社会职能和产生的社会效益指标，如完成国家计划任务情况、维护公共利益情况、保障就职能的状况等。总的来说，评价国有企业业绩的首要标准应该是能否满足国家、社会的全局性和长期性需求。当然，现在我们不能要求所有国有企业都为了满足社会利益而放弃对经济利益的追求，但是国有企业也不应该谋求所谓“暴利”。

对企业经理人进行激励，除了参考以上的指标外，还要参考下列情况：一是考虑企业的规模，因为企业经营者所负担的责任会因企业规模的不同而不同；二是参考同行业收入水平、同地区的收入水平等。

（2）企业所有者支付经营者报酬。在现代企业制度中，建立一个科学合理的激励体系和机制，要充分发挥有独立董事参加的董事会薪酬委员会的作用，由其确定经营管理者的报酬，并且准确完整地披露经营者的报酬。一般来说，企业所有者对经营者的激励方式主要有物质激励和控制权激励，另外，还有市场激励和声誉激励。

第一，物质激励。一般来说，企业所有者对经营者的物质激励方式主要有两种，一种是非持股所得，另一种是持股所得。非持股所得主要是指短期利润分享制。广义的短期利润分享制，具体包括税前分享和税后分享两种情况。税前分享主要是指在职消费，税后分享是指在税后分红中拿出一部分分给经营者，即年薪制。年薪制是以企业一个经营周期，即以一个年度为单位，确定经理收入的一种分配制度，是专门用于企业高层管理人员的一种特殊的收入分配制度。持股所得，即股权激励，是将经营者的经营业绩与经营者可以获得的企业股份挂钩的激励方式，也称长期利润分享制，具体包括经营者持股、期股和股票期权、虚拟股票、影子股票、股票增值权、限制性股票和延期支付、高额的退职金和丰厚的医疗保险等。经营者持股是指让经营者持有一定数量的本公司的股票，这些股票是公司无偿赠予经营者的，或者是经营者通过公司补贴去购买的，或者是经营者自行出资购买的。激励对象在股票升值时可以获得收益，在股票贬值时受到损失。经营者持股份额足够大时，就可以获得足够的激励，此时可以消除股东与董事、董事与经营者之间可能出现的摩擦，当然它也可能会限制企业规模的扩大和自然地缩小选择经营者的范围。

年薪和持股所得是所有者对企业经营管理者的物质激励的两种基本方式。这里有一个重要的理论问题需要弄清楚。从现象上看，工资和利润都是钱，没有区别，但实质上是有本质区别的。年薪制是雇佣的含义，经营者拿到的是薪水；持股和期权是所有者的含义，经营者拿到的是股息和红利，是把企业经营管理者人力资本的投入视为资本构成的一部分。

第二，控制权激励。控制权主要包括企业的特定控制权（合同控制权）和企业的剩余控制权。企业的剩余控制权主要指合同中没有规定的控制权，直接归企业所有者拥有，经营者一般不直接拥有这种控制权。如果有股东或董事会的授权经营者也可以掌握剩余控制权。而企业的经营控制权激励主要是指对名义权威安排进行再配置，使下层组织成员凭借局部的不可言说知识形成的实际权威转变成名义权威。也就是在名义上授予经营者更高的职位和更大的权力，以使经营者获得控制权的效用。

经营者的控制权效用，是指控制权能够给经营者带来满足感。对于企业控制权效用，周其仁对其进行过研究，他认为控制权存在是因为其能获得控制权回报，主要是以继续工作权甚至是更大的继续工作权的回报。其运行的基本机制是：企业家对企业承担的责任和所作的贡献与他事实上得到的企业控制权是正相关的关系。控制权回报作为对企业经营者贡献的一种激励机制，其激励的有效性和激励强度都取决于经营者的贡献和他所得到的企业控制权之间的对称程度。它与用剩余索取权来回报企业家贡献的机制不同，剩余索取权意味着分配企业创造的剩余；而企业控制权意味着经营者有权支配企业资源去从事决策性的工作。企业控制权要求经营者本人必须在控制企业的位置上才能享用这一权利，在位才能决策。而正是提供这种决策性判断的权利本身才是形成对企业经营者努力工作的激励。经营者的续约和晋升都属于控制权回报范围。根据马斯洛（Maslow）和麦克利兰（McClelland）的需要理论，人的需要包括人对权力、地位的需要和自我实现的需要。周其仁的继续工作权或更大的继续工作权能使经营者继续拥有权力和地位或拥有更大的权力和更高的地位，能够满足经营者对权力和地位的需要。而且这种继续工作权或更大的继续工作权会给予经营者更多的施展经营才能的机会，从而满足经营者自我价值实现的需要。可是周其仁的研究只注意了控制权在精神层面上的效用，没有考虑其在物质层面上的效用，所以，他的解释是不充分的。黄群慧在此基础上进行了补充，把控制权在物质层面上的效用包括进来，因此控制权激励主要满足了经营者三个方面的需要：一是自我实现的需要；二是权力和地位的需要；三是在职消费的需要。

第三，市场激励。市场激励是指资本市场上公司股票价格的不断上涨和企业家市场上经营者的身价飙升，都会对经营者形成激励。资本市场上的股票价格波动与企业恶意的收购和接管的威胁都起到了激励职能上的补充作用，起到了促进经营者重视股东及其他利益相关者利益的激励作用。企业经营者的代理权竞争的压力可以变为使经营者努力工作的动力。在西方社会，对被解雇的恐惧就是实现对企业经营者激励的一种有效方式。经济学认为，如果有完全的转让权、完全控制权和收益权，通过市场自愿交易就可以解决对代理人的控制和激励问题。但由于让渡权利涉及交易成本和当事人的切身利益，为了使其具有效率，就必须制定一种制度框架，划分决策权，以及绩效计量制度和所有权控制制度。

第四，声誉激励。声誉激励是指为经营者提供通过社会好评以获得较高社会地位的机会。公司高层经营者，尤其是大公司的高层经营者，其个人的物质收入水平高，对他们而言，物质报酬激励的边际效用已大大降低，而声誉激励的边际效用对经营者来说却是呈递增趋势的。因此，他们十分重视和维护自己的社会名誉。一方面，声誉激励使经营者获得社会赞誉，有助于进一步提升其社会声誉和知名度，从而使其产生成就感和心理满足感；另一方面，良好的声誉、荣誉、社会地位和在业界的知名度意味着经营者可以有更多的机会被实力更强的公司聘用，意味着经营者未来可以获得更高的物质收益。综上所述，声誉对现代企业的经营者来说是相当重要的。

（二）公司治理中的约束机制

在公司治理中，约束机制主要是根据对企业业绩及对企业经营者各种行为的监察结果，企业所有者或是市场对企业经营者作出适时、公正的奖励惩罚决定。约束机制对企业经营者的行为的约束使得经营者不得不慎重考虑自己的各项决定，防止自己的收益受到不必要的损害。

1. 内部约束机制

内部约束机制指的是从企业内部的权力安排、制度方面形成的对经营者的监督，包括股东（会）、董事（会）、监事（会）等的监督。

股东（会）对经营者的监督主要有“用手投票”“用脚投票”两种机制。具体表现为：“用手投票”机制可以通过集中行使投票权，替换因企业经营业绩下降而承担责任的董事会成员，并更换企业经营者。“用脚投票”机制则是当公司经营不善、绩效不佳或预期股价下跌时，股东可以通过在股票二级市场上及时抛售自身拥有的股票以防止自己的利益受到损害。不过，股东对经营者的监督有很大的局限性，就“用手投票”机制而言，对于众多小股东来说基本上是“可望而不可即”的，因为小股东持股的分散性和持股量较少使得小股东难以集中足够的投票权。此外，众多小股东即使想联合起来集中行使投票权对经营者进行监督，也会因较高的监督成本，使其最终不得不放弃“用手投票”的想法。从“用脚投票”机制看，它虽然能在一定程度上起到维护小股东的利益、约束经营者的行为的作用，但由于股票市场存在较大的波动性以及市场信息的不对称、不完全性，并且股东“用脚投票”行为本身也具有很大的盲目性，往往会使小股东自身遭受利益损失，由此产生的风险比较大，特别是在股票市场还不成熟、市场有效性还很低的条件下，“用脚投票”的机制有很大的局限性。

董事（会）对经营者的监督主要通过制定公司的基本管理制度和长期发展战略，审议公司经营计划和投资方案，行使对经营者的聘用和解雇权力等方面进行。其目的是监督经营者是否执行了董事会的经营方针与政策，考察经营者是否称职。独立董事的权力包括对公司重大关联交易活动进行审计，提议召开临时股东大会，提议召开董事会，公开向股东征集投票权，对企业经营者任免事项发表意见等。独立董事具有事前监督、内部监督和决策过程监督的特点。其对监督经营者的不称职行为发挥着重要的作用。

监事会是股东大会领导下的公司的常设监察机构，执行监督职能。监事会对股东大会负责；对公司的经营管理进行全面的监督，包括调查和审查公司的业务状况，检查各种财务情况，并向股东大会或董事会提供报告；对公司各级干部的行为实行监督，并对领导干部的任免提出建议；对公司的计划、决策及其实施进行监督等。其具有经常性监督、事后性监督和外部性监督三个特点。监事会一旦发现经营者有违反公司章程的越权行为和其他损害公司利益的问题，可随时要求经营者纠正，并行使对经营者经营行为的监督职能。

内部约束的重要内容是要实行“奖惩制”和“问责制”。在心理学上，奖惩是一个很宽泛的词，意指能够在对方心理上产生积极或消极影响的任何外在强加措施。公司治理中能够让管理者感到“不舒服”的任何举措都是惩罚，相反，能够让管理者感到“舒服”的任何举措都是奖励。“奖”或“惩”在管理者自己的心理上甚至在团队中其他人的心理上，都会产生持续的正强化或负强化作用。因此，“奖惩无小事”。“奖惩制”的有效性取决于我们是否能够因势利导地利用管理者个人或团队的心理状态，脱离了对管理者个人或其团队心理把握的奖惩活动并不能解决问题，反而会激化矛盾。建立严格的奖惩制度是公司内部约束的重要内容。所谓“问责制”，并不简单是出现问题后的“责任追究制”。它包含明权、明责和经常化、制度化的“问”——质询、弹劾、罢免等方面，是一个系统化的规范；它不仅是犯了法、有了错要追究，其涉及范围还包括能力不足、推诿扯皮等看似小节的问题，还包括我们不太常见的“合理怀疑”等方面，比如面对面质询时，有些事就是说不清楚，即使确实没做，也得承受“问责”来源方的“合理怀疑”。

为了建立有效的内部约束机制，首先，公司应该按照国家财务、会计等方面的规定建立规范的信息披露制度，并实行公司信息公开制度。信息披露主要集中在两个方面，一个是财务会计信息披露，一个是股东的信息披露。其次，要推行资产经营责任制，建立高级经理人员问责制度。对董事会成员实行以国有资产价值增值和重大投资经营决策为主的考核，对经理层人员实行以经营目标责任为主的考核，并对其实行“奖惩制”和“问责制”。

2. 外部约束机制

外部约束主要是企业的外部市场、监管部门和外部制度形成的对企业的约束。外部市场包括产品市场、外部经理人市场和资本市场。外部市场约束也就是来自这三方面的约束。

第一，产品市场的约束。来自产品市场的竞争构成了对企业经营者市场约束的主要方面。

第二，资本市场竞争的约束。资本市场的竞争是缓解代理问题的一个有力的手段。资本市场主要是控制权市场和债权市场。公司控制权市场，是指在资本市场的激烈竞争中，任何经营不好的公司都有被收购的风险，经营者则会有下岗的风险。

第三，外部经理人市场约束。利用职业经理人市场对经理晋升任免的作用机制，给在位的经营者施加足够强的外部竞争压力，促使他们努力工作以及自觉维护企业所有者的利益，否则随时都有被人取代的可能。经营者的名誉、地位和前途都取决于他在外部经理人市场中的竞争实力。

另外，外部约束还有法律约束、政府宏观调控约束和道德约束。法律约束，即国家颁布法律、法规以及各项条例对企业经济行为所产生的制约。政府宏观调控约束，主要是政府通过所有权关系对下属的企业进行监督；通过制定行业或产业政策，以及宏观总量和结构调整的经济手段、行政手段等去调节市场，进而对企业行为进行规范。企业经营者必须按照政府的宏观调控经营企业。道德约束，道德是一种社会意识形态，是人们共同的行为准则和规范。它包括社会公德、企业职业道德和经营者个人道德。

建立有效的外部约束机制必须建立竞争性的产品市场、资本市场和企业家市场以及劳动力市场。其具体作用如下：

第一，通过产品市场的竞争，解决企业经营管理者的道德风险问题。在产品市场上，经营者的表现和企业的经营业绩会通过其产品的市场占有率及其变化直接表现出来；产品市场的激烈竞争及其带来的兼并和破产风险会使经营管理者能尽心竭力地提高自己的代理绩效。

第二，通过建立有效竞争的资本市场，使委托人借此来校正代理人的行为。狭义的资本市场主要是股票市场。股票市场强化了私有产权制度的刺激机制。在股票市场上，股东对企业经营者行为和绩效的预期结果，被资本化为股票现值。资本（股票）市场提供了公司经营的相对信息，所有者对经营者的监督与评价可以借助具有可比性的股票价值指标来进行，这可以增加公司治理过程的透明性和客观性，并可以降低其成本；资本（股票）市场还为股东提供了躲避风险的途径，股东既有“共益权”，即“用手投票”权利，又有“自益权”，即“用脚投票”权利。股东通过“自益权”把对公司的监督权外化为股票的存留和抛售，将多规则的内部监督转化为单规则的外部监督。

第三，通过充分竞争的经理人（企业家）市场，给代理人形成外在竞争压力。有效竞争的经理人市场能使代理人凸显出相应的层次性；经理人市场能够按照企业的绩效对经营者进行分类并对其形成报酬等级，即有效竞争的经理人市场能够使委托与代理双方收益（价格）在市场上达到一个均衡、合理的水平；经理人市场还为委托人提供了一个广泛遴选代理人的场所和条件。

第四，通过债权人市场的约束作用和企业破产的压力，使经营者更努力地工作，进一步提高企业的绩效。债务被普遍认为是与破产联系在一起的硬约束机制。债务的约束功能和作用机制是，企业必须按时偿还债务，一旦产生违约（经营现金流为负）的情况就必须以出售企业资产或企业破产拍卖等途径来偿还债务。

第五，通过立法、政府管制和司法调整建立起一整套制度，保证对违规行为有足够的限制，保证治理结构的高效率。

（三）激励机制与约束机制的关系

1. 激励机制与约束机制的统一

激励机制和约束机制是公司治理中不可缺少的组成部分。经营者的激励机制体现的是经营者人力资本的价值，是为了使经营者在法律保护的情况下仍然保持积极的工作状态，从而达到公司运营的高效率。而对经营者的约束机制体现的是各项制度对经营者权力的监督与控制。

在现代公司治理中，激励机制与约束机制的相容是十分重要的，只有激励与约束并重才能确保企业有较强的竞争力，吸引并留住优秀职业经理人，才能提高企业的整体竞争力。一般来说，经营者的经营能力是激励机制与约束机制发挥作用的前提。在经营者能力既定的情况下，企业对经营者的激励和约束机制决定着企业经营的效率，激励机制与约束机制融合的程度直接关系着公司治理机制的发展与完善情况。

激励机制与约束机制的作用是不一样的，但二者又是辩证统一的。激励机制从经营者的正向发挥作用，影响经营者的行为，并促使其努力工作，而约束机制从经营者的反向发挥作用，预防与阻止经营者做出损害股东利益的行为。激励机制与约束机制既有区别又有联系，它们相互作用且互为前提。约束机制与激励相容机制两者共同发挥作用，这是经营者激励机制和约束机制有效运行的必要条件。参与约束是前提，激励相容则是保障。没有吸引人的激励机制的实行，就无法吸引并留住优秀的职业经理人，更谈不上对其进行约束了。优秀职业经理人参与到企业运营中，如企业不能适时根据内部组织、外部环境变化对经营者实施有力度的激励，将打击他们继续努力经营的信心，在企业内、外部的强大刺激下，他们可能选择退出现有企业而跳槽到其他对其更有吸引力的企业。因此，激励机制吸引经营者参与其中，为激励机制和约束机制提供了前提条件，持续激励则能确保经营者持续参与并为有效的约束机制的实施奠定了基础。激励与约束就如同是一枚硬币的两面，任何一面都无法脱离对方而单独发挥作用。

因此，公司治理中的激励机制与约束机制发挥作用必须做到激励机制与约束机制相互配合、相互补充。激励机制可以使约束机制得到更好执行，约束机制则为激励机制的运行提供了保障，我国企业必须综合考虑激励机制与约束机制的方方面面，制定出一个恰当的适合本企业发展的激励机制和约束机制，使得企业经营者毫无保留地施展自己的才能，为公司的整体与长远利益着想。

2. 激励机制与约束机制的矛盾与对立

经营者持股是一种有效的激励机制，经营者持股的增加可以提高经营者利益与企业股东利益的一致性，从而能激励经营者为企业价值最大化而努力经营。同时，经营者持股比例的增加，会降低收购机制发挥约束作用的效率。当经营者持有较高比例的股权时，经营者的个人利益与企业的整体利益具有高度的正相关性，一旦出现恶意收购的情况，经营者会积极主动地抵抗收购行为，积极地实施反收购策略，从而增加收购的难度，降低收购的有效性。由此可见，经营者持股的激励机制与收购的约束机制之间存在矛盾。

在职消费能给经营者带来以下利益。一是能提高经营者工作效率。罗津（Rajan）和伍尔夫（Wulf）对美国300多家上市公司的高层在消费问题上进行过实证研究，其结果表明：在职消费可以节省高管人员的时间，提高他们的工作效率；同时表明，公司之所以向高管人员提供这些以节省时间、提高效率的在职消费是因为公司是其最终受益者。二是能为公司节省成本。公司向高管人员提供某些在职消费，可以节省成本，实现规模经济，比对每一位高管人员分别进行补贴，并让他们单独去做一些无效率的选择更为合理。三是能提高经营者的地位。在职消费是一种身份的象征和职务优势的体现，它可以提高公司高管人员在其他员工心目中的地位。弗兰克（Frank）认为，如果一个人在公司中的地位是个人效用的重要因素，那么显示其身份的在职消费将比等额的工资报酬对其起到更大的激励作用。所以，在职消费能给经营者一定的激励，促使其努力工作，为企业的整体利益、长远利益考虑。但在职消费存在的一个条件是企业有足够的现金流。当企业有足够的现金流时，企业的债务约束机制就会被弱化，因此，在职消费激励机制与债务约束机制存在矛盾。

对在职消费与债务约束机制的矛盾，詹森认为，对于拥有过多的自由现金流而又缺乏良好的投资机会的企业，通过举债或调整公司股利政策可以适当缓解上述问题。由于债务按期还本付息的压力比调整股利政策有更强的法律约束力，举债更能减少高管人员浪费公司资源的行为，债务约束机制也能得到加强。由此可知，通过举债缓解在职消费与债务约束机制的矛盾的措施，对经营者既有激励也有约束。

第三章　合规问题综述

第一节　企业合规基本问题概述

一、企业合规基本理论问题

（一）企业合规概念

企业合规，从字面上看就是合乎法律规定的意思。这里的法律规定大体上不外乎四大类：第一，国家法律法规，包括法律、行政法规、行政规章、地方性法规、司法解释等，所有具有法律渊源的规范文件都是需要遵守的对象。第二，商业惯例，既包括成文规范，如各行业协会颁布的行为准则等，也包括不成文的商业习惯和伦理规范。第三，公司内部制定的规章制度，违反自定的规章制度同样会成为企业受到制裁的理由。第四，国际组织条约，如世界银行等国际组织，也设置了合规管理和制裁体系。世界银行可以通过附解除条件的制裁，为企业设置若干年考验期，要求其重建合规计划。当然，这些只是基于“合规”字面意义的解读，企业合规是围绕着合规风险而展开的，因此一定要深入合规风险的层面对企业合规加以理解。所谓企业合规，是企业为有效防范、识别、应对可能发生的合规风险所建立的一整套公司治理体系。

（二）合规风险概念

企业合规，在本质上属于公司治理问题。研究合规风险，首先要厘清公司治理风险的概念。公司治理结构的基本目标是要解决两个关系：一是股东和经营者的关系，即所有权和经营权的关系；二是大股东和中小股东的关系，经济学中的“隧道效应理论”，探讨的就是控股股东侵害中小股东利益的现象，如何保护中小股东权益，成为公司治理的一大难题。

在公司治理层面上，企业究竟要防范什么样的风险呢？在企业所面临的诸多风险之中，合规风险究竟处于什么样的地位呢？很多企业负责人由于没有正确认识公司治理风险的概念和种类，难以意识到合规风险的重要性。例如，有人把公司治理风险分为投资风险、并购风险、融资风险、销售风险、市场风险、产品质量风险、技术风险、知识产权风险、用工风险等数十种风险，显得杂乱无章而抓不到重点。根据公司治理风险的基本理论，企业面临的主要风险可以分为三大类：

第一，经营风险。经营风险也被称为业务风险，企业在开展投资并购、市场销售、质量保障等各种业务活动过程中，所面临的投资得不到回报、企业无法盈利、生存困难等风险，统称为经营风险。经营风险需要依靠公司治理结构中的业务治理来进行有效的防控、识别和应对，公司首席执行官是经营风险治理的第一责任人，由其所率领的执行团队是为企业创造业务收益的主干力量。经营风险属于经济学研究的范畴，通过研究投资经营全过程，按照市场和经济规律，寻找解决问题的对策。

第二，财务管理风险。财务管理风险是指由于财务管理混乱、舞弊、贪腐等行为，导致企业遭受损失，无法达到盈利目的，甚至濒临破产的风险。一个良好的现代财务管理制度包含数十个复杂的环节，公司除了要配置首席财务官、会计、出纳等财务人员以外，还要设立审计委员会和审计部门对其加以监督。例如，现在大型的国有企业和跨国企业采用在董事会下设审计委员会的方式，以保证审计部门相对于管理团队的独立地位。财务管理是公司治理的重要环节，但与企业的经营活动无关。

第三，合规风险。合规风险既不同于经营风险，也不同于财务风险，是指企业因为在经营中存在违法、违规乃至犯罪行为，而遭受行政监管部门处罚和司法机关刑事追究的风险。合规风险可以分为两大类。第一类是企业因违法、违规行为受到行政监管部门调查、处罚的监管合规风险，如美国财政部、商务部、证交会等行政监管部门作出的行政处罚、达成的行政和解，以及由此引发的合规风险，就是源于监管合规风险。该风险对企业产生的最大影响不是罚款，而是随之而来的企业经营资格的剥夺，这会给企业带来经济损失、商业交易资格损失、声誉损失等三重损失，由此引发的雪崩效应是企业难以承受的。第二类是企业由于受到起诉而被定罪量刑的风险。企业一旦受到刑事追究，损失同样是多方面的：一方面，企业因为被定罪而丧失了声誉，无法获得贷款，也不再有客户愿意与其进行交易；另一方面，企业上市资格会被剥夺，难以再有发展机会。在美国和欧洲多国的司法实践中，行政处罚和刑罚连带进行，这意味着企业一旦被定罪，除了被判处罚金以外，行政处罚中连带的剥夺经营资格的处罚也会随之而来，甚至达到附加刑的效果。我国诸多合规指引中，给合规风险所下的定义都是因违反法律法规所遭受的法律制裁、监管处罚、重大财务损失和声誉、商业机会的损失等方面的风险。所以合规风险不仅包括企业被行政处罚或被刑事追究的风险，还会给企业带来声誉以及商业机会的损失。

可见，合规风险作为与经营风险、财务风险并列的公司三大治理风险之一，具有独立的概念内涵和结构体系。当然，还有人将合规风险与法律风险混同，认为合规风险就是所谓的法律风险，对此应予以澄清。一方面，合规风险不等同于法律风险，后者是一个广义的概念，企业的行为违反任何一部法律规定可能遭受的后果都可以归入法律风险范围，其涉及范围十分广泛。法律风险可分为三大类型：第一类是企业违法违规带来的风险。第二类是由于国家法律制度变化给企业带来的不可抗力的损失，这与企业本身无关，属于法律制度的修改变革给营商环境造成的后果。第三类是由于商业合作伙伴违规给公司造成的损失。例如，“合同风险”“被害的风险”等都不是合规风险，但属于法律风险，而在公司治理中可以归入经营风险的范畴，公司最初设立法务部的目的就是防控经营类的法律风险。另一方面，合规风险和法律风险有所交叉，企业所面临的因违反行政监管法规或违反刑法所遭遇的特定法律风险，既是合规风险又是法律风险。使公司免于承担行政责任和刑事责任的企业管理方式，是合规治理。

（三）合规治理的概念

与公司三大治理风险相对应，现代企业形成了公司三大治理结构：一是为规避经营风险所建立的公司治理结构，即业务治理结构；二是为规避财务风险建立的公司治理结构，即财务治理结构；三是合规治理结构，就是企业为避免特定的合规风险，所建立的包括防范、识别、应对机制的管理体系或治理体系。

当今世界，合规管理体系已经成为企业治理的必备要素。自20世纪80年代以来，现代公司治理领域已经发生了革命性的观念变化，从合规委员会、首席合规官（Chief Compliance Officer，CCO）、合规部到遍及公司各部门的合规人员，合规治理成为公司治理的重要组成部分。传统以营利为唯一目的的公司治理理念，逐步发生了实质性的变化。为了建立或改进合规计划，企业要实现四个方面的价值：

第一，可持续发展的价值。企业不能竭泽而渔，只追求短期发展，所以必须建立有效的合规管理体系，让企业遵守法律规则和商业惯例。如果任由企业追求短期利益、参与恶性竞争，企业就无法实现可持续发展，甚至会出现全行业腐败的现象。

第二，企业应承担应有的道德责任。作为大型的商业组织，企业不能只追逐盈利，还必须承担一定的道德责任和社会责任。很多企业的合规部门与道德直接挂钩，如世界银行的合规部门就叫作“诚信与合规部”。企业的道德责任要求企业在经营过程中要遵守基本的社会伦理道德，包括保护公民隐私、劳工权益、知识产权、生态环境等。

第三，保护无辜第三方的价值。通过建立有效的合规计划使由于少部分人违法、违规所带来的风险及时得到化解，保护股东、投资人、员工、养老金领取者、上游的供货商、下游的经销商、代销商、代理商乃至消费者和社会公众等第三方的利益，避免无辜第三方的利益受到不公平的损害，防止社会动荡。

第四，实现企业责任与员工、第三方、被并购方、客户等多方责任的有效切割。企业之所以要建立和改进合规计划，其直接原因就在于运用合规管理体系来切割企业责任与相关自然人、单位的责任，从而有效预防、监控和摆脱相关的法律风险。例如，通过制定合规政策和员工手册，并有效地开展合规培训，企业可以将内部员工的违法行为归于个人责任，避免因为员工或高管的违法行为而“引火烧身”。又如，通过进行合规风险评估，展开有效的合规尽职调查，企业可以在与第三方合作伙伴、被并购企业或者客户的违法行为之间，建立“隔离带”或“防火墙”，实现有效的责任豁免。再如，通过建立有效的合规内部调查或反舞弊调查机制，企业可以及时、有效地对内部员工或高管的违法行为加以调查和披露，展示自我治理、预防违法行为的决心，实现“交出责任人，放过企业”的效果。

二、合规问题文献综述

（一）国外文献综述

2005 年 12 月，美国证券业和金融市场协会（SIFMA）在《合规的作用（白皮书）》中指出，合规管理部门在公司管理过程中的主要作用是为公司各个业务部门提供咨询服务、风险监测和合规培训等，并梳理包括咨询建议、教育培训、监测监督、倡导合规文化等在内的 13 项证券公司的合规职能。

2009年，加拿大投资行业监管组织（IIROC）通过立法规定，强调高管合规管理职责，并同时建议各个证券公司应该建立一套全面、长效的制度来监督决策层、管理层、一般员工的经营活动。

在对合规管理的相关理论研究上，有以下四类观点：

（1）在构建有效合规管理架构上，主要观点有马克夫斯基（Marc Lore）、络尔朗夫·伯罗多（Lev Borodoxsky）、乔埃尔·贝西斯（Joel Bessis）提出两种方式，一是将合规实行集中化管理，形成独立的合规管理部门；二是将合规管理具体化、明细化，即将合规管理落实到各个部门，合规人员分布到各个部门。哈尼法（Haniffa）、库克（Cooke）研究发现公司董事会和公司的组织架构对公司内部建立合规管理系统有重要的影响。[1] 2014年发布的《ISO 19600合规管理体系——指南》为应当如何在组织中建立、发展、实施、评估、维护和改进一个有效和响应及时的合规管理体系提供了指引，基础框架包括了组织及其环境、领导力、计划、支持、运行、绩效评价和改进。

（2）在合规管理执行方面，主要是朱莉亚娜·比利德利（Giuliana Birindelli）、保拉·弗雷基蒂（Paola Ferretti）通过对本国银行、证券等金融机构的合规管理做法进行调查，发现意大利金融机构的合规管理（包括组织结构、合规人员、合规文化等）都是由内部审计执行。[2] 菲尔·塔林（Phil Tarling）研究指出合规审计必须成为组织问题的解决者，“要提供风险确认服务，并积极主动地提供战略性建议”。

（3）在合规和法律风险的关系方面，合规与法律风险的差别和联系在顾余金硕士学位论文《国内商业银行合规风险管理研究》中做了重要阐述。提出合规和法律风险之间在很多情况下存在重合性，其核心内容存在交叉，因此两者在管理上的界限不是非常的明确，但又都是不可相互替代的。

（4）斯坎伦（Scanlan）、巴顿（Pardon）提出在信息技术不断发展的历程中，企业未来的合规管理的相关系统将会更加集中化。[3]

---

①HANIFFA R M, COOKE T E. The impact of culture and governance on corporate social reporting[J]. Jouranl of Accounting & Public policy, 2005, 24（5）: 391-430.

②BIRINDELLI G, FERRETTI P. Compliance risk in Italian banks: the results of a survey[J]. Journal of Financial Regulation and Compliance, 2008, 16（4）: 335-351.

③SCANLAN A B, PARDON C. Compliance Program Management for Financial Services Institutions in Today's Environment[J]. The Business Lawyer, 2007, 62（2）: 735-746.

（二）国内文献综述

1. 合规管理进程中存在的问题

在从业人员合规意识方面，万佳佳通过对个别公司的合规管理进行深入剖析后，发现从业人员合规意识不足，营销人员“重业绩轻合规”等问题依旧是现阶段企业的发展常态，并建议企业将加强合规文化建设，以及把合规与考核进行挂钩等方式来解决上述问题。[①]

在合规管理制度建设方面，杨晓武提出的建立风险管理制度、完善风险监控机制的同时，注重促进公司员工的道德行为规范、提高公司员工的执业水平是合规管理和内部控制能否取得成功的关键因素。[②]

在合规管理独立性和人才培养方面，邓义君认为：以我国企业合规管理的独立性和人才需求为立足点，发现我国企业普遍面临合规管理独立性及专业性人才双重不足的问题。企业缺乏独立性主要表现在对公司高级管理人员的合规管理仅仅停留在最表面的形式；合规管理岗往往也都是从其他部门抽调组成，缺乏专业型、复合型人才。认为企业可以通过完善合规管理内部机制、理顺各职能部门关系，注重培养合规人才来提高合规管理的主动性和有效性。[③]

在经纪业务合规管理方面，蒋伟提出了我国企业在经纪业务合规管理和风险预测上缺乏行业内的互相沟通和交流，单纯依靠本公司的信息资源进行合规管理是大企业公司的通病。蒋伟提出，企业应加强对外交流力度，积极与同行业进行有效沟通，确保合规管理理念互通有无。[④]

2. 合规管理构建要点

陈舒婷依据内部控制理论、合规管理理论对合规管理体系的原则和目标等进行了系统性分析，提出公司应从制度上、组织上和文化上建立一套层次清晰的合规保障体系。[⑤]

---

① 万佳佳．D证券湖北分公司合规风险管理问题研究[D]．南宁：广西大学，2018.

② 杨晓武．我国证券公司的创新发展与风险管理[J]．中国浦东干部学院学报，2012，6（3）：5-9.

③ 邓义君．证券公司法律合规管理存在的困境和建议[J]．现代经济信息，2011（14）：217，220.

④ 蒋伟．浅议证券公司经纪业务风险管理[J]．东方企业文化，2015（7）：87，89.

⑤ 陈舒婷．中国证券公司的合规管理研究——以广发证券为例[D]．广州：广东外语外贸大学，2015.

在金融证券领域，有关企业合规管理的理论研究层出不穷。其发展进程如下。

沈维涛提出，为了降低证券公司的风险，企业必须在以下四个方面采取措施：①建立统一、多元化的合规管理体系，同时在风险控制委员会、监事会、业务部门和合规职责监控部门分四级建立合规管理体系；②扩大公司规模，提高公司抵御风险的应对能力；③引入先进的信息化技术，对业务风险进行实时把控；④建立健全证券公司合规管理框架。[①]

朱渝梅根据证券公司的内部业务结构，并结合当下新形势的风险类型，对比中外证券行业发展历程，制定了风险控制的保障措施，主要包含：引入先进的合规管理理念；设立合理有效的架构体系；提升合规管理的信息化技术手段；建立健全合规管理系统的内部控制等。以此为基础，李进安等学者提出证券公司必须实施全面的风险管理，生成一种权益风险管理文化的概念。[②]

胡伏云和杨宗儒研究了国内外证券行业合规管理的现状，认为国内证券行业必须加强合规管理系统的建立，设立内部合规审计监控部门，完善内部监督机制，提倡合规管理文化，增强合规管理文化氛围，保障证券行业的可持续发展和稳健经营。[③]

邓小勇研究发现一种创新产品同时涉及多个金融子行业，必须熟悉各行业的相关法规、监管规定、操作要点，才能及时、有效地把控该产品的进度。面对不断变化的市场及产品衍生多样化趋势，企业仅仅依靠单一的、粗放型的合规管理手段已不能适用当前发展的要求。[④]

王殿祥、吴强、肖永波通过对国内几家头部证券公司的合规风险管理情况展开调研后，提出四种基本合规风险管理模式：风控合规前置、专职风控合规管理、风控委员会、风控集中化模式。不同的模式适用不同规模、

① 沈维涛．我国证券公司的风险与防范[J]．财贸经济，2001（9）：38-43.

② 朱渝梅．论证券公司风险管理和控制[J]．南方金融，2003（7）：41-43.

③ 胡伏云，杨宗儒．证券公司合规管理体系的现状、问题和对策[J]．证券市场导报，2007（7）：41-46.

④ 邓小勇．创新背景下我国证券公司合规风险管理研究[J]．金融发展研究，2013（7）：74-79.

不同管理架构、不同人员素质的公司，并建议合规管理模式要随内外部环境的变化不断做出优化调整。[①]

2017 年杨涛在对《ISO 19600〈合规管理体系　指南〉国际标准解读》中，详尽解读了合规管理的建设要求中每一个模块和合规管理体系的运用流程，这为我国企业理解 ISO 19600《合规管理体系　指南》提出的合规管理要求起到了启示的作用，拓宽了企业合规管理的思路和理念。在 ISO 19600《合规管理体系　指南》的指引下，企业可以积极发挥合规管理带来的正面效应，用缜密严谨的合规管理体系防范合规风险，优化企业内部管理结构。我国的《合规管理体系　指南》（GB/T 35770—2017/ISO 19600:2014）符合国际标准。周万里在《有效合规管理的十大要素》[②]一文中通过比较我国《合规管理体系　指南》（GB/T 35770—2017/ISO 19600：2014）、英国 2010 年《反贿赂法指南》《美国量刑指南：美国法官的刑事审判手册》《经合组织内控、道德与合规最佳行为指南》和《ISO 19600：2014 合规管理体系　指南》的内容，取长补短，相互结合，提出了全面的合规管理应包括领导重视、制度化、谨慎规避、培训与教育、报告和举报、平等、合规监督、合规风险评估、激励和惩罚、持续改进这十大要素。

3. 合规管理新形势

随着互联网的发展，企业新型业务模式不断出现，并不断与传统业务模式相融合，不断增加的业务类型和交易类型大大增加了企业面临的风险点。面对互联网发展的新形势，鄂奕洲等人提出，在合规管理过程中，企业必须加强对互联网业务的监管，并且采取与传统业务不同的手段，不仅要在合规管理的广度和深度上有所加强，还需要根据互联网业务的特点对合规风险点进行有效梳理。在经济全球化背景下，我国越来越多的企业走出国门开展国外的业务。[③]吕立山指出缺少国际性合规意识的国内思维习惯及沟通障碍将导致多方面合规问题发生。

如今，随着国内监管的加强（如巡视），国际上管制动作不断增多（如贸易战、制裁），企业暴露在前所未有的合规风险之中。更值得注意的是，

① 王殿祥，吴强，肖永波．新常态下证券公司风控合规管理模式选择研究[N]．证券市场导报，2017（1）：57-62.

② 周万里．有效合规管理的十大要素[J]．新产经，2018（10）：37-39.

③ 鄂奕洲，乔玉洋，刘子超．互联网金融模式演进与风险识别研究——基于系统科学视角[J]．华东经济管理，2016，30（3）：91-96.

大数据与人工智能技术的发展，将会导致现有的行业标准、监管政策和法律规则发生重大变化。从科技创新与技术发展的视角出发，田孟晋、李晓晴提出，企业合规的未来发展将主要聚焦于四个方面：①传统企业合规的领域和深度将继续深化发展。目前，企业合规的学术研究和实践发展，已经深入至“行为合规、心理合规、企业合规宪法化、企业合规刑事化”等前所未有的领域。②企业治理、风险管理与企业合规的结合将更加紧密。实质上，最初的企业合规仅仅聚焦于企业的经营运作行为是否符合法律规定的企业合规标准，并未上升至企业治理与风险管理的高度。但是，随着各国政府的监管要求和监管化解的不断变化，大多数企业在全球经营中更加重视企业的内部治理和风险管理。通过对企业合规的科学管理，企业能够制定有效的化解风险的管理策略，降低企业面临的风险，从而使企业在竞争市场中脱颖而出。③企业合规监管的技术水平将不断提升，监管成本将不断降低。未来人工智能技术的不断创新发展，将大大降低企业合规审查的成本，从而推动更多企业进行更广泛深入的合规管理。④企业数据保护合规的重要性日益凸显。2018 年 5 月欧盟《一般数据保护条例》正式生效，这个条例在企业数据使用和保护方面，规定相当严苛，惩罚也相当重。这就使得数据保护合规的重要性日益凸显，在企业内部构建并实施有效的数据保护，也逐渐成为企业合规的重要工作。①

三、企业合规的现代观点

（一）合规是一种刑法激励机制

自 20 世纪 90 年代美国率先引入企业合规机制以来，合规计划就不单纯属于公司治理的一种方式，也属于一种刑法激励机制。美国检察机关会根据涉嫌犯罪的企业建立合规计划的情况，来决定是否对其提起公诉；在法庭审理中，法院会根据被起诉的企业是否建立合规计划的情况，来决定是否对企业进行定罪，或者在完成定罪程序之后，进一步决定是否减轻其刑事处罚。更为重要的是，美国还确立了一种影响深远的暂缓起诉协议（DPA）制度和不起诉协议（NPA）制度；对于涉嫌犯罪的企业，根据其建立合规计划的情况来决定是否对其达成这些和解协议，并通过建立考验期，责令企业缴纳高额罚款并建立或完善合规计划，以换取考验期结束后的撤

① 田孟晋，李晓晴．谈企业合规的重要性[J]．工程建设与设计，2019（19）：225-226，229.

销起诉结果。由于建立或完善合规计划可以使企业获得撤销起诉的结果，并避免其受到定罪判刑，涉案企业在建立合规计划方面具有强大的动力。

在以下的研究中，我们将对欧美国家所确立的这种刑法激励机制进行简要的比较研究。大体上，这种刑法激励机制可以分为五种模式：一是以合规为根据作出不起诉结果的模式；二是以合规作为无罪抗辩事由的模式；三是以合规作为从轻量刑情节的模式；四是以合规换取起诉协议并进而换取撤销起诉结果的模式；五是以对违法行为披露换取刑事宽大处理结果的模式。

1. 以合规作为不起诉的根据

一些西方国家的检察机关在决定是否对涉嫌犯罪的企业提起公诉时，经常会将企业是否建立了有效的合规计划作为一项重要因素。在司法实践中，检察机关对于确实建立了合规计划并具有保障合规计划有效运行机制的涉案企业，结合该企业所涉嫌犯罪的严重程度和危害后果，可以根据社会公共利益和司法利益的需要，作出不起诉的决定。

在这方面，美国确立了成体系的合规不起诉制度。自1991年起，美国联邦检察机关在审查决定是否对涉案企业提起公诉时，要在《联邦量刑指南》的框架下，将企业合规问题作为决定是否提起公诉的重要因素。联邦司法部于1999年发布的《企业诉讼指南》，要求检察官在决定是否对企业起诉时考虑以下八个方面的因素：一是犯罪行为的性质和严重程度；二是公司内部违法违规行为的普遍性；三是该公司的类似行为历史；四是公司发现犯罪行为的及时性、自觉性，对调查人员的配合程度；五是公司是否建立了合规计划，该合规计划是否完备；六是公司采取的补救措施；七是有无附带的不良后果，包括对无罪股东、员工造成的损失；八是可用的补救措施是否妥善。其中第二、第五和第六方面因素就属于企业合规问题，涉及公司是否建立合规计划、所存在的合规风险以及所采取的补救措施问题。

当然，仅有一个书面的合规计划，并不足以构成检察机关对企业作出不起诉决定的依据。美国联邦司法部强调合规计划的有效性。“评估任何机制的关键都在于看它是不是为了充分防止或发现员工的违法违规行为而精心设计的，企业的管理运行又是否在支持、遵循这种机制”[①]，这显然就是合规计划的有效性问题。企业唯有建立这种有效运行的合规机制，检察机关才会考虑对涉案企业作出不起诉的决定。

① 麦克康奈尔，马丁，西蒙．“事前规划”抑或“事后处罚”：合规在刑事案件中的作用[M]//李本灿．合规与刑法：全球视野的考察．北京：中国政法大学出版社，2018：145.

2. 以合规作为寻求无罪抗辩的事由

通常来说，检察机关在起诉方面的自由裁量权越大，就越可能对建立合规计划的企业作出不起诉的决定。可以说，在合规的刑法激励机制中，检察机关起到主导作用，而法院通常不会因为企业建立了有效的合规计划，对其作出无罪判决。然而，有些西方国家却允许在法定例外情形下，涉案企业将“合规”作为无罪抗辩的事由。这主要是指在为企业建立严格责任的情况下，允许企业以建立有效合规计划为由，提出积极的无罪抗辩，从而对带有推定性的刑事责任予以推翻。由此，“合规”很有可能成为企业寻求无罪抗辩的法定事由。

这方面的典型例子是英国。英国于2011年颁布的《2010反贿赂法》，确立了一种“商业组织预防贿赂失职罪”；该项罪名是指只要一个商业组织的关联人员，为了获取或保留该组织的业务或商业优势，而向他人行贿，那么该商业组织即构成该项犯罪。如该组织能够证明其已经制定了“充分程序”以预防行贿行为的发生，则该组织不构成该项犯罪。[①]

商业组织只要有一个员工实施了行贿行为，就认定该商业组织存在失职犯罪行为，并追究其刑事责任，这显然属于一种为严厉惩治商业贿赂行为而确立的一种推定性犯罪。这种推定性犯罪与我国刑法中确立的巨额财产来源不明罪，具有相似的性质。这一罪行实际赋予涉案企业承担“严格责任”的后果，也就是企业在不存在犯罪或主观过错的情况下，就要承担刑事责任。但是，为避免对企业任意追究刑事责任，英国法律也赋予企业提出无罪抗辩的机会，那就是企业只要能够证明已经制定了充分程序预防贿赂行为的发生，就可以避免受到刑事追究。这里所谓的充分程序，也就是指企业建立了合规计划。

根据英国在2011年通过的《2010反贿赂法》，所谓充分程序，是指企业在预防贿赂犯罪方面贯彻了六项基本原则，即相称程序原则、高层承诺原则、风险评估原则、尽职调查原则、有效沟通原则及监控和评估原则。根据这些原则，企业要确立与其所面临的商业贿赂风险相称的反贿赂程序；公司高层管理人员要作出积极反贿赂的承诺；公司要定期对其所面临的外部和内部贿赂行为发生的风险进行评估；为减少发生贿赂的风险，公司应对有关人员的尽职情况进行专门调查；公司要通过内部和外部的沟通，使

① 邓若迅. 英国贿赂罪改革研究[J]. 中国刑事法杂志，2012（3）：111-116.

其预防贿赂的政策和程序为全体员工所知晓；公司要定期监控和评估其反贿赂的政策和程序，并采取必要的改进措施。很显然，充分程序的六项原则及其包含的具体要求，实际就是有效合规计划的基本内容。由此，合规计划的有效实施，就成为企业推翻被指控的失职犯罪、寻求无罪结果的法定抗辩事由。①

3. 以合规换取减免刑罚

在一些西方国家的刑法中，法院在对涉嫌犯罪的企业进行定罪后，可以将企业建立有效的合规计划作为一种重要的量刑情节，并以此为依据对企业作出较大幅度的减轻处罚。这种以合规换取减轻刑罚的做法，又被称为“量刑激励”。企业合规在这里可以成为重要的从轻量刑情节。②

采取这一模式的典型国家是美国。20 世纪 80 年代，美国联邦量刑委员会规定，企业应制订有效的合规计划，以注意预防和发现犯罪行为。如果在犯罪行为发生时，企业制订了有效的合规计划，则可以对其减轻处罚③。根据美国《组织量刑指南》，对于构成犯罪的企业，法院可以根据以下方式计算其刑罚幅度：一是确定犯罪等级；二是将罪行等级代入公司罚金表；三是确定罪责指数；四是对罪责指数用惩罚加倍，以确定该行为在履行指南上的最高和最低数额。如果涉案企业拥有有效的合规计划，那么，根据上述四个步骤的刑罚幅度计算，罚款数额将会有非常大的改变，因为罪责指数从 9 降到了 6。由于点数变化，最小倍数变成了 1.2，最大倍数变成了 2.4，罚款数额最高到最低值则依据指南变成了 6000 万美元到 1.2 亿美元，也就是说，一个有效的合规计划可以将可能的罚款参考数额降低 4000 多万美元。同时，假如企业自觉披露了违法违规行为并配合调查，那么罪责指数就会额外降低多达 5 个等级……罚款参考范围也就会相应地变成 1000 万美元到 2000 万美元，或者低于公司的盈利额。美国学者认为，为了在量刑时获得最大收益，比如可能获得额外降低 30% 的罚金，企业必须拥有有效的合规计划。④

① 印波，高远．英国企业预防行贿失职罪的充分程序抗辩：兼谈对我国治理商业贿赂的启示 [J]. 河北经贸大学学报，2015（6）：132-136.

② 李本灿．企业犯罪预防中合规计划制度的借鉴 [J]. 中国法学，2015（5）：177-205.

③ 孙国祥．刑事合规的理念、机能和中国的构建 [J]. 中国刑事法杂志，2019（2）：3-24.

④ 麦克康奈尔，马丁，西蒙．“事前规划”抑或“事后处罚”：合规在刑事案件中的作用 [M]// 李本灿．合规与刑法：全球视野的考察．北京：中国政法大学出版社，2018．145.

4. 将合规作为签署暂缓起诉协议和撤销起诉的依据

在西方国家对合规所确立的刑法激励机制中，最为重要、影响最大的制度当数暂缓起诉协议制度。所谓暂缓起诉协议，又被称为“延迟起诉协议”，是指检察机关与涉嫌犯罪的企业通过协商所达成的一种附条件不起诉协议，其内容一般包括：检察机关设置一定的考验期；企业在考验期内要缴纳高额罚款；建立或完善合规计划；接受检察机关派驻的合规监察官，定期向检察机关报告建立完善合规计划的进展情况；检察机关在考验期结束后，对于那些认真履行协议的涉案企业，可以撤销起诉，涉案企业由此避免被定罪判刑。在这种暂缓起诉协议制度中，检察机关享有很大的自由裁量权，充分发挥了合规的双重激励作用：一是对于被调查的企业，以合规为依据来决定是否与其签署暂缓起诉协议；二是对于签署暂缓起诉协议的企业，督促其建立和完善合规计划，并以合规作为撤销起诉的依据。

美国是第一个确立暂缓起诉协议制度的国家。美国在确立暂缓起诉协议制度的同时，还保留了一种不起诉协议制度。所谓“不起诉协议”，也是检察机关与涉嫌犯罪的企业所达成的附条件不起诉的协议，其基本内容与暂缓起诉协议非常相似。但达成这种不起诉协议的时间，通常是在检察机关提起公诉之前。检察官享有更大的自由裁量权，可以自行决定签署这种协议，而无须经过法官的批准。而暂缓起诉协议则一般发生在检察官提起公诉之后，需要经过法官的批准。当然，美国联邦检察机关与涉嫌犯罪的企业所达成的协议大多数都是暂缓起诉协议。①

发起于美国的暂缓起诉协议制度，相继得到了英国、法国、加拿大、澳大利亚和新加坡等国的采纳，并被这些国家通过立法加以确立下来。根据英国于 2013 年通过的《犯罪与法院法》，无论是英国反严重欺诈办公室（SFO）还是皇家检察署（CPS），都可以与涉嫌犯罪的企业达成暂缓起诉协议。与美国制度不同的是，英国的暂缓起诉协议只针对涉嫌犯罪的企业适用，而不适用于自然人。这一协议由检察官与涉案企业自愿达成，并需要经过法官的审查和批准方可产生法律效力，其履行情况还要受到法官的持续监督。通常情况下，一份完整的暂缓起诉协议包括以下条款：支付机构协商所确定的罚款；对受害者作出经济补偿；支付检察机关的相关费用；与

① 约克奇，万方，黄石．美国《反海外腐败法》的和解方案、内部结构及合规文化[J]. 河南警察学院学报，2019（1）：29-42.

执法机关进行合作；遵守从事特定活动的禁令；提交财务报告；建立强有力的合规计划；与检察机关保持合作；等等。

2018 年，加拿大通过修订刑法，确立了检察机关与涉嫌欺诈、贿赂、洗钱等严重经济犯罪的企业达成暂缓起诉协议的制度。与英国制度极为相似，加拿大的暂缓起诉制度也仅适用于涉案企业，而不适用于自然人；检察官与涉案企业经过商谈达成协议后，应将该协议提交法官进行审查。法官在对暂缓起诉协议进行审查的过程中，要确保协议的公平、合理和相称性。该协议一旦得到法官的批准，还要被公之于众，以确保协议内容和达成过程的公开和透明。同时，检察机关是否达成此种暂缓起诉协议，以及在协议中确立何种条款，都要考虑以下几个因素：一是涉案企业是否对其不法行为作出过报告或承认；二是企业是否与政府部门保持合作；三是企业是否表现出改革其商业行为和企业文化的诚意；四是涉嫌犯罪的性质和严重程度；五是责任程度；六是公司是否采用或加强了合规计划；七是给公司定罪会不会损害无辜的第三方；等等。

2018 年，澳大利亚通过了一项加强打击公司犯罪的法案，在修订了有关跨国贿赂条款的同时，确立了澳大利亚的暂缓起诉协议制度。这部法案首先仿效英国确立了公司预防商业贿赂失职的犯罪，确立了公司的严格责任，并赋予公司以建立合规计划作出无罪抗辩的权利。同时，该法案允许检察机关与涉案企业达成暂缓起诉协议，后者可以通过承诺支付罚款、向受害者支付赔偿、建立合规计划等，来换取检察机关作出撤销起诉的决定。与英国相似，澳大利亚的暂缓起诉协议也只对涉嫌犯罪的公司适用，适用的案件主要是那些涉嫌贿赂、欺诈、内部交易以及其他涉及市场交易的严重公司犯罪案件。法官对暂缓起诉协议条款负有审查责任，审查这些条款是否符合公平、合理和相称的原则。暂缓起诉协议一旦得到批准，应当立即公之于众。

同样是在 2018 年，处于亚洲地区的新加坡，通过了《刑事司法改革法》，确立了与英国较为类似的暂缓起诉协议制度。协议的内容包括缴纳罚款、实施合规计划、设立合规监察官、补偿受害者等。检察官与涉嫌贿赂、洗钱等经济犯罪的公司达成暂缓起诉协议后，需要将协议提交新加坡高等法院加以审查。该法院必须确信该协议符合司法公正的原则，才会批准该项协议。对于暂缓起诉协议的执行以及相关条款的变更，新加坡高等法院有权对其进行持续不断的监督。

以上国家对暂缓起诉协议制度的确立，与其所采取的对抗式诉讼制度是一脉相承的。检察机关在这一制度下享有较大的自由裁量权，可以在提起公诉后与被指控犯罪的自然人达成辩诉交易，以换取被告人的有罪答辩，从而使案件避开法庭审理程序，说服法官启动量刑听证程序。同时，对于涉嫌犯罪的公司，检察机关也可以与其达成暂缓起诉协议，以换取公司在承认不法事实的前提下，通过缴纳巨额罚款和建立合规计划，来换取检察机关的撤销起诉。可以说，无论是辩诉交易，还是暂缓起诉协议，都是控辩双方通过避开对抗式法庭审理程序而达成的和解协议。但值得高度关注的是，作为大陆法系国家的法国，也在其职权主义诉讼制度之中，引入了美国式的暂缓起诉协议制度，并为企业合规确立了刑法上的激励机制。

根据2016年通过的《萨宾第二法案》，法国建立了一个专门负责预防和发现企业腐败行为的法国反腐败局（AFA），该机构的主要职能是督促企业建立合规计划，并对企业合规计划的有效性加以评估。根据这一法案，法国在全世界范围内率先建立了强制合规制度。该制度表明：对于那些用工超过500人，营业收入超过1亿欧元的企业，一律要求其建立合规计划，对于符合上述条件而不建立合规计划的企业，法国反腐败局有权对企业及其高管进行持续不断的罚款。

同时，在面对大量涉嫌在海外存在商业贿赂行为的法国企业遭受美国巨额罚款的情况下，为改变在海外反腐败方面的被动局面，也基于对美国《反海外腐败法》（FCPA）执法机制的不满，法国确立了与美国和英国相似的暂缓起诉协议制度。根据这一制度，检察机关在与涉案企业平等协商的基础上，可以达成附条件的暂缓起诉协议。这一协议通常被称为“基于公共利益的司法协议”（CJIP）。

达成这类协议的条件是，企业需要缴纳不超过过去三年平均年营业额30%的罚款，并且同意在AFA的监控下，在第三方独立专家的协助下，在三年之内建立或者完善合规计划。在那些有被害人的案件中，企业还需要在一年以内按照约定赔偿其经济损失。

在与涉案企业达成协议后，检察机关要将协议文本提交法院，法院经过听证程序加以确认之后，协议正式生效。在经过不超过三年的考验期之后，检察机关经过审查，认为企业履行了协议内容的，将向法院提出申请，放弃对该企业的公诉程序。假如企业没有履行协议所确立的义务，检察机关也会向法院进行汇报，由法院决定是否恢复公诉程序。

5. 通过对合规风险信息的披露换取减少罚金，甚至换取不起诉结果

通过对合规风险信息披露换取刑事宽大处理结果这种刑法激励机制的实质在于，企业在面对检察机关或监管机构的调查时，如主动披露其违法、违规行为，与调查人员进行全面合作，并采取了及时和适当的措施对其违法、违规行为进行补救，检察机关可以将所建议的罚金数额予以大幅度降低，甚至可以作出不起诉的决定。这种刑法激励机制为企业开展内部调查，尤其是企业委托律师事务所从事独立的合规调查，产生了极大的激励作用，大大促进了律师事务所合规调查业务的推广。

根据美国司法部的执法实践，在《联邦量刑指南》所确立的合规激励机制之外，检察官可以通过“合作从宽”的方式，鼓励企业主动自行披露其违反 FCPA 的行为。所谓主动自行披露违法行为，包括三个基本要素：一是报告自身违法、违规行为；二是与执法机关进行全面合作；三是采取及时和适当的补救措施。

为确定企业对违法行为的披露是不是主动的和自行的，检察官需要考虑三个因素：一是披露的时机，是在政府调查未启动之前进行的，还是在面临政府调查的紧迫威胁时所进行的；二是披露是否及时，企业是否在得知其违法行为后的合理时间内作出披露的；三是披露是否包括了企业已知的全部相关事实。

在确定企业是否进行全面合作方面，检察机关需要考虑的因素主要有：及时披露全部违法事实；提供主动而非被动的合作；确保相关文件和信息的保全、搜集和披露；提供公司内部调查的及时更新情况；确保内部调查和政府调查不发生冲突；披露内部调查中搜集的全部事实及其事实来源；披露海外文件、文件发现地点以及发现人；等等。

所谓采取及时和适当的补救措施，主要是指企业实施了有效的合规计划；对有关员工进行恰当的纪律处分；企业认识到违法行为的严重程度，并采取措施减少类似违法行为再次发生的风险。

根据美国司法部的要求，那些满足上述三项标准的企业，可以获得最大限度的宽大刑事处理，如将《联邦量刑指南》中设定的罚金范围的最低值减少 50%；对于实施有效合规计划的企业，一般不再要求指定一名合规监察官；对全面满足上述三项标准的企业可以作出不起诉的决定。在司法实践中，检察官通常会将企业对违法行为的披露作为与企业签署暂缓起诉协议或者不起诉协议的主要根据。

2018 年，美国司法部对上述“合作从宽”政策作出了一些调整，规定涉嫌犯罪的企业需要将涉嫌犯违法违规行为的人或者对其负有责任的人识别出来，才可以在刑事诉讼中获得宽大处理的机会。这一政策的调整并没有改变赋予企业通过信息披露来换取宽大刑事处理的政策，而是强调执法机构在鼓励涉案企业进行全面合作的同时，及时发现那些对企业不当行为负有责任的自然人，并对其采取严厉处罚措施。这仍然体现了美国司法部多年来采取的“能起诉自然人，就不起诉公司”的理念。

（二）合规是一种行政监管激励机制

合规是行政法学研究的范畴。“刑事合规”这个词经常为人们所津津乐道，有人甚至认为没有刑法的介入，合规将是毫无意义的。但是刑法只能作为国家治理社会所采用的最后手段，绝不能将合规等同于刑事合规。相比较而言，行政监管合规才是合规最广阔的领域，美国处理企业涉嫌违法违规行为的案例大都来自行政监管部门。例如，美国证券交易委员会（The U.S. Securities and Exchange Commission, SEC）对企业涉嫌违法违规的案件，95% 都是以行政和解的方式处理的。行政和解除了要求缴纳高额的罚款（和解金）外，还要附加合规计划的实施，也就是给企业设置一段时间的考验期，在此期间企业要重建合规计划，SEC 还可以派驻合规监督员对其加以督促。经过验收符合要求之后，SEC 就不再对该企业进行民事起诉或严厉的行政处罚，而以轻缓的处理方式避免企业产生经营资格的剥夺等更大的损失。

美国环境保护部门对美国企业涉及环保违规的案件中 99% 都是以行政和解的方式处理，直接处罚的案件越来越少。例如，美国联邦贸易委员会、商务部、财政部、国土资源部等政府部门，也有这种权力。综合来看，美国几乎所有联邦行政部门都有行政监管处罚权，也同时拥有与涉案企业达成行政和解的权力，并可以在行政和解协议中加入企业建立或者改进合规计划的内容。根据相关统计，美国行政案件达成的行政和解与跟美国联邦司法部达成 DPA、NPA 的比例大约是 3 ∶ 1，相当于每 4 个案件中有 3 个案件只停留在了行政和解阶段，只有 1 个案件引入“刑事和解”（DPA/NPA）。所以合规首先是行政监管的激励机制，即只要企业承诺完善合规计划，并配合调查，考验期满后企业达到要求就可以获得较为宽大的处罚。

在世界合规浪潮的影响下，作为行政监管激励机制的合规也引入我国，主要标志有三个。

第一，2017 年修订的《中华人民共和国反不正当竞争法》（以下简称

《反不正当竞争法》）第七条，在公法领域第一次引入严格责任原则。企业的工作人员只要实施了商业贿赂行为，就应当认定为经营者的行为，推定企业承担行政责任，但是有证据证明工作人员的行为与为经营者谋取交易机会或者竞争优势无关的除外。原国家工商行政管理总局反垄断与反不正当竞争执法局局长在接受媒体采访时指出，这里的“有证据证明工作人员的行为与为经营者谋取交易机会或者竞争优势无关”，是指经营者已制定合法、合规、合理的措施，采取有效措施对工作人员进行监管，不应放纵或者变相放纵工作人员实行贿赂行为。[①]换言之，即企业有证据证明建立了良好的合规体系，因此可以免除该企业的行政责任。严格责任引入后，合规不再只是一种公司治理方式，而开始进入行政监管领域，企业可以用合规作无责任抗辩，只要建立合规体系，就可以免除单位的责任，合规就成为切割员工责任和单位责任的事实依据，成为企业无责任抗辩事由。

第二，2015 年中国证券监督管理委员会（简称中国证监会）印发了《行政和解试点实施办法》，被认为是我国第一次在行政监管和行政执法中引入行政和解。此前行政和解主要发生在行政复议和行政诉讼阶段，属于行政救济和争议解决过程中的和解。2015 年最大的突破是在行政执法和行政监管调查阶段引入行政和解，中国证监会在调查期间发现企业违规的，只要符合法定条件，双方就可以达成和解协议，由企业方缴纳行政和解金，中国证监会对其终止调查。同时，企业必须对涉嫌违法的行为和不合理的规章制度进行全面整改和消除。行政和解的这种新模式其实包含了合规机制，企业只要改变过去的商业模式、管理方式、治理结构，就进入了合规的世界。因此，《行政和解试点实施办法》在行政监管和行政执法领域中引入行政和解的同时也引入了合规机制，并将其作为行政和解协议的有机组成部分，从而彻底改变过去行政监管机关动辄严厉处罚的局面，通过督促企业建立合规机制进行整改、堵塞制度漏洞的方式来帮助其改善公司治理结构，防止其再次出现违规行为。2019 年 4 月，中国证监会出现第一起行政和解案例，高盛（亚洲）有限责任公司、北京高华证券有限责任公司及其 9 名相关工作人员由于涉嫌证券交易违规，与中国证监会达成行政和解，交纳行政和解金 1.5 亿元人民币，并对公司进行合规整改。

第三，在行政监管领域引入了行政主导下的强制合规制度，目前由国

① 吴楠.《砥砺前行 贯彻落实新〈反不正当竞争法〉——访国家工商总局反垄断与反不正当竞争执法局局长杨红灿》[N].中国工商报，2017-11-09（005）.

务院国资委和发改委这两个部门起主导作用。2018 年可以被称为中国的合规元年，在这一年中，我国共有三个合规指引发布或实施。第一个是国家标准化管理委员会制定的《合规管理体系指南》（GB/T 35770—2017）/ISO 19600：2014，该文件虽然不具有行政约束力，但却成为合规的第一个国家标准。第二个是有行政强制力的文件是由国资委印发的《中央企业合规管理指引（试行）》。第三个是由发改委会同七家部门联合印发的《企业境外经营合规管理指引》。以上三份文件标志着合规正式进入中国，并成为中国企业建立合规管理体系的直接法律依据。如今，国家监管部门一般通过三种手段来推进合规体系建设：其一，合规考核。由国有企业“一把手”担任合规体系建设的第一责任人接受考核，在规定的时间内考核不合格的立即予以免职，这是用行政考核手段推进合规。① 其二，合规处罚。如果未按要求建立合规体系，直接对企业本身和企业高级管理人员施加行政处罚；对企业管理人员采取免职、降职等处罚手段，对企业则采取罚款、限期整改等处罚手段，将行政处罚手段作为推进强制合规的举措。其三，全行业合规制度。作为推进合规最为严厉的手段，中国证监会自 2017 年起强制要求全行业建立合规制度，即所有证券公司和证券投资基金管理公司都必须建立合规制度，否则将强制取消其证券营业资格。取消经营资格是对企业最严厉的处罚，意味着企业存在的基础不复存在。行政主导下强制合规制度的建立，使合规成为一种行政监管的激励机制。

（三）合规是一种公司治理体系

企业合规是指企业为避免出现违法、违规行为，防止或减轻因违法、违规而遭受的各种损失所建立的公司治理体系。要理解这一层含义，我们需要从四个角度来作出简要的分析。

第一，企业合规是为了防范合规风险而建立起来的管理机制。所谓合规风险，是指企业因没有遵守法律、规则和准则而可能遭受的法律制裁、监管处罚，并可能遭受重大经济损失和声誉损失的风险。每个企业因其所从事的业务不同，会存在各不相同的合规风险领域。例如，银行的合规风险领域通常是违反国家反洗钱法律，医疗企业的合规风险领域一般是违反国家反商业贿赂法律，大数据公司的合规风险领域通常是违反国家数据安全和信息隐私保护的法律，从事进出口业务的企业则通常存在违反国际出

① 陈瑞华．国有企业的合规管理问题 [J]. 中国律师，2019（7）：79-81.

口管制法律，等等。为防范这些合规风险的发生，避免企业遭受各种损失，企业需要建立合规体系，并将其作为改进公司治理结构的一种制度安排。

第二，企业合规是企业针对有关监管部门的调查和处罚所建立的管理体系。企业之所以要建立合规管理体系，并不是为了防范所有的法律风险，而主要是为了防范因违法违规而受到行政监管处罚、刑事追究的风险。通常而言，企业在经营过程中会面临多方面的风险，也要展开多方面的风险防控工作。但是，企业合规所要防范的不是一般的经营风险，也不是一般意义上的法律风险，而是因违法、违规而受到行政监管处罚和刑事追究的风险。从西门子的经验来看，避免受到严厉的行政监管处罚和刑事追究，是其重建合规计划的主要目标。

第三，企业合规是企业为避免遭受重大经济损失和声誉损失而建立的管理体系。对于涉嫌违法、违规的企业而言，一旦受到监管部门的调查和处罚，或者受到司法机关的定罪量刑，所带来的最严重后果并不是一般的被处以罚款或者罚金，而是企业特定经营资格的被限制或者被剥夺。例如，企业一旦受到监管处罚或者刑事定罪，就会失去上市资格，失去与政府部门的交易资格，甚至失去特许经营资格。我国各种行政法规对违规企业所作的最严厉处罚是两种"资格剥夺"，即取消企业特许经营资格以及吊销企业营业执照。按照美国司法部的说法，"起诉一个公司，就等于宣判公司死刑"。之所以作出如此断言，是因为企业一旦受到监管处罚或者刑事定罪，就会被剥夺上述经营或交易资格，这不仅使企业遭受重大经济损失，而且企业将面临社会声誉上的损失。企业为避免遭受这些经济损失和声誉损失，需要建立合规管理体系，有效防范企业或员工的违法、违规行为，避免自身受到严厉的监管处罚或刑事追究。

第四，企业合规是一种特有的公司治理方式。传统的公司治理，无非是通过调整企业所有权和经营权之间的关系而建立的治理制度安排。其中，由全体股东选举产生的董事会，主要行使企业的决策权和监督权；由董事会遴选产生的高级管理层，主要行使企业经营权和执行权。企业为强化对财务工作的监管，还会设立具有相对独立地位的审计部门，甚至设立直接隶属于董事会的审计委员会。但总体而言，这种传统的公司治理结构缺乏一种独立的法律风险防控机制。而企业合规机制的建立，将在传统公司治理结构中引入一种专门的风险防控机制。通过在董事会之下设立合规委员会，在管理层面设立首席道德与合规官（CECO）或首席合规官（ CCO），在公司总部设置专门的合规管理部门，并在公司各个部门以及分支机构设立合规分支部门或合规人员，从而实现自上而下的合规管理体系。

企业通过建立合规管理体系，自身建立了商业行为规范，为员工确立了行为准则，并建立了合规风险防范体系、风险识别体系和违规行为应对体系。通过对企业和员工经营行为的及时监控和处置，企业实现了自我监管、自我报告、自我披露和自我整改，以实现对违法、违规行为的有效预防、及时监控，以及对制度上的漏洞和缺陷的及时修补。在一定程度上，企业合规发挥了替代政府监管、防范企业及其员工出现违法行为的作用。[①]

（四）合规是企业的道德

现代企业利益相关者众多，市场竞争十分激烈，国际化趋势不可逆转，外部驱动加上内部诉求，共同支撑起这面大旗。从某种意义上来讲，合规就是企业的道德。“人无情不立”，企业也不例外。不合规的企业如同脱缰的野马，肆无忌惮地从事违规经营管理活动，不可能得到政府、市场、同业、客户、员工与股东等利益相关者的认可并与其建立良好的合作关系，也就不可能成为“百年老店”，使得保持基业长青也只能成为一句空谈。进一步讲，企业如果不把合规当作企业道德来看待，仅停留在照章办事，也是存在问题的，就如同十字路口堵车现象与绿灯违规一样，按照规则是可以行使的，但按照行车道德却是不能够通行的。

道德与合规之间既是一种水乳交融的关系，更是一种互为因果的关系。一方面提升企业的道德要求和道德责任感是合规制度设计的主要目的；另一方面道德所隐含的自律性要求和善恶标准是合规制度获得合法性、正当性的伦理基础。正是基于这一关系，各国在合规制度的法律建构中，均将道德要求作为合规制度的核心内容。从某种意义上来说，道德要求既决定了合规制度的建设方向，同时也是合规制度能否达到预期目标的关键因素。从两者之间的互动关系看，合规制度的有效实施不仅会强化道德的约束力，而且会充实丰富道德的内容，即经过长期的潜移默化，合规意识也可能会和诚信一样内化为新的道德要求。正是基于以上原因，在包括国际组织在内的众多国家的法律、规章和指南中，都经常将合规概念和道德概念并用。

2002年，美国国会高票通过《萨班斯－奥克斯利法案》（SOX法案），对企业公司治理、会计执业监管、证券市场监管等作出了新的规定。《萨班

① 陈瑞华．企业合规制度的三个维度——比较法视野下的分析[J]．比较法研究，2019（3）：61-77.

斯－奥克斯利法案》所建立的合规管理模式，超越了过去以规则为基础的模式，通过直接与企业管理机构（董事会、监事会）、高级管理人员、会计师事务所进行对话，促使他们承担企业健康发展的责任，确保经营管理决策和企业文化侧重于遵守道德伦理，而不仅仅局限于遵守法律规定。《萨班斯－奥克斯利法案》强调企业的“自我管理”（自律）。2008年年底，西门子公司因商业贿赂问题以14亿美元的代价与美国和德国有关执法部门和解，这是全球企业合规反腐的里程碑事件，使越来越多的跨国公司进一步意识到“道德与合规”对于企业健康稳定发展的重要性。

同时，各国政府和相关国际组织也在加大促进企业合规反腐的工作力度。2009年12月，联合国全球契约组织和透明国际组织联手制定了《反腐败第十项原则报告指引》，在总结众多跨国公司经验的基础上，提出了企业撰写合规反腐报告的框架。此外，联合国全球契约组织成立了第十项原则专家组，即反对企业商业腐败原则的专家组，推进全球企业合规反腐。OECD理事会2009年12月通过了《关于进一步打击国际商业交往中贿赂外国官员的建议》，2010年2月通过了《内控、道德与合规最佳行为指南》，2011年5月底又推出了新修订的《跨国公司行为准则》，并决定每年召开两次会议来总结各国企业经验，推进全球企业合规反腐。2010年7月，英国通过了反腐力度刷新全球纪录的《反贿赂法》，将与贿赂有关的罪名分为三类：一般贿赂犯罪（包括受贿罪与行贿罪）、贿赂外国公职人员罪、商业组织防止贿赂失职罪。其中，防止贿赂失职罪是一个创新，体现了从重处理到重预防的执法理念的转变。此外，加拿大、德国、英国、法国、日本、韩国等国家均制定了类似的法律法规。

企业中最早出现道德与合规官职务的是20世纪80年代的美国，其主要职责是研究和制定企业合规经营政策，监督管理企业文化以及各项治理制度的执行和落实。2002年，美国公司首次出现首席道德与合规官，他由公司董事会任命，并向董事会汇报，全面负责企业的道德与合规政策的制定、管理和执行。目前，全球大型跨国公司和世界500强企业大多都设立了首席道德与合规官或首席合规官。1991年，由19家美国500强上市公司发起成立了道德官协会（EOA），2005年更名为道德与合规官协会（ECOA）。ECOA的会员主要是美国境内外企业负责商业道德、企业合规实务的高管，其主要使命是进行企业道德与合规制度和实践的研究和推动，通过咨询、培训、职业认证等形式，推动企业建立注重商业道德与合规运作的企业文化，不断提高企业诚信、合规水平。

第二节 合规问题研究价值

企业合规管理对企业的经营发展具有重要的意义。在企业的发展管理中，依法经营，按照法律法规合法管理是实现企业可持续发展的关键，也是在社会经济发展中推动企业获得稳定发展的基础。而鉴于当前经济全球化的发展趋势，我国众多企业在发展战略的制定过程中，也开始认识到企业合规管理以及企业风险控制的重要性，进而加强了对企业合规方面的重视。

一、企业可持续发展的内在需求

在企业的经营发展过程中，采取有效的企业合规管理手段，是实现企业稳健发展的内在需求，以及企业规避风险的基础。在企业的实际经营管理中，依照相关的法律法规对企业进行管理工作是法治社会对每一个企业的基本要求。因而在实现企业长期稳定发展的过程中，合规管理是每一个企业都需要重视的内部管理部分，更是企业进一步保障自身利益的有效依托。所以在企业管理过程中，企业的高层管理人员要重视对企业合规管理体系制度的健全。

随着国家立法进程不断地加快，严格执法、公正司法的机制进一步健全，法律环境日益成为企业生存发展的重要外部环境，法律风险成为企业面临的最为突出的风险。特别是国家有关生态环境保护、安全生产、资源开发利用、市场竞争秩序、国有资产监管、重大投资决策等方面的监管日趋严格，这对企业依法合规经营管理提出了新要求、新挑战。企业及其管理人员必须全面加强合规管理，以零容忍的态度整治各类违规违纪行为，严厉惩处和杜绝违法行为，从源头上防范和化解风险，切实作到依法依规决策、依法依规执行、依法依规监督。企业作到依法合规管理，虽然不能保证绝对不出现合规问题，但即使出现了合规问题，也能够有效地降低或者控制其损失。反之，企业违法违规办事，短期内可能不会受到处罚，长此以往肯定会受到处罚，而且随着问题的积累，会对企业的生产经营产生重大负面影响，甚至给企业带来颠覆性的危机和灾难。除此之外，一个企业即使曾获得过较高的利润，有很大的社会、行业影响力，一旦其出现了合规问题，很可能会受到处罚和制裁，从而使其面临信誉危机，其苦心经营、点滴积累起来的商业信誉可能会瞬间崩塌，多年的努力将会化为乌有。因此，合规管理是一个企业长期稳定发展的保障，加强企业合规管理是实现企业健康可持续发展的根基所在。

二、规范员工的有效途径

结合企业合规管理在企业经营中起到的作用来看，企业合规在实现企业稳定发展的同时，也是规范企业员工的有效方式。① 在企业内部管理中，构建一个科学合理的企业合规管理体系，可以帮助员工形成合规习惯进而将违规风险降到最低。此外，构建有效的合规文化，并在员工中普及相关的合规条例，也可以进一步帮助员工自觉掌握相关法律规定，进而避免其出现违规操作。

三、实现企业治理体系和管控能力现代化的必然要求

大力推进企业治理体系和管控能力现代化是实现企业高效管理的重要途径。治理体系的核心是制度体系，管控能力表现为运用制度管理企业的能力。企业治理体系和管控能力现代化，就是运用法治思维和企业制度治理企业，使企业治理体系制度化、科学化、规范化、程序化。制度体系和管控能力反映企业竞争力，是企业软实力的重要组成部分。虽然我国企业在完善制度体系、创新制度设计等方面取得了很大进步，但对法治理念和法治原则的应用还不够，很多企业习惯于行政化的管控思维和管控方式，与现代法治理念和法治化管理的要求还存在一定差距。目前先进企业大都运用法治的原理，科学配置权力与责任、权利与义务，实现决策权、执行权和监督权的协调运转，由此形成了现代企业科学的治理制度。同时，坚持企业内部制度、标准和监管严于外部法律法规和监管，形成了先进的业务管理制度，强化源头合规、过程合规、实质合规，持续培养内部合规文化，提升企业自身管理水平。随着我国企业国际化程度的不断提高，在参

① 黄胜忠，刘清．企业内部控制与合规管理的整合[J]．财会通讯，2019（17）：105-108.

与国际竞争、与国际大公司同场竞技的情况下，国内企业应该深入开展依法合规管理、优化治理管控、创新制度设计、持续推进管理提升，推动企业综合竞争力的全面提升。

结合企业合规管理在企业发展中的作用来看，企业合规也可以在企业的发展中规避一些管理层的决策风险。一般来说，在企业的发展过程中，即便很小的决策失误都容易导致企业在管理中出现“多米诺骨牌”效应，进而导致企业的整体发展受到严重影响。而合规管理则可以通过对管理层人员的合理约束，最大限度地降低管理人员的决策失误率，进而避免企业内部出现严重的决策风险，[①] 提升企业治理能力。

第三节 企业合规的中国化问题

一、企业合规中国化的动力机制

（一）国际合规管理要求日益严格

随着越来越多的中国企业走出国门，前往欧美国家进行投资、经营或者上市，它们不仅要严格遵守所在国的法律法规，而且还要按照所在国的法律要求建立有效的合规管理机制，甚至那些在国内进行投资经营的中国企业，只要成为外国企业的代理商、分销商、供货商等，就会作为“第三方”接受外国法律的约束，受到其法律监管。尤其是在反海外贿赂、洗钱、知识产权保护、产品出口管制、投资并购以及数据隐私保护等诸多领域，欧美国家的立法越来越复杂，监管力度也急剧加强。在此背景下，中国企业面临着越来越大的法律风险，为避免越来越严厉的行政处罚和刑事处罚，企业必须具有建立有效合规计划的强大能力。

例如，在反海外贿赂领域，美国 1977 年通过的《反海外腐败法》[②]、英国 2010 年通过的《反贿赂法》[③] 以及法国 2016 年通过的《萨宾第二法案》[④]，都确立了极为广泛的管辖范围，对于在这些国家从事投资、经营、上市活

① 张璐．谈企业合规的重要性 [J]. 法制博览，2020（14）：141-142.

② 陈瑞华．美国《反海外腐败法》与刑事合规问题 [J]. 中国律师，2019（2）：78-80.

③ 陈瑞华．英国《反贿赂法》与刑事合规问题 [J]. 中国律师，2019（3）：81-83.

④ 陈瑞华．法国《萨宾第二法案》与刑事合规问题 [J]. 中国律师，2019（5）：81-83.

动的外国公司，以及在这些国家境外违反上述法律的外国公司，都有可能受到行政监管调查以及刑事调查，甚至被追究刑事责任。在对海外贿赂行为确立严厉惩治后果和确立广泛管辖权的同时，上述三国还都确立了针对商业贿赂的企业的合规激励机制。行政监管机关可以根据企业建立合规计划的情况，来决定是否对其作出行政处罚，或者向法院提起民事起诉。检察机关可以根据企业建立合规计划的情况，来决定是否提起公诉，是否与企业达成暂缓起诉协议或者不起诉协议，或者是否向法院提出减免对企业刑事处罚的建议。目前在美国 FCPA 执法过程中，绝大多数案件都是通过企业接受起诉和解协议的方式来解决的，而企业几乎都通过建立或者完善合规计划来换取宽大的行政处理或者刑事处理。[①] 迄今为止，已经有数十家中国公司因为违反美国《反海外腐败法》而受到立案调查，其中绝大多数最终是通过与监管部门和检察机关达成和解协议、缴纳高额罚款、承诺完善合规计划而避免了严厉惩罚。2018 年，美国政府甚至制定了针对中国企业的“中国行动计划”，有意加强了对中国企业在反海外贿赂、商业秘密、出口管制等领域的执法行动。中国相关企业所面临的被美国执法机构进行监管调查和刑事调查的风险也随之增加。[②]

2018 年 5 月 25 日，欧盟正式实施《通用数据保护条例》(GDPR)，使其成为一部影响全球个人数据保护的重要法律。对于违反该条例的企业，监管机构的罚款上限可以达到 2000 万欧元或者该企业上一财政年度全球收入的 4%。在决定处罚时，监管机构除了考虑数据泄露的严重性、受影响的数据主体数量以外，还要考虑数据泄露者的减损行为、是否先前存在违反法律的情形、对监管机构的配合程度等。除了在欧盟国家设立的企业受该法的管辖以外，在欧盟境外设立的企业，只要针对欧盟数据主体提供商品或者服务，或者监控欧盟数据主体在欧盟境内发生的行为，都受该法管辖。换言之，即使是在中国境内设立的企业，只要符合上述条件，也有可能受到 GDPR 的管辖。

综上所述，来自国际上的严格监管制度、严厉惩罚机制以及日益完善的合规管理要求，迫使那些从事涉外经营业务的我国企业，将建立完善合规计划作为首要的生存之道。这些国家日趋完善的法律法规迫使我国企业

① 陈瑞华．美国暂缓起诉协议制度与刑事合规 [J]. 中国律师，2019(4)：78-80.

② 张子龙，康乂，周显峰．美国司法部发起“中国行动”计划——中企海外经营合规面临新挑战 [EB/OL].(2018-12-07)[2019-09-28].http://www.junhe.com/law-reviews/882.

不得不制订合规计划，以有效预防可能的合规风险；这些国家对违法违规企业的严刑峻法，迫使我国企业不得不加强防范法律风险意识；这些国家针对违规企业所实施的合规激励机制，也引导我国企业通过完善合规计划来换取宽大处理，以最大限度地减少企业损失。正是来自西方国家和国际组织的强大压力，才使得我国企业接受合规管理的概念，全方位地采纳合规管理机制，并确保合规机制的有效运行。

（二）中国行政监管机构的压力机制

我国在引入企业合规管理机制的过程中，通过行政监管部门的强力推进，确立了一种较为独特的“行政压力机制”，通过行政立法和执法方式，强制企业建立合规管理机制，并通过考核、报告、评估等方式对企业进行行政管理，还通过惩戒、处罚等方式惩罚那些不依法建立合规机制的企业及其负有责任的高层管理人员。在我国特有的国情下，这种行政压力机制的存在，对于企业建立合规管理体系，构成了一种有效的动力机制。

2017 年，中国证监会发布的《证券公司和证券投资基金管理公司合规管理办法》，以行政规章的方式，对各类证券经营企业实施合规管理提出了要求。该办法规定了中国证监会及其派出机构对证券企业实施监督管理，中国证券业协会和中国证券投资基金业协会对证券基金经营企业合规管理工作实施自律管理。具体内容有：该办法确立了强制合规制度，要求我国境内的证券企业全面建立合规管理体系；该办法确立了年度合规报告制度，要求证券企业向中国证监会派出机构报送年度合规报告；该办法确立了合规评估制度，要求证券企业组织有关机构和部门，或者委托外部专业机构对证券公司合规管理的有效性进行评估，及时解决企业合规管理中存在的问题；对于证券企业在建立合规管理体系方面违反本办法规定的，中国证监会可以对企业采取出具警示函、责令定期报告、责令改正、监管谈话等行政监管措施，并对企业相关责任人员采取相应的行政监管措施；证券企业违反本办法有关合规管理规定，或者没有及时报告重大违法违规行为的，中国证监会或其派出机构可以对证券企业及其直接负责的人员处以警告或者 3 万元以下罚款。①

2018 年，国务院国有资产监督管理委员会发布的《中央企业合规管理指引（试行）》，作为我国在中央企业推进合规管理机制的重要规范性文件，

① 中国证监会 . 证券公司和证券投资基金管理公司合规管理办法 [EB/OL]，（2017-06-06）[2021-09-06].https：//www.csrc.gov.cn/csrc/c101838/（1021974/files/ 附件：《证券公司和证券投资基金管理公司合规管理办法》.pdf

在指引企业建立合规管理体系的同时，还确立了对企业的合规考核评价制度和合规报告制度。前者是指将合规经营情况纳入对企业各部门和所属企业负责人的年度考核，对所属单位和员工的合规履职情况进行评价，并作为考核、任用和评先评优的重要依据。后者是指在发生较大合规风险事件后，合规管理部门应及时向合规管理负责人、分管领导报告，如发生重大合规风险事件其应向国资委和有关部门报告。通过推行这两项制度，国资委作为国有企业监管部门，在推进企业合规管理体系建设中，可以运用考核评价手段，对中央企业建立合规机制的进展情况进行强力督促，通过任用和晋升机制来要求企业负责人推动这方面的制度建设。同时，国资委通过听取企业有关合规风险事件的报告，对其应对和处理违法、违规事件的办法进行及时指导，从而使企业有效地进行合规体系的完善。

2017 年，中国国家质量监督检验检疫总局（现国家市场监督管理总局）和国家标准化管理委员会联合发布《合规管理体系指南》（GB/T 35770—2017/ISO 19600：2014），确立了各类企业在建立、加强、改进合规管理体系方面的国家标准。这项指南虽然对企业进行合规管理并不具有强制约束力，只是为企业提供建立合规管理体系的指引和建议，但是，这项合规管理体系国家标准的推出，却对包括国有企业、民营企业以及其他企业的合规管理体系建设具有指导意义。尤其为行政监管部门推行对企业合规管理体系的认证机制，打下了良好的制度基础。①

在我国特有的国情下，通过对上述合规考核、评估、认证、报告和行政处罚机制的运用，行政监管部门对企业推进合规管理体系的建设，就构成了一种强大的压力机制。我国行政监管机构不仅对企业的违法、违规行为可以实施监管调查和行政处罚，对于企业未按规定建立合规管理体系或者在合规报告、风险评估和监控方面处理不当的行为，还可以实施行政监管措施，或者直接处以行政处罚。这种通过行政手段对企业实施的压力机制，对于企业快速、有效地推进合规管理体系的建设，无疑是有积极意义的。特别值得指出的是，在有关部门已经发布合规管理体系国家标准的情况下，假如监管部门以此为根据推进企业的合规认证制度，并将合规认证作为企业投资、并购、上市等经营活动的资格准入要求，那么，这种来自行政监管部门的压力机制将得到更大程度的加强。

① 张莉．“合规”挑动出海中企神经——专家解读《合规管理体系指南》[J]．中国对外贸易，2018（7）：42-43.

（三）西方企业治理理念的引入

1. 防控法律风险理念

我国监管部门在引入合规管理体系时，将防范和控制“合规风险”作为建立合规体系的首要目标。2006年，中国银监会在《商业银行合规风险管理指引》中就将“合规风险”定义为商业银行因为没有遵守法律、规则和准则可能遭受的法律制裁、监管处罚、重大财务损失和声誉损失的风险。国资委《中央企业合规管理指引（试行）》对于合规风险也有非常相似的定义。过去，我国企业比较重视各种经营风险，甚至很多企业都建立了“风控部门”。但这种风险控制所针对的一般都是公司的信用风险、市场风险、操作风险以及其他经营风险，这些风险都着眼于投资与回报的关系，都可被纳入经营风险的范畴。而在合规管理体系被引入以来，一种有别于经营风险的合规风险逐渐受到业界的高度重视，并被视为建立合规体系的前提和基础。所谓合规风险，并不是笼统意义上的法律风险，而是企业在经营过程中因存在违法、违规行为而受到监管部门行政处罚或受到司法机关刑事处罚的风险。企业在经营过程中不仅要追求最大限度的盈利，防范各种经营风险，以获得最大限度的发展和成长，而且还要重视防控合规风险，避免因出现违法、违规行为，而受到法律制裁或监管处罚。这种基于对合规风险防控的考量所构建的合规体系，已成为监管部门在推进合规体系建设中所关注的重大课题。这体现了公司在治理观念上的重大变化。

2. 可持续发展理念

作为我国合规体系国家标准的《合规管理体系指南》（GB/T 35770—2017/ISO 19600：2014），开宗明义地指出，“合规是组织可持续发展的基石”，是实现“良好治理原则”的保障。从目前来看，合规管理体系的建立和完善，会对企业追求高利润、高收益带来一些负面的影响。但从长远来看，一个合法合规经营的企业，可以成功地规避各种法律风险，避免因违法违规而受到的法律制裁和监管处罚，进一步使企业受到重大财产损失和声誉损失。在一定程度上，合规本身并不会创造经济价值，因其使企业避免由受到法律制裁而带来的各种经济和声誉损失，从而最终避免了企业收益的减少或丧失。这就是合规所带来的可持续发展的效果。

3. 公司社会责任理念

最初，西方国家的公司在组建合规部门时，总是将“合规”与“道德”联系在一起，有的公司甚至将合规部门直接称为“道德与合规部门”。我国监管部门基本上接受了这种理念，既将合规视为一种管理体系和治理方式，也倡导建立一种“合规文化”。而所谓合规文化，就是一套体现公司社会责任和道德责任的价值观念和道德规范。我国发布的《合规管理体系指南》（GB/T 35770—2017/ISO 19600：2014）就指出：“合规文化是价值观、道德准则和信仰在整个组织中的存在，并与组织的结构和控制系统相互作用，从而产生导致合规结果的行为规范。”所谓公司的道德责任或社会责任，主要是指企业通过建立合规体系，强调合法合规经营，树立全员合规的原则，将合规注入企业决策、投资、经营、管理、监控的所有环节，并注重对合规风险的防范、识别以及对违法违规事件的合理应对，使得合规体系得到不断的改进和完善。由此，企业不仅作到了合规经营，在追求利益的同时，还兼顾了官员廉洁、环境保护、劳工利益、知识产权保护、个人隐私维护等诸多社会价值，并且维护了公平竞争的市场环境，推进了法治的实现，确保了公平公开透明的经营秩序。

二、企业合规中国化的主要任务

从适应进一步对外开放政策和帮助我国企业应对海外监管的角度出发，我国政府监管部门对于企业合规管理体系建设给予了高度的重视，在各个领域都出台了企业合规管理指南或者指引，甚至以行政规章的形式向企业推行强制合规制度。从形式上看，我国行政监管部门已经确立了企业合规的中国标准，一些大型涉外企业也开始了建立合规计划的尝试。但是，要使这些合规管理体系在我国落地生根，发挥其有效防控法律风险的效用，就需要认真对待企业合规的中国化和本土化问题。

目前，我国行政监管部门采取了一种行政主导型合规推进方式，以行政指南、指引或者行政规章的形式要求企业建立合规机制，并在此过程中接受源自西方的公司治理理念。这种推进合规管理体系建设的方式，在短期内将是十分有效的，对于合规机制的快速普及也会起到积极的作用。但是，从长远来看，行政主导型合规推进机制具有一些难以克服的问题，如何将行政监管部门的压力真正地转化为企业建立合规计划的内在动力，这仍然是一个亟待解决的问题。毕竟，行政监管部门要对相关企业实施普遍的合规考核、评估、认证乃至对建立合规机制不力的企业进行监管调查与行政处罚，这种行政管理成本无疑是现行行政监管体系所无力承受的。退一步讲，即使企业按照行政监管部门的要求建立了“书本上”的合规计划，如何确保企业合规计划的有效实施，也将是一个非常棘手的问题。

无论是国有企业还是民营企业，抑或是其他企业，在“书本上”确立一种合规管理机制，并不存在很大的困难。甚至在全公司建立自上而下的合规团队，对企业来说也不是什么难事。企业拥有形式上的合规机制是一回事，而真正建立有效的合规机制却是另一回事。企业如何将“书本上”的合规计划予以激活，如何确保企业合规管理体系有效发挥防控法律风险的作用，这又是一个我国需要认真面对的研究课题。在这一方面，我国尽管已经出台多部合规指南和合规指引，但真正成功建立有效合规体系并被国际评估达到合格的企业还不多。或许，企业建立有效合规计划的最佳时机是在企业遭受监管调查和严厉处罚之后。对于遭受美国监管部门多次监管调查和检察机关多次严厉处罚的中兴公司来说，向西门子公司借鉴经验，借此机会全面转变公司治理结构，建立一套有效的合规计划，并得到美国监管部门的评估认可，这或许可以为其他中国企业树立一个难得的样本。

在行政监管领域建立企业合规的激励机制，是激发企业建立合规机制的内在动力的重要制度安排。我国在行政监管领域已经有了合规激励机制的尝试，通过观察这种合规激励机制的试点效果，经过科学评估，总结经验和教训，为我国在行政监管领域全面推行合规激励机制做好必要的准备。在笔者看来，行政监管部门全面推行合规激励机制，实属大势所趋，也是中国全面推行企业合规管理体系的必由之路。未来，行政监管部门将采取一种“严厉惩处直接责任人，宽大处理单位”的做法，与涉案企业达成行政和解协议，督促其缴纳和解金，建立健全合规机制，甚至委派合规监督官员来督促企业完善合规计划。这对于企业堵塞制度漏洞，避免企业再次出现行政不法行为，将是一种不可替代的合规管理方式。而行政监管部门如何转变公司治理方式和企业监管方式，做到以合规作为行政监管手段，以风险防控弥补行政处罚的不足，这将是我国无法绕开的改革任务。

在刑法和刑事诉讼法领域引入合规激励机制，是企业合规中国化所面临的最大难题。在刑法领域，我们面临的主要挑战是如何克服看似严谨但实则僵化保守的刑法观念，在单位犯罪中引入组织责任理论，承认单位既可以独立于其内部员工而承担刑事责任，也可以因其在预防员工违法行为方面的不作为，而追究其刑事责任。引入严格责任制度，对犯罪单位确立较之行政处罚更为严厉的刑事处罚，并在此基础上将企业合规确立为企业无罪抗辩事由和法定的减轻处罚情节，由此在定罪量刑环节将合规激励机制予以激活。

而在刑事诉讼法领域，在那些认罪认罚案件中已经引入量刑协商机制的基础上，对涉嫌犯罪的单位引入暂缓起诉协议制度，允许侦查机关、检察机关与涉嫌犯罪的企业达成这种协议，对企业设置考验期，在考验期之内责令企业缴纳和解金，企业承诺建立或者完善合规管理体系，并委派合规监督官员进驻企业，督促其履行协议所约定的建立健全合规计划的义务。在考验期结束后，经侦查机关或检察机关评估验收，认为涉嫌犯罪的企业已经建立有效合规计划的，可以不再对其提起公诉。这种暂缓起诉协议制度最终得到确立，将是我国刑事诉讼法继确立刑事和解制度、量刑协商机制之后，所建立的第三种协商性刑事司法制度。

当然，在企业合规制度建设上，并不存在一种“放之四海而皆准”的“国际标准”。我国对源自西方的合规管理体系引进的过程，必然伴随着对合规管理体系的重新塑造和本土化改造，最终确立的合规管理体系肯定会有别于西方国家的合规计划。但无论如何，确保合规计划发挥其防控法律风险的作用，推动中国企业的可持续性发展，使他们真正承担起企业的社会责任，维护公平竞争的经营环境，推进中国法治的发展，这才是企业合规制度的最终归宿。这也应当成为企业合规中国化的终极目标。

三、中国企业合规的实践路径

（一）法律层面

1. 实行“有效合规”实质四要件和形式二阶层相结合的模式

美国《联邦量刑指南》要求企业有效合规应符合以下七项最低标准：①企业应建立合规政策和标准；②企业应指定高层人员监督企业的合规政策与标准；③企业不得聘用在尽职调查期间了解到具有犯罪前科记录的高管；④向所有员工有效普及企业的合规政策和标准；⑤采取合理措施，以实现企业标准下的合规；⑥通过适当的惩戒机制，严格贯彻执行合规标准；⑦发现犯罪后，采取必要的合理措施来应对犯罪行为，并预防类似行为发生。以此为参照，笔者将其归纳为有效合规的实质四要件标准（表 3-1）。

表3-1　有效合规的实质四要件标准

名称	有效合规之实质标准
主体要件	独立的管理机构 + 职责明确 + 高管限制
管理要件	制订合规计划（包括刑事法律风险分类）
运行要件	评估 + 惩戒 + 激励 + 尽职调查 + 监督 + 举报
救济要件	应对措施 + 完善合规计划

企业是较为宽泛的概念，包括公司、合伙企业、个人独资企业等。我国的企业大小不等、财力不一、业务不同，规模也千差万别。在规模上，有名列世界五百强前列的大型央企、资产雄厚的上市公司，也有小规模的各种有限公司、合伙企业等。在业务上，分布于三大产业，如粮油企业、建工企业、互联网金融企业等。对不同实力、规模、业务的企业，要求以相同的“有效合规标准”是不公正也是不现实的。企业合规需要高投入，制订合规计划、保障合规机制的运行均需要投入大量人力资源、服务经费等成本，较高的成本无疑会使得原本处于资金困境的小型企业雪上加霜。为此，结合国内现状，以建立有效的企业合规刑事化标准为目的，以契合本土为要求，提出有效合规二阶层模式。

（1）达至“正确”的标准：以刑法为底线。

“法律在惩罚前应予警告，定罪量刑应以行为时有刑法明文规定为限。”刑法定罪原则以保障国民预测可能性为基本任务，企业防控刑事法律风险最基本的依据是刑法。无论何种规模大小、产业范围的企业，均需以刑法及其相关司法解释为底线。作为第一个阶层，需达到刑事化、全面化、完整化，即所有合规企业的合规体系中必须体现对刑事法律风险的防控，同时以刑法及司法解释为底线全面分析评估刑事法律风险，且必须完全符合上表的实质四要件内容。

（2）达至“准确”的标准：以前置性法规为预防准则。

将合规作为一个企业犯罪预防的替代模式，通过自我管理、自我规制等一系列的措施提高企业自我的风险防范能力，这实际上是企业自身尽到合理注意义务的一种标示。企业的自我管理、自我规制依靠刑法的外部激励，这种外部激励即贯之企业以“合理的注意义务”。换言之，企业建立较为完善的合规体系用以防范可能的刑事法律风险，其前提是分析评估关乎刑法分则罪名的前置性法律法规。例如，《中华人民共和国刑法》第一百三十七条“工程重大安全事故罪”与第二百八十六条之一“拒不履行信息网络安全管理义务罪”中，建工企业和互联网企业的“合理的注意义务”即分别来自“国家规定的工程质量标准”与“法律、行政法规规定的信息网络安全管理义务”，如《工程建设国家标准管理办法》《中华人民共和国网络安全法》等。

在中国，有效合规标准应以“有效合规”实质四要件和“规模为主，产业为辅”形式二阶层相结合的纵横交错的分类方式进行。首先，所有企业不论规模大小、产业范围多少，只要构建企业合规体系，界定其有效合规符合“实质四要件”标准。其次，对于规模较大的企业，如大型央企、国企、上市公司等，其有效合规标准应为“准确”的二阶层。对于小型企业，其有效合规标准至少应为“正确”的单阶层。企业规模大小的标准，建议以其市值或资产进行界定，可以认定资产大于1亿元人民币的企业为大型企业。最后，结合企业的产业范围，除有效规划普遍性刑事法律风险如贿赂、洗钱之外，还需针对刑事法律风险高发区域重点防范。例如，食品、制造企业，需重点规划《中华人民共和国刑法》分则第三章关于伪劣产品的刑事法律风险，互联网金融企业应重点防范金融诈骗、破坏金融秩序类刑事法律风险（表3-2）。

表3-2　“有效合规”的中国法标准

实质四要件	主体要件	只要建立合规体系的企业均需符合实质要件
	管理要件	
	运行要件	
	救济要件	
形式二阶层	阶层一（刑法＋司法解释）	小型企业仅需达至阶层
	阶层二（前置性法规）	大型企业需符合双阶层

2. 在公司法和证券法中增加会计条款并建立相应罚则

我国现行公司法虽然要求公司建立财务和会计制度，[①] 但是这一条规定过于宽泛，且无明确罚则。公司法虽然禁止公司设立“账外账”，但对违

①《中华人民共和国公司法》第一百六十三条规定，公司应当依照法律、行政法规和国务院财务部门的规定建立本公司的财务、会计制度。

反该项规定的企业最多处罚 50 万元，处罚力度小，[①]且实践中对于公司设立“账外账”的执法力度也不大。此外，对于向有关部门提供的财务会计报告等材料作虚假记载或者隐瞒重要事实的，公司法仅规定对直接负责的主管人员和其他直接责任人员处以 3 万元以上 30 万元以下的罚款，[②]对相关人员的处罚力度较小。建议在公司法和证券法中考虑增加会计条款，约束上市公司，要求上市公司建立完整、准确的账簿与记录、维持合理细节，并且实施有效内控。针对上述会计条款，公司法和证券法应建立较为严厉的罚则，如果上市公司违反上述会计条款，则可以据此对其进行处罚，同时警示其他上市公司遵守该条款。针对非上市公司，公司法可以鼓励其建立完整、准确、翔实的账簿与记录，并且要求企业实施有效内控，对于设立“账外账”的企业应加大执法力度。

3. 在公司法中增加企业和高管的合规义务

在公司法现有规定基础之上[③]，要求企业开展合规建设，建立有效合规内控，并考虑增加相应罚则，促使企业开展合规建设。在公司法中增加董事、监事、高级管理人员的合规义务及相关罚则成为中国企业合规的趋势。公司出现合规问题，归根结底是公司治理的问题，是高管的问题。而企业主动开展合规，首先需要管理层定调，只有管理层带头参与，企业才能自上而下推动合规建设。在 FCPA 的管辖下，如果企业董事、管理人员代表公司从事违反 FCPA 的行为或其行为导致公司违反 FCPA，则该相关人员也可能受到 FCPA 处罚。这就使受 FCPA 管辖的企业的高管因担心自身承担 FCPA 责罚而不得不重视企业合规建设。当前公司法虽然规定了董事、监事、高级管理人员的忠实和勤勉义务，并禁止董事、监事、高级管理人员

①《中华人民共和国公司法》第一百七十一条规定，公司除法定的会计账簿外，不得另立会计账簿。对公司资产，不得以任何个人名义开立账户存储。第二百零一条规定，公司违反本法规定，在法定的会计账簿以外另立会计账簿的，由县级以上人民政府财政部门责令改正，处以五万元以上五十万元以下的罚款。

②《中华人民共和国公司法》第二百零二条规定，公司在依法向有关主管部门提供的财务会计报告等材料上作虚假记载或者隐瞒重要事实的，由有关主管部门对直接负责的主管人员和其他直接责任人员处以三万元以上三十万元以下的罚款。

③《中华人民共和国公司法》第五条规定，公司从事经营活动，必须遵守法律、行政法规，遵守社会公德、商业道德、诚实守信，接受政府和社会公众的监督，承担社会责任。

利用职权收受贿赂或者获取其他非法收入、侵占公司的财产，[①] 但董事、监事、高级管理人员并无明确的企业合规建设义务，实践中董事、监事、高级管理人员也无动力推动企业开展合规建设。因此，有必要在公司法中赋予董事、监事、高级管理人员开展企业合规建设的义务，如果企业因不合规行为被处罚，高管应当为企业缺乏有效合规内控机制而承担相应法律责任。此外，如果由于董事、监事、高级管理人员的行为导致企业违反上述公司法中的会计条款，其也应当承担相应法律责任。

有关部门，可以借鉴《中央企业合规管理指引》及其他标准发布普遍适用于企业的合规管理指引，明确企业的合规义务以及董事、监事、高级管理人员的合规管理职责，引导企业开展合规建设，加强企业合规内控管理。

（二）公司层面——以国有企业为例

1. 国有企业合规管理体系建设及实践趋势

（1）搭建一体化合规管理组织体系成为必然。

组织保障是管理之基，主要解决合规管理的主体问题。国有企业要搭建责任明确、层次清晰、管控严密、上下联动的一体化合规管理组织架构体系。

在公司治理层面，按照国资委“由董事会中负责推进法治建设工作的委员会领导合规管理体系建设”的要求，国有企业董事会是合规管理的最高领导机构，董事长履行推进合规管理第一责任人职责，在董事会下设由企业主要负责人和各部门负责人组成的合规管理委员会统筹推进企业合规管理工作，具体负责：研究批准公司合规管理体系建设整体规划，指导督办合规管理体系建设工作；统筹协调合规管理有关重大问题；部署应对重大合规事件和风险防控工作；评价公司合规管理体系建设情况。

在合规管理委员会下设由首席合规官（总法律顾问）任主任，由相关部门负责人和业务骨干组成的办公室具体负责委员会日常管理工作，主要包括：制订公司合规管理体系建设方案；推进合规管理体系建设工作；建立协同配合的合规管理工作制度；向合规管理委员会汇报合规管理重大事项；审议合规指南；指导处理重大合规事件；风险防控工作；监督纠正不合规经营行为；研究提出重大违规事项、问责处理建议等工作。

①《公司法》第一百四十七条规定，董事、监事、高级管理人员应当遵守法律、行政法规和公司章程，对公司负有忠实义务和勤勉义务。董事、监事、高级管理人员不得利用职权收受贿赂或者其他非法收入，不得侵占公司的财产。

在工作执行层面，合规管理绝不是某一部门或某一条线的职责，而是整个企业和全体员工共同的责任，要充分调动企业各部门、各条线的资源和积极性，做好合规管理工作。在此我们借鉴全面风险管理理论模型中的三道防线理论，根据企业各条线不同的职责分工和角色定位，搭建由法律部门作为合规管理牵头部门的“三位一体”多层次合规管理组织架构体系。

第一道防线为各业务部门，在日常生产经营中各业务部门既是规则的忠实践行者，也是违规发生的重灾区，对合规管理负有首要责任。由于业绩导向等原因，合规管理在第一道防线上一直存在落实不力的情况，因此各业务部门应当在合规管理上苦练内功。在具体职责上，第一道防线应当设置合规管理员，密切关注行业监管规则，建立健全从业务论证、上线、后评估的全过程闭环管理流程，作好业务合规初审和各种“规”的跟踪与落实。第二道防线为法律部门等对合规管理负主体责任的部门，为企业各业务活动提供合规支撑。主要负责制定合规管理制度，开展合规审查工作、合规风险识别、评估和防控工作，开展合规督导和评价工作，做好合规培训和宣传工作，营造合规文化等工作。第三道防线为内审、纪检等独立性较强的部门，通过定期审计和巡视巡察做好相关业务合规管理的后评估工作，加强对风险隐患的监督检查，推进发现问题的整改落实工作，对相关责任人进行处理，及时弥补合规管理的漏洞，促进企业合规管理能力提升。

三道防线的合规管理组织架构是业界较为认可的风险管控框架，是适用于大部分国有企业的组织架构形式，其优点在于充分发挥了企业既有的组织架构优势，根据各部门的特点和职能明确了差异化的合规管理职责，将合规管理职能嵌入各部门、各条线的管理和运营中，推进合规管理深度融入生产经营，有效地避免了与业务发展的“两张皮”问题，有利于提升合规管理的效能，确保合规管理的有效性，充分彰显合规管理的价值。

（2）建立健全合规管理制度体系是大势所趋

完善的合规管理制度是企业开展合规管理的主要依据，是指导企业合规经营和员工遵规守法的行动指南。国有企业合规管理制度体系主要包括合规管理制度准则、配套规定和专项指引，其共同形成以企业合规管理办法为核心，相关配套制度为补充的“1 + N”合规管理制度体系。

在制度顶层设计层面，要将合规管理写入公司章程。首先，从公司治理结构着手，明确董事会推进依法治企和合规管理体系建设的职责，并对依法合规经营实施情况进行监控，确保企业高层统筹推进合规管理体系建设。其次，要制定合规管理专项制度——合规管理办法，作为企业合规管理的基本制度，明确合规管理的总体目标、管理范畴、机构职责、制度流程、考核监督、奖惩问责等相关内容，形成合规审查、报告、培训、考核、激励、问责的闭环管理。再次，坚持制度的有效性、非冲突性和可执行性的原则，逐步完善各业务条线合规管理配套制度。要系统梳理企业相关制度规范，通过制定单项制度或修订完善原有制度、业务规范等方式，作好制度清理、归纳和完善，细化明确合规审查、报告、举报、检查等合规管理要求，将合规管理准则和要求以制度形式固定化、标准化，及时将法律法规等规范性文件要求内化为企业经营管理遵循的行为准则和规范。最后，要制定并及时更新业务合规指引。针对具体业务领域制定分业务、分领域、分场景的合规操作手册。手册应当对合规风险进行描述，结合法律法规等相关规定和典型案例进行分析说明，明确管控目标、风险防控举措和违规后果，实现对不同岗位人员在实务中定制化精准指导，使相关人员明晰特定岗位存在的合规风险和管理职责，推进各类风险精细化有效控制的效果工作。

（3）构建高效规范的合规管理流程体系是必经之路。

如果说组织和制度构成了管理体系的骨骼和肌肉，那么流程就是管理体系的血脉，确保整个管理机能顺畅运转。通过建立融入业务、动态更新、全程把控等六大合规管理工作流程，实现合规管理与经营活动的有机融合，推进企业形成横向协作、上下协同的合规管理机制。

①前置性合规审查流程。将前置性合规审查作为经营决策、业务上线、对外签约的必经环节和重要依据，合规管理人员与业务部门人员组成虚拟工作团队，持续做好在市场营销、投资并购、业务合作、客户服务、招标采购等业务领域的合规扫描和风险防控，实现对企业规章制度、重要决策、经济合同合规审查的三个百分百。

②良性对接监管流程。企业要转变管理观念，积极推动从被动应对监管向主动对接转变。充分发挥法务等合规管理部门在规则解读、立法建议、程序应用等方面的专业能力，以及业务条线在政策执行、条线资源的能力优势，推进业务发展紧跟监管要求。打造由法务部门牵头、各业务部门协同的一体化联动响应、全方位智慧外联的对接工作体系。定期走访各主管单位，主动汇报企业监管政策落实情况，积极反馈企业正当诉求，为企业争取更大的政策支持，推动企业形成新型“亲清”政商关系。

③违规操作举报流程。通过设立电子邮箱、合规热线等途径主动接受企业内外部对违规行为的举报。对于采用书面形式并提供相关事实和证据的举报，属于合规管理范畴的，由合规管理部门牵头核查处理；属于其他管理范畴的，由相关管理部门依职权进行核查处理。完善举报奖惩机制，对于举报属实且为企业挽回重大经济损失的举报人要以适当方式进行奖励，同时要采取有力措施做好举报人信息保密工作。对于故意诬告、陷害他人的举报人要对其进行警示和处罚，其行为构成刑事犯罪的要移送司法机关处理。

④合规督导和评价流程。法务等合规管理部门要充分发挥合规管理监督职能，定期对企业经营管理行为的合规性，各级员工对法律、法规、规则和准则的遵循情况进行巡查，综合评估并全面掌握企业合规管理水平，提出企业改进完善建议，督促企业改进提升。合规巡查可采取实地调研、现场检查、问询面谈、要求说明情况、问卷调查、查阅材料等方式。

⑤合规事件应急处置流程。制订合规事件应对预案，规范处理流程，一旦发生工商、物价、质检、环保等监管部门行政约谈、行政调查、行政处罚等事件，应第一时间做好接访工作并层层上报，法务部门要协同外聘律师做好现场对接工作，严格按照法定程序做好配合工作。合规管理委员会对重大合规事件要亲自部署、亲自过问、亲自协调、亲自督办，确保妥善处置。同时要建立合规事件案例数据库，作好总结，促进合规信息的沟通与共享。

⑥违规追责问责流程。增强合规管理约束刚性，推进将合规管理与组织绩效和个人绩效管理挂钩工作进程，克服违规追责“宽松软”的问题。对于违反企业合规管理禁止性或强制性要求的各类违规事件，合规管理部门和相关业务部门要依职责及时对相关责任人进行调查和认定，经查证属实的，要结合给公司造成的经济损失或形成的负面影响，按照相关管理制度对相关责任人进行绩效扣罚和追责。同时要及时查漏补缺，通过完善制度等手段堵住“出血点”，建立长效防控机制。

上述六大合规管理流程形成一套闭环合规管理机制，保障了合规管理组织和制度的落地实施。在具体实施中，企业还应当搭建与流程运转相匹配的合规管理信息化系统，通过 IT 支撑在线固化各流程节点要求，实现全过程动态合规管理，真正发挥流程管理的作用。

2. 国有企业合规管理重点关注的业务领域

企业合规管理的目标是人人合规、事事合规、时时合规，促进企业健康高质量发展。但合规管理是苦练内功的过程，尤其是国有企业在合规管理建设方面普遍面临时间短、底子薄的问题，因此应当区分主次、循序渐进，要按照“先试点后推广”的工作思路，先行做好重点业务领域合规管理，逐步形成“横向到边、纵向到底”全覆盖的合规管理体系。

（1）反垄断领域。在涉及国民经济命脉和国家安全的行业，很多国有企业尤其是中央企业在行业内大多占据主导地位，具有垄断属性。在具有合法垄断地位的同时，国有企业要坚决避免实施操纵或支配市场，限制和排斥竞争的垄断行为。尤其是自 2018 年国家市场监督管理总局成立以来，积极推进反垄断执法常态化和专业化，执法力度持续加大，执法尺度不断趋严，国有企业要持续高度关注反垄断合规风险。

（2）反不正当竞争领域。市场竞争领域一直是合规风险的高发领域，要时刻警惕市场指标击穿合规底线，避免因违规操作造成行政处罚。2018 年新修订的《中华人民共和国反不正当竞争法》正式实施，新修订的反不正当竞争法拓展了法律保护的对象，完善了法律规制的行为，强化了监督执法的力度，并加重了运营者违法行为的违法责任。国有企业应高度关注竞争合规，做市场秩序的维护者。

（3）海外投资领域。国有企业在“走出去”过程中面临的不确定风险很高，要持续强化海外合规建设，积极应对“走出去”过程中所在国的安全审查，掌握并全面遵循国际法规则、所在国法律制度和国家政策及行业规则、商业管理和道德准则，全面做好合规风险识别和评估，避免在对外贸易、海外投资、工程建设中的合规风险。

（4）消费者权益保护领域。基于消费者在市场中的弱势地位，法律法规对消费者给予了特殊保护，如《中华人民共和国消费者权益保护法》规定了欺诈消费者的惩罚性赔偿制度。很多国有企业提供的产品和服务都是直接面向消费者的，消费者的口碑就是企业的信誉和商誉，因此要特别重视消费者权益领域的合规管理制度。要健全在营销广告、产品质量、服务标准、售后维保、投诉响应等方面的全链条合规管理制度，切实保障消费者合法权益。

（5）招标采购领域。采购领域历来是国有企业违法违规的高发区域，也是审计监督重点关注领域。国有企业在使用国有资金实施采购过程中，要全面贯彻依法合规的要求，合理选择采购方式，既要防范应招未招、简化程序的情况，也要避免凡买必招、低效采购的情况。要强化对供应商的全方位评估，在制定技术标准、商务规范、评分规则时要坚持全面、公平、合理、客观的原则，确保依法合规采购。

（6）劳动用工领域。劳动关系是生产关系的重要组成部分，劳动关系和谐与否，事关企业和员工的切身利益。目前我国已经建立了相对完善的劳动法律体系，企业要严格贯彻落实各项制度要求，依法维护员工合法权益。国有企业要在招聘、入职、订立劳动合同、试用期、考勤、工资福利、违纪处理等方面建立全过程合规管理工作机制，保障员工的知情权，增强员工的获得感。

（7）工程建设领域。工程建设是实现固定资产再生产的一种经济活动，具有规模大、投资多、不确定性多等特点。国有企业要全面加强在项目决策、设计、招标、施工、竣工、验收与结算等各阶段的合规管理，降低或避免可以预见的合规风险，高标准、高质量地推进各项工程建设项目。

（8）信息安全领域。近年来随着移动互联网和大数据技术的快速发展，信息安全日益成为大型企业面临的新风险。其中，石化、电力、通信等重点制造企业内的网络安全事件频发就是有力佐证。国有企业一方面要高度重视企业信息安全，强化保密管理和信息系统安全管理；另一方面要做好客户信息保护，按照合法、正当且必要的原则收集、使用客户（个人）信息，做好数据分析和应用，避免信息泄露和数据变现。

新形势下，合规关系着国有企业健康可持续发展，是企业经营成果的重要保障，是参与市场竞争的重要软实力。国有企业在贯彻新发展理念，推动高质量发展的过程中，既要做好“显功”，夯实国有经济在国民经济中的基础性地位，更要苦练“潜功”，坚持问题导向，拧紧合规风险防控的链条，建立健全合规管理体系，护航企业发展新跨越。

第四章 合规机制——合规体系的运行保障

第一节 合规机制概述

合规体系包括合规机制建设、风险辨别、规章制度建立、运营实施、持续监控和评估改进等方面。在整个合规体系中，合规的运营实施是一个非常关键的部分，既实施了合规计划，体现了管理层的意图，又承上启下，使持续监控有了可能，评估改进有了对象。

一、合规管理机制的基本内容

（一）合规风险识别评估

合规风险识别是指对企业内部合规风险的存在或发生的可能性以及合规风险产生的原因等进行分析判断，并且通过收集和整理企业所有的合规风险点形成合规风险列表，以便进一步对合规风险进行评估和监测等系统性活动。合规风险识别是合规风险管理的第一个阶段，是对合规风险的定性分析，也是整个合规风险管理的基础。合规风险评估是指在合规风险识别的基础上，应用一定的方法固定和测定发生合规风险而可能导致的法律制裁、监管处罚、重大财务损失和声誉损失等相关风险的损失概率和损失大小，以及对企业整体运营产生影响的程度。合规风险评估的目的在于确定合规风险对企业影响的大小，以决定是否需要采取应对措施加以监控以及应对措施采取到何种程度最为适宜等问题。

（二）培训

当企业制定合规政策、行为准则及其他合规要求后，企业需要通过培训和交流等方式确保员工充分了解这些规定。企业至少在与员工工作职责最为相关的要求方面为员工提供培训。因此，当员工对合规要求有了整体了解之后，企业还需要向特定的员工提供更为细化的培训和交流机会来达到更好的培训目的。例如，在馈赠礼品方面，相对于那些工作对内的员工，应向经常面向外部的员工提供更深层次的关于礼品政策的培训。如果员工的工作职责包括为企业赢得业务机会，那么这名员工在反腐败政策方面应获得更多的培训。企业应该在合规培训和交流方面有年度计划或其他规划，确定和规划好培训和交流的形式、频率、讲师与受众等相关内容。

企业应以与其业务模式、规模、复杂程度及风险偏好等相适应的方式来执行其规章制度要求。如果企业有合规方案但是并不去实际执行，可能比没有合规方案更糟糕——有把合规方案作为“花瓶摆设”的嫌疑。企业需要设计流程、程序以及指南落地执行规章制度要求。这些详细的步骤应当被纳入日常运营过程中以方便员工去遵守。这些流程、程序及指南也成为合规培训和交流内容的一部分。

（三）考核

强化合规应该是公司所有管理者和全体员工都应承担的责任。要保障企业合规管理的有效性就需要考核评估员工的合规表现，即企业应该同时考虑业绩与合规性两个方面，从而对管理者和员工进行全面的业绩考核。对于合规表现的具体评估标准则要透明且易操作，评估结果不仅与违规者本人相关，也应与相关经理的绩效评估挂钩，因为经理应对其团队的合规表现负责。

（四）举报和调查

举报机制健全，对于违规者是一个警诫。当违规者知道自己的行为处在众多员工的监督之下，而且随时可能被举报，他们的行动肯定会受到约束。一个没有高效举报热线和调查制度的合规方案不是一个有效的合规方案。受到广泛推广的举报热线以及由中立地位部门来独立管理的调查项目无论对企业的员工还是第三方来说都会起到较大的威慑作用。调查制度会加强企业内规章制度及其他要求的执行力度。

除了合规风险识别评估、培训、考核、举报与调查，要确保合规制度政策在各方面得以遵守和执行，还需要其他几个方面的机制来配合，如合规信息管理机制、合规财务与审计管理机制，以及发现违规问题时采取适当的补救方法或惩戒措施，即纠正与改进机制等。

二、保障合规机制有效运行的基本条件

企业管理层支持是合规方案有效运营和执行的一个关键因素。管理层

包括企业内各层级的领导人和经理，只有得到他们的支持，合规方案才能得到有效的执行。

首先，企业各级管理层的支持是关键。董事会或类似的最高管理组织在决定企业的合规方向起到关键作用。当董事会确认企业需要合规时，这种确认本身已向企业的所有人发出明确且强有力的声音，并为业务的发展和员工的行为指引了清晰的方向。董事会这种确认和态度可以在企业的价值观和员工行为准则之中反映出来。来自高级管理者的合规声音，如首席执行官，也能收到同样效果。有些企业由首席执行官或部门领导每季度或定期发布合规声音和信息。董事会可以通过其审计委员会来监督企业合规方案的执行和运营情况。例如，同意首席合规官的委任，通过定期会议了解主要合规风险、风险趋势、主要合规事件等。高级管理层也可以通过设置和运营其全球合规委员会或类似组织来获知此类信息。首席执行官可以通过向企业传递价值观，推行员工行为准则及其他主要合规文件来促进企业的合规。最高管理层对合规的承诺、支持和参与将有助于维持企业的价值观，并确保业务目标和战略目标与企业的合规目标保持一致。中层和基层管理者对合规的支持也很重要，特别在合规运营和执行层面的日常操作中。管理层把合规作为业务决策所考虑的一个因素是很好的做法。无论合规运营和执行看上去多么有效，如果管理层为了赢得交易而“抄近路”，就会损害或者违反现行的合规要求和管控。管理层对合规的支持还应延伸到对员工的合规表现评估。评估标准的设计应清晰并简单易行。评估结果应纳入员工的整体业绩评估中，并与员工的晋升、调薪、奖金、股权和其他福利相关联。例如，对于合规表现差的员工，应该在一定时期内冻结其获得晋升、调薪的机会，并且在评估期间扣减或免除其奖金发放。

其次，各级管理人员要以身作则。来自管理层最为有效的支持是各层级的经理以身作则，遵守企业的政策、流程和其他合规要求。如果经理只是要求其他人遵守合规而自己不遵守合规，这就难以形成一个有效的合规环境。经理在合规方面的表现对其团队成员的行为有很大的影响。

最后，对合规工作提供资源支持。合规的运营和执行需要能胜任的员工、工具、知识、技能、外部资源的支持和合规事件处理等。所有这些都需要资金和资源支持。为合规分配合理的预算和资源也反映了管理层对合规的支持力度。值得一提的是，有效的合规运营和执行不仅为组织减少风险，而且在维护企业的声誉，赢得股东、员工、客户、合作方和社会的信任，以及达到企业预定的目标等方面为企业增加了价值，尤其是当企业面临诉讼和政府调查时，作用更为突出。

ISO 19600：2014《合规管理体系 指南》指出，治理机构和最高管理层应通过以下措施展现出对合规管理体系的领导力和承诺：

①建立和维护组织的核心价值观。

②确保建立合规政策和合规目标，并符合组织的价值观、目标和战略方针。

③确保政策、程序和流程的制定与实施，以实现合规目标。

④确保具备合规管理体系所需的资源，并确保资源合理分配。

⑤确保将合规管理体系的要求融入组织的业务流程中。

⑥宣传有效合规管理体系的重要性，以及遵守合规管理体系要求的重要性。

⑦指导和支持相关人员提升合规管理体系的有效性。

⑧为其他相关管理人员提供支持，使他们在与之相关的合规职责中展现出领导力。

⑨确保运营目标和合规义务的一致性。

⑩建立和维护责任机制，其中包括及时报告合规事项，也包括不合规事项。

⑪确保合规管理体系实现预期目标。

⑫推动持续改进。

第二节 合规机制的建立与完善

一、合规风险识别评估机制

（一）风险识别评估主体

企业区域合规官牵头，合规部组织，对应业务部门配合实施，共同建立合规风险管理小组，向公司总部的全球合规办公室报告。合规管理员联合业务部门主管，依据本单位建立和维护的合规义务清单、公司业务制度、岗位职责说明书，以座谈、个别访谈、集体讨论、专家咨询和内部纪检监察、审计、内控测试报告、与其他合规相关的问题信息统计、计算分析等方式进行企业的合规风险形势评审。

合规风险管理小组应该由法律和业务专业人员组成。合规风险包括法律以外的其他合规风险，业务专业人员的加入，能够提高对非法律合规风险的识别与管理。同时，小组也要有总部到一线各层级的代表人员，以利于对总部到一线各层级合规风险的识别与管理。

（二）风险识别评估流程

第一步：确定需要加强合规风险管理的关键业务或岗位范围，进行企业合规风险形势评审，关注合规风险的分布和敞口变化，形成“公司合规风险形势评审表”。

企业要了解企业本身，对企业内、外部环境进行初步分析是合规风险识别分析评估的出发点。在时间频率上，每年12月，对本单位过去一年各业务合规情况进行评审。当公司内外管理环境发生重大变化时，也应该及时进行合规风险形势评审。合规风险形势评审包括：企业生产经营是否出现新的或更改的活动、产品或服务；组织的结构或战略是否发生变更；是否发生重要的企业外部变化。例如，金融经济环境、市场情况、负债情况和客户关系，企业是否有合规义务的变化，企业内部是否发生不合规行为。又如，是否发生违反公司制度的行为，是否发生违反合规要求的从业行为，是否发生违反合规承诺的从业行为，企业内控测试是否存在不合格项，公司专项审计是否存在问题，公司合规目标是否实现，等等。

评审完成后，先报合规部负责人审核后，再报区域合规官审批后即可进入第二步。一般依据公司每年的年度风险管理计划定期进行公司合规风险形势评审，合规管理员联系业务部门以座谈、个别访谈、集体讨论、专家咨询和内部纪检监察、审计、内控测试报告、与合规问题相关信息统计、计算、分析等方式，进行企业合规风险形势评审，可以采取定性与定量相结合的方法。其中，特别要关注公司在过去一年内出现的违反廉洁规定事件、亏损单位审计、亏损调查原因反馈涉及的业务范围。同时，公司要关注网站、搜索引擎，通过跟踪关键字关注合规风险变化、合规要求变化。

第二步：明确企业合规目标，制订开展某业务合规风险识别评估的工作方案，形成“关于开展××业务合规风险识别评估的通知”。

企业只有依据明确的合规目标，才能确定与企业实际情况、生存发展需求相对应的确切风险环境，并据此制订方案。工作方案包括合规风险识别评估范围、工作机构与分工、合规风险识别评估方法、需要完成的工作事项与时间要求四个方面的内容。依据合规风险形势评审结果，公司合规管理员起草合规风险识别评估方案，先报合规部负责人审核，再报区域合规官审批后即可实施第三步。

第三步：开展权责事项清理，形成“权责清单”。

根据公司 ×× 业务流程制度规定和部门业务分工、岗位职责和授权，全面清理和确定对管理和服务对象承担的各类工作职责，识别对应的权力，形成“权责清单”。权责清理方法以关键业务流程为单元，或者以岗位为单元。其中，以关键业务流程为单元的方法依据业务流程制度规定的工作步骤、责任部门、责任岗位和工作任务，形成对每个关键业务流程的权责清单；以岗位为单元的方法依据岗位职责说明书规定的工作职责，形成对每个岗位的权责清单。

第四步：查找合规风险点。

根据识别的权责清单具体内容识别企业风险，彻底的风险识别将提高合规风险透明度，同时也是企业有意愿改善经营方式的有力证明。工作方法上，在所列出的风险清单中，以小组讨论、头脑风暴、案例启发、业务座谈等形式，查找对应的可能触发的风险类型。

第五步：不合规后果与分析。

根据可能触发的风险类型，推理不合规风险发生可能产生的后果，进行不合规原因、来源查找，并根据以往业务执行情况判断该业务发生频率，以评估不合规风险发生的概率。

第六步：评估已识别的风险，确定合规风险等级。

根据发生可能性和潜在的消极后果或物质损失评估企业风险，确定合规风险等级，从而形成风险排序。合规风险等级评估可以采取目标影响评估法。在不合规后果与分析的基础上，评估不合规后果对业务目标的影响，同时评估对合规目标的影响。一般按照直接影响、间接影响和不影响三个程度进行评估，即按照高——直接影响、中——间接影响、低——不影响这三个等级来确定合规风险等级，并确定企业愿意接受的合规风险等级和待处理的合规风险。

目标影响评估法具体是：预估风险发生后果，根据后果分析对业务目标和合规目标的影响，并按照高、中、低级来评估风险敞口。对业务目标影响我们分为直接影响、间接影响、不影响三种；对合规目标影响分为直接影响、间接影响、不影响三种。我们也将对应合规风险等级分为高、中、低三个等级。对比关系见表 4-1。

表4-1　合规风险等级评估

项	对业务目标影响	对合规目标影响	对应合规风险等级	备注
1	直接影响	直接影响	高	
2	间接影响	间接影响	中	
3	不影响	不影响	低	

第七步：风险排序，确定风险应对计划。

通过对已识别的企业内部风险进行排序，确定待处理的合规风险点，企业进而能够确定其年度合规应对计划的重点工作领域，工作组也可以据此拟订风险应对计划。

第八步：风险应对措施制度。

根据合规风险点所在的不同业务步骤、岗位和合规风险等级，依据公司制度规定的工作目标、工作步骤、工作责任主体、工作任务、工作记录、工作标准和工作方法，结合合规要求、合规承诺，有针对性地制定合规风险管理措施。对不同等级合规风险的应对措施区别制定，重点加强对高合规风险点的防控。

第九步：风险应对措施植入流程制度。

根据制定的风险应对措施，修改完善对应的公司流程制度并发布执行。

二、绩效考核机制

绩效考核是合规风险管理的重要组成部分。特别是对于合规文化尚不成熟、长效合规机制还未形成的公司，通过合规绩效考核机制来提升合规执行力就显得尤为重要。ISO 19600：2014《合规管理体系指南》中强调，员工绩效计划被列为一种有效的控制措施以确保对合规义务的履行。公司应该结合公司的发展价值观，将合规考核纳入公司绩效管理体系中去，有效协调业务施展与合规管理的关系，帮助员工建立正确的业务发展目标。合规是业务发展的基石。一个有效的绩效管理体系不但要对员工的业务能力和成绩进行考核，而且对员工在业务中的合规执行情况也应该进行考量，并占据一定的考核比重。公司可以制定单独的合规绩效考核机制，也可以将合规考核标准融入总体的绩效管理体系中去。通过有效的合规绩效考核机制，对有重大合规贡献的员工应该给予奖励；对有合规问题的员工，应该给予积分扣分或相应的处罚。考核机制可以采取各种形式，如矩阵式、九宫格、计分卡等，而且需要制定详细的合规考核标准，考核内容可以包括以下五个方面。

①按时完成或参加所有的合规培训。

②严格执行组织合规政策和流程。

③有无任何违反合规的行为。

④积极支持和配合合规职能部门工作。

⑤及时汇报违规行为或合规风险以避免或减少因合规风险给组织带来的损失和负面影响。

三、汇报沟通机制

公司员工如发现或获知违反合规的行为或事项，或可能构成违规的可疑行为或事项，应当及时向经理、部门负责人或合规部门报告。经理、部门负责人或有关人员在得到相关报告后应立即将相关信息通知合规职能部门。

合规职能部门应当定期地向公司高级管理层汇报相关的合规信息和风险。有些公司特别是跨国公司是由合规部门总监向公司董事会、监事会、高级管理层定期汇报公司合规情况。汇报一般采用书面形式，紧急情况下，可以先以口头、电话、传真、电子邮件等形式汇报，然后补充书面报告。汇报内容一般涉及以下八个方面：

①报告期间内所进行的合规风险评估。

②合规培训的组织情况和效果评估。

③发现的违反合规的事项以及处理情况。

④违规行为可能给公司带来的合规风险。

⑤已识别的政策或流程上的漏洞或缺陷。

⑥建议及已经采取的纠正措施。

⑦对合规管理工作的整体评价和分析，包括存在的困难、问题、改进措施及其建议。

⑧其他需要报告的事项。

如果违规行为性质严重并有可能给公司带来重大合规风险，合规部门应当立即向公司高级管理层汇报，提出风险警示，并及时采取纠正措施。

四、举报机制

为了保障合规管理机制的有效运行，企业应建立完善的举报体系。企业通过严格的合规管理流程识别、评估和防范合规风险，必然能从很大限度上堵塞合规风险发生的漏洞。但也正是如此，在追求不当利益目标的驱动下，有违规动机和企图的企业人员也将会千方百计把违规事件做得更为隐蔽，并通过一系列的“技术处理”来达到违规事件不被发现的目的。因此，如何从更广泛和更深入的层面获取相关信息，揭示潜在或隐藏的合规风险，深化企业的合规管理，是当今企业都非常重视并且亟待研究解决的问题。目前，一些国际组织和合规风险管理研究机构及不同的行业对信息举报问题已经有了较广泛深入的研究，更多的企业也在实践的基础上不断总结完善相关规定。但是，鉴于举报所涉及的诸如社会环境、法律法规、市场竞争及潜规则、行业交易习惯、腐败行为、企业文化、监管督查疏漏以及举报人的安全防范心理等诸多因素的复杂性和敏感性，往往会使企业违规信息举报体系的建立遇到很多的困难和障碍。本部分内容试图通过对相关资料及实践经验教训的收集、总结和思考探讨，为读者提供一些参考思路和建议。

（一）建立举报网络并培训

风险管理专家及企业领导层通常都希望在企业风险管理体系建设中采用全员风险防范机制，这固然是一种积极的理想做法，但在实践中，建立定位、定岗的责任机制，从某种意义上分析更有助于发挥强制监督的具体作用。这种全员防范与落实具体岗位职责相结合的办法，有利于从形式上在企业中建立一张监督举报网络，对潜在或意向违规者形成一种警示和威慑作用。为保证这个网络能尽量做到“疏而不漏”，在企业中开展全员和重点岗位培训是非常必要的。培训内容不仅包括对员工合规理念的建立和培育，还应对其有相关理论和技术要求。结合员工所处岗位可能获得相关信息的情况进行必要的培训，在提高企业员工整体素质的基础上，重点培育一批敏感的信息收集和举报人员。

（二）创造安全的举报环境

提供必要的举报设施和手段、采取技术措施，建立安全的令员工放心的举报环境是保证举报体系有效运行的必要前提。例如：

①在企业办公场所设立举报箱，应充分考虑和理解举报人员的安全防

范心理，对于举报箱设立的地点，在保证相关区域符合安全规定的前提下，应避免设立电子探头监控；或可以考虑分别设立实名举报箱和匿名举报箱。

②设立举报电话或录音电话、传真、电子邮箱等。对于电话和传真，应与相关运营商协商，尽量通过技术手段，屏蔽来电显示等可以暴露举报人员信息的内容，以减少匿名举报者的担心。

③对实名举报人员信息的保密至为重要。可采取限定实名举报信息受理人的做法，指定一名或两名信息受理人员，也可考虑将信息受理人员名单予以公示。举报信息受理人作为知晓举报人信息的最初级，如已发生泄密问题将会以其为源头开展追责。

④对于负责企业举报信息收集及调查处理工作的部门或岗位人员，应确保其工作的保密性和独立性，由上级主管部门或领导垂直负责，其业绩考核、职级升迁和工资待遇等由上级部门直接决定，尽量脱离本级企业的权力制约，避免因在本企业管理层的领导下监管本企业的合规管理监督工作所造成的消极和尴尬局面。

（三）举报信息收集与处理

一是建立正确的举报信息收集理念。在举报信息收集工作中，只关注信息本身，而不考虑举报人的动机，在处理信息中应排除其他因素干扰，只就信息所涉及的问题和线索进行调查核实。

二是拟定举报信息的规范格式。举报信息资料尽量规范化，以提高信息收集整理和展开调查的效率，企业可根据自身情况拟定举报信息的规范格式和体例，内容应客观、翔实，主要包括：被举报人基本信息、涉及项目信息、客户情况、违规情况及分析、涉及的金额及已造成或将导致的经济损失、证据资料（如不能获得证据，可提供获取证据的途径）、其他知情人等。但不应该禁止举报人根据自己所掌握的情况自行书写举报信息内容。

三是信息收集举报人员的配置。为保证举报网络的监控效能，应结合企业规模配置信息收集举报岗位人员，根据具体情况，岗位可以是兼职或专职，同时还应考虑企业员工分布人数的性别特点。

四是对举报信息的跟进。举报信息要全部登记在案。收到举报信息后，企业应有专人对举报信息进行评估分析，并决定进一步的行动。例如，是否进行调查，是否移交给其他相关部门处理。如果决定调查，必须按规定的流程来启动和进行内部调查。企业应告知投诉方企业已收到相关的投诉并在积极跟进。

五是举报信息的分类和分享。对于举报信息要按风险类别整理编辑，并按照企业制定的分享渠道和范围，按职责仅分送给“需要知道的人”，分享信息者应承担相应的保密义务。从保密原则出发，企业应建立规避制度，严格限定或监督企业领导及具有相应权利的人员调取举报信息。

（四）提倡“首举不究”原则

为了鼓励参与违规活动的员工“迷途知返”“悬崖勒马”，对于参与违规案件人员的举报，应提倡“首举不究”的原则。因当今违规行为越来越隐秘化和技术化，为违规事件的发现和调查增加了难度，而“首举不究”原则是从违规人员内部进行突破的一项“利器”。对于违规案件参与者举报并退还违规所得和对于侦破案件提供重要帮助的，企业可对其免于追究或减轻处罚。如最终调查结果证明其可能触犯了法律而需司法机关介入的，企业应该以举报者有重大立功表现为由提供相关支持（如予以辩护支持）。

（五）设立“亲情大使”或“冤情大使”

为了能更好地传递正能量，提高合规文化，同时便于员工投诉，可参考一些企业的做法设立“亲情大使”或“冤情大使”。“亲情大使”或“冤情大使”广泛听取员工倾诉，及时帮助员工更好地了解企业的规定和要求，接受员工投诉和情况反映，也可主动从交流中发现信息线索，把可能的不合规问题扼杀在早期或反馈给相关部门来后续跟进。此岗位人员，可以专职也可以兼职，但必须是由企业中经验丰富，具有较高的公信力的德高望重者担任，并且要经常对其进行培训，不断提高和增强其职业判断力、与员工的亲和力以及吸引员工的技巧。企业通常会积极宣传推广“亲情大使”或“冤情大使”，便于员工与其沟通。

（六）建立举报奖励制度

根据举报信息使企业避免、减少或者追回了经济损失，或者避免、挽回了企业的信誉损失，维护了企业在市场上的美誉度，保障了企业在市场竞争中的份额或保护、增加了企业的交易机会等，企业应根据具体情况给予举报人员奖励，如发奖金、职务升迁等。根据实际情况决定公开或不公开表彰及奖励。对于重大或是特殊案件企业甚至可以采取比例奖励，即将追回的经济损失或对违法者所处罚款按一定比例的金额奖给举报人。

（七）鼓励客户或第三方投诉

鼓励和要求客户或第三方配合企业的合规管理应纳入企业交易规范之中。在与客户或第三方进行商业谈判活动中，应向其明示禁止商业贿赂及其他违规行为，并告知一旦发现其违规行为，将根据情况予以惩罚，包括终止合同，取消交易机会；如果客户或第三方能举报员工违规或企图违规行为，也将给予适当奖励，包括延续合同、扩大交易机会和规模等。以上相关内容应要求客户或第三方予以承诺并出具承诺函，或可拟定为相关公款列入交易合同中。企业要经常性地鼓励客户或第三方举报与本企业有关的任何违规或企图违规行为。企业应将客户的各项情况作为重要的资信内容存入客户信息档案库。

（八）严厉打击报复举报人行为

企业应切实保护举报人的安全，严禁任何人对举报人进行任何形式的打击报复，不论是显性的或隐性的、公开的或秘密的、减薪或降职、转岗或辞退以及其他任何经济方面或声誉方面的报复行为，一经发现，应立即对实施打击报复者予以严厉惩处，对于触犯法律的，应坚决予以移送司法机关。被举报者的上级机构也应予以监督监管，否则应承担监管失察责任。

企业还应根据相关法律和政策，根据企业自身特点和实际情况建立和完善本企业的合规信息举报体系。

五、合规调查机制

企业一旦建立了完善的举报系统和机制，管理层就有可能收到各种违规、违纪的举报。此时，管理层就要开始对举报的内容进行调查。

（一）制订调查方案

每一个与合规有关的调查应该有一个相应的调查方案。调查方案需根据举报中提到问题的不同性质、复杂程度、牵涉面等来制订。调查方案通常由负责调查的部门或其指定的人员制订。调查方案中要尽可能写明被调查人姓名职务（以防同名同姓），证人和可能有助于调查的人员的名字，由哪个部门或由谁来执行调查，要调查的问题，调查的方向，可能用到的方法等。调查方案要根据新掌握的情况及时补充更新。

（二）选择调查人员

在选择调查人员时应注意以下几点：

一是客观中立。调查人员应该是独立于案件各方利益的人员。例如，调查人员不可以去调查他的直接上级和下属，以及和他关系密切的部门人员或合作伙伴。如果不能找到合适的人选，可以考虑从其他无联系的业务部门或地区选择。

二是受过良好的调查技巧的培训。必须选择接受过正规的调查技巧培训的调查人员，以确保调查人员知道如何开展调查工作。最好曾经是调查员或与具有丰富经验的调查人员一起工作过的具备询问技巧并有一定经验的人员。

三是了解相关的法律法规，内部规定、政策、条例以及相关的业务流程。调查人员必须是熟知前述的有关规定和流程以便于他明确知道哪里可能有漏洞，要查实哪些事实，清楚哪些是违规行为。

四是好的证人。如果有必要，调查人员应该是一个很好的出庭证人，向法庭或仲裁机构提供强有力的证词。

五是利用外部的调查机构。在有些情况下，管理层要向有关部门报案让专业的调查机构来调查处理案件。通常报案前应该有初步的事实和证据判断所举报的问题确实成立。例如，涉及公司的或公司高层的违法行为、企业负有重大责任的案件、金额巨大的职务侵占或者是内部调查人员不具备取证能力的重大案件等。

通常情况下，由一个调查员来负责调查案件、访谈证人和被指控的人就可以了，这样做的好处是可以节约成本。但是如果有许多人要被访谈，许多文件记录证据要查验的时候，管理层就需要指派较多的调查员来进行调查工作。在多人调查一个案件的时候，要有一个首席调查员，其他调查员对首席调查员负责。

在进行访谈工作时，如果条件允许，最好有两个调查员同时进行。一个负责记录，另一个集中精神组织问题及细心聆听回答。如果被访谈人员反悔，记录人员可以作为证人出庭作证。记录人员也可以起到提醒和补充访谈的问题、避免遗漏的作用。

（三）审查有关文件和证据

在开始访谈和询问之前，首先要熟悉与案件相关的政策规定，审查有关的文件和证据。例如，与举报案件相关的所有文档、记录，还包括被指控人的个人档案，以便于了解其是否曾经被调查过，是否受过任何纪律处分等。另外，如果有必要的话，还包括其邮件、公司配给的电话通话记录等。

在访谈期间，防止被指控人销毁证据及串通是非常必要的。因此，在有些情况下，管理层必须采取必要的措施防止被指控的人销毁证据或破坏公司的财产。措施包括禁止被指控人进入工作场所、公司的内部网络，禁止接触公司的文件或资金、锁定邮箱等，直到调查程序结束。在采取以上行动之前，最好先咨询公司的法律部门。

为了避免被指控人之间串通供词，对于有利害相关的人员在必要的时候要采取措施防止他们以任何方式接触。在难以做到的情况下，最好是同时、分别进行访谈。

（四）正式开展调查

一是访谈询问准备。①访谈对象：调查人员应该对所有与案件相关的人员进行访谈，包括举报人、被告人以及了解与事件有关情况的其他人员。这些人员可能是单位的员工、前员工、客户、合作伙伴或供应商。②访谈的顺序：首先是举报人，其次是了解情况的其他人员，最后是被指控人。在有些情况下访谈被指控人也可排在第二位。③访谈的场所：最好是一个密闭的、远离人群的、单独的、隔音的房间。尽量避免电话访谈，如果条件不允许，电话访谈也是进行有效访谈的手段之一，当然，这要求调查人员具备丰富的访谈经验。④访谈记录形式：所有的访谈都应该做好详尽的记录。通常这些记录是文字形式的，在有些情况下，记录也可以是音频或视频形式的。

二是掌握访谈技巧。一般来说，访谈的目的是获取信息，因此，访谈的技巧是尽可能多地让被访谈人说话。在访谈时，要避免提问答案可能是简单的“是”和“不是”的问题，所设计的问题一定是要对方用叙述的方式才能回答清楚的；尽量避免采取指责式的强势的问话方式，而应该采取了解情况方式的问话形式；调查人员应该尽量控制好自己的情绪，不要打断对方的叙述，即使在发现对方可能在撒谎的情况下，也要保持克制，不要马上指出对方的谎言，要求对方继续详细解释，要保持怀疑的心态但是不要表现出怀疑的情绪。

调查人员在开始提问的时候，建议最好是先问对方的基本情况，如简历的内容。这样做的好处是：首先使对方放松，觉得你对他好像不是很了解；其次，这些问题是没有什么压力的，对方回答也不会撒谎，因此调查人员可以掌握对方回答真实问题的特点。在了解已经发生的具体事件的时候，调查人员提问时要切记五个要素，即什么时间，什么地点，谁参与了，发生了什么情况，发生的原因。

（五）形成调查结论

即使是经验丰富的调查人员，也未必会在每个案件调查之后得出明确的结论。鉴于内部调查手段的局限性，在很多情况下由于缺乏足够的有力的证据，不能对所调查的案件作出明确的结论。在这种情况下，调查人员要向管理层解释为什么他不能得出最终的结论。另外，还应该向举报人和受害人说明情况，鼓励他们继续关注事态发展并及时报告非正常情况，提供新的线索。同时要告诫被调查人员遵守有关政策，严禁其任何形式的打击报复。

（六）撰写调查报告

在调查结束后，无论是否得出结论，调查人员都要及时地写出调查报告。书写调查报告的原则是在调查了解情况掌握证据的基础上叙述事实，调查人员不得在报告中掺杂个人的情感因素；避免使用带有感情色彩的叙述方式和文字；尽量详细描述出事件的时间、地点、人物、时间的起因和发展过程。调查报告的结论应该是建立在所调查的事实和证据基础上的；报告不应作出法律性的结论，报告也不应建议管理层如何处理有关的违纪人员。鉴于案件调查的保密性，调查报告的发送原则是给那些需要知道的人员。例如，与事件有关的业务部门的直接或隔层领导、人事部、道德与合规部以及法律部等。举报人、受害人和被指控人不应该看到和得到调查报告。

六、纠正与改进机制

（一）落实纪律处分

对违规行为人或未能对违规行为采取防范措施的人进行纪律处分。违规行为一经查实，组织应立即对违规行为人采取纪律处分。这些处分包括训诫、口头或书面警告、降级、降职、调职、最终警告、解雇，组织还可向执法部门报告违法情况以及向违规者提起民事诉讼。

纪律处分应与违规者的福利和奖励相关联。例如，根据违规者违规行为的程度和性质，扣减违规者的奖金，违规者将不享受调薪 / 晋升的机会。当员工收到奖励或晋升的提名时，企业应有适当的流程去检查员工在过去 12 个月或其他设定的时期内有无涉及违规行为。如果有，则不考虑对该员工的奖励或晋升。

企业必须以一致的方式执行纪律处分结果。也就是说，如果一名级别低的员工因为员工报销中的不当行为受到警告处分，那么高级经理因为同样或类似的不当行为也应受到警告处分。一旦员工发现在纪律处分时出现区别或歧视对待，这对于维持有效合规的损害是极大的。

对于纪律处分执行的一致性还要求经理不得向自己喜欢的员工给予宽大处理，或对自己不喜欢的员工给予加重处罚。例如，经理利用纪律处分的机会开除其不喜欢的员工。

对于纪律处分执行的一致性还表现在当地法律允许的情况下，员工在不同国家违反同样的企业规定应受到类似的纪律处分。

一个好的做法是建立纪律处分委员会来监督或作出最终决定。纪律处分委员会的成员可以包括来自法务部门、人事部门、合规部门以及业务部门的领导。委员会需要对违规者的经理或上级经理提出的纪律处分提议进行审批，或者自行作出决定。通常最好由违规者的经理作出纪律处分的提议，因为其比较了解违规者的过去和当前情况，包括违规者是不是初犯或是惯犯。经理就纪律处分提出建议时可以咨询相关人事经理，负责人事方面的律师或其他必要的人。在一些跨国企业内，纪律处分在执行之前，需要最终由总部集中管理的合规部门或其代表批准同意，确保在各个国家对于相似类型违规行为的纪律处分执行一致。

当违规者的劳动关系解除之后，企业可以把特定类型的违规者标注为“不适聘用”。还应建立相应的检查系统确保将来聘用的新员工并非出自这个“不适聘用”名单上。只有严重违反企业政策或法律规定的违规者才会被记录到这个名单之中。

企业应要求员工对实际或潜在的欺诈或其他违纪行为有所反映，包括制止和举报；对那些未能对欺诈或其他违纪行为有所反映的员工要采取惩罚措施。具体表现为：如果员工知道企业的政策规范被违反或可能被违反，但是视而不见，装作不知情，或任由违纪行为发生，那么员工就未能做到防范欺诈或其他不当行为的发生。例如，经理给团队成员施压要在季度末结单，但是假装不知道或不阻止其团队成员通过不正当手段结单的。

企业也应要求员工在做出业务决策时将合规因素考虑在内。在上述举例中，经理还应向其团队表明，只接受以“干净”的方式结的单。

团队成员的不当行为应与其经理的业绩表现挂钩。团队中的不当行为，如一名或多名团队成员在一定时间内实施两次以上违规行为则表明团队经理未能有效建立合规和道德文化；并不是所有团队成员的违规行为都用来与团队经理业绩表现挂钩，例如，团队成员在报销上轻微的违规。用来与团队经理业绩表现挂钩的违规行为类别的界定必须是清晰的，这样在操作中便于执行，也显示了对团队经理的公平、合理性。

（二）改进合规制度

每个调查是发现合规管理弱点并改进的机会。当确定某一员工违反内部政策规定时，组织应查明导致其违规行为的根源。例如，是制度设计的缺陷，还是执行中的不到位？是对员工没有提供足够的培训和交流，还是违规者故意为之？或者是上述情况的合力导致？

一旦查明原因，企业就要采取适当的措施来解决问题。企业需要审视、改进、重新设计以及监督其合规和管控方案，以防范和及时发现类似的情况再次发生。企业对发现的根本原因的反应表明企业对待合规方案的重视程度。知道其合规管理存在漏洞但是没有采取适当措施的企业会比对此不知情的企业受到更为严厉的处罚，特别是在涉及政府调查时。

企业应对发现的问题到何种程度才算足够？ISO 19600：2014《合规管理体系　指南》建议的适用程度取决于组织的规模、结构、性质和复杂性。总体来说，我们可以从三个方面来考虑企业对问题应对的程度，即企业的规模、业务性质、类似不当行为是否会再次发生。

首先，从企业规模角度来看，企业应当采取行动来管控风险并解决发现的问题。小型企业可能受资源限制不能全面管理风险，大型企业就有能力在合规项目和人员中做更多的投入，因此应该采取有效、快速的行动大审查、改进、设计或重新设计其合规管控体系，以及利用在调查、审查和审计中发现的相关信息为持续监管服务。

其次，从业务性质角度来说，业务的性质之所以与合规管理的改进相关，是其会呈现某些独特且可预见的问题。因为相关业务性质，某些类型严重的问题很可能会发生，企业应采取足够的行动来发现并预防这些问题。例如，一个云服务提供商在其服务器上存储了属于他人或其他公司的数据，数据安全就是与这个业务性质相关的独特的问题，云服务提供商应采取特别的措施保护数据避免被泄露。企业也应该预见到其数据库可能经常被外部攻击，以非法读取或窃取信息的问题。因此，企业不仅应建立起强大的防火墙来防范这些问题，也需要建立明确的流程来规定谁有权访问数据库。如何获得访问的权限，需对相关员工进行培训，书面记录所有对数据库的授权审批，记录所有对数据库的访问记录，持续的监控，定期审查和不断优化管控设计，以及对任何可疑违规行为的彻查。

最后，从类似不当行为是否会再次发生角度来讲，如果类似不当行为多次发生，这通常是在告诉我们这个领域的管控没有起到效果。当采取行动改进管控时，企业需要去考虑“类似不当行为是否会再次发生”。企业应该采取足够的行动来预防和发现相关违规行为，并确保尽量减少类似违规行为再次发生的频率。如果在改进管控后，相关违规行为重复发生的次数在减少或没有再发生相关违规行为，说明企业所做的努力是到位的。反之，说明企业所作的努力不到位。

纠正和改进对企业来说是合规管理的重要组成部分。纠正和改进可以将某些负面事物转化为对风险识别、流程优化、风险管控有利有益的信息和机会，为合规管理中的预防和监督部分提供有价值的内容，为合规培训提供鲜活的案例，并帮助提升企业的合规和道德文化。

综上所述，确保有效的贯彻和执行企业的合规政策和流程，需帮助企业不断完善合规管理机制。及时发现企业合规政策和操作流程的漏洞和缺陷，并对现行的合规管理机制进行持续性的修改、补充、完善和更新，以建立合规管理的长效机制，完善合规管理体系，明确合规责任，实现企业持续规范发展。

第五章　内部控制、合规管理与企业治理

第一节　内部控制概述

一、内部控制概念理解

根据《企业内部控制基本规范》的解释，“内部控制是由企业董事会、监事会、经理层和全体员工实施的，旨在实现控制目标的过程”。对于这一定义，可从以下三个方面进行理解。

（一）内部控制是一种全员控制

内部控制是一种全员控制，即内部控制强调全员参与，人人有责。企业的各级管理层和全体员工都应当树立现代管理理念，强化风险意识，以主人翁的姿态积极参与内部控制的建立与实施，并主动承担相应的责任，而不是被动地遵守内部控制的相关规定。值得注意的是，内部控制的全员控制与董事会、监事会和经理层在内部控制的建设和实施过程中的领导作用并不矛盾，领导者与普通员工仅仅是分工不同、承担的权责大小不同，但都是内部控制的参与主体。具体而言，董事会负责内部控制的建立健全和有效实施，并直接影响内部控制的要素之一——内部环境这一控制基础。而监事会对董事会建立和实施内部控制进行监督；经理层负责组织领导企业内部控制的日常运行，在内部控制中承担主要责任。企业所有员工都应在实现内部控制中承担相应职责并发挥积极作用。企业应当在董事会下设立审计委员会，负责审查企业内部控制、监督内部控制的有效实施和内部控制自我评价情况。这就形成了从董事会到全体员工全员参与的内部控制，克服了长期以来我国企业内部控制建设滞后、相关各方执行时权责不清、从管理层到员工缺乏企业内部控制的责任与动力的问题。

（二）内部控制是一种全面控制

内部控制是一种全面控制，是指内部控制的覆盖范围要足够广泛，要涵盖企业所有的业务和事项，包含每个层级和环节，而且还要体现多重控制目标的要求。内部控制本质上是对风险的管理与控制，所谓风险即偏离控制目标的可能性。《企业内部控制基本规范》规定，内部控制的目标是合理保证企业经营管理合法合规、资产安全、财务报告及相关信息真实完整、提高经营效率和效果、促进企业实现发展战略。企业设计的内部控制活动和流程要充分防范和控制任何影响以上五个目标实现的风险，而不能仅仅局限于财务报告风险，并为以上目标的实现提供合理保证。也就是说，内部控制不仅是一种防弊纠错的机制，而且是一种经营管理方法、战略实施工具，是一种为多目标的实现而进行的全面控制。应当说明的是，内部控制只能为控制目标的实现提供合理保证，而不是绝对保证，这是因为企业目标的实现除了受制于企业自身外，还会受到外部环境的影响，而内部控制无法作用于外部环境；而且内部控制本身也存在一定的局限性，使得其不能为企业控制目标的实现提供绝对保证。

（三）内部控制是一种全程控制

内部控制是一种全程控制，是指内部控制是一个完整的内部控制体系。从时间顺序上看，包括事前控制、事中控制和事后控制；从内容上看，包含制度设计、制度执行与监督评价。以上三环节环环相扣，逐步递进，彼此配合，共同构成了一个完整的内部控制体系。内部控制的全程控制通常以流程为主要手段，包含流程的设计、执行和监督评价，但又不仅仅局限于流程。流程本身包含着过程控制的思想，流程的设计是前提和基础，流程的实施是核心，对流程的监督是关键。流程设计的合理性往往会直接影响到整个内部控制工作的效率和效果。因此，企业要有效地实现全程控制，就必须优化与整合企业内部控制流程；企业进行的流程再造，是基于全面控制和以提高运行效率为目的的。如果说内部控制的全面控制是从横向角度为企业实现控制目标搭起了一道无形的“网”，那么内部控制的全程控制则是从纵向角度为企业防范和管理风险架起了一面牢固的“墙”。

二、内部控制目标

（一）内部控制的基本目标

内部控制的总体目标或基本目标，也是企业所追求的最终目标。这一目标可以概括为实现企业的可持续发展和取得企业最大化的利益。

上述基本目标可以进一步分解成三个方面，即通过内部控制使企业一要生存，二要发展，三要盈利。其中，生存是最基本的要求，如果企业不能生存，其他所有的追求都无从谈起；发展不只是生存的简单延续，而且必须有量的扩张和质的提高，从一个小企业变成大企业，从一个生产和经营能力弱的企业变成一个生产和经营能力强的企业；盈利是企业最根本的目的，从投资者的立场来讲，如果企业不能带给他们利润，那么企业的生存和发展都是无意义的，也是没有必要的。

（二）内部控制的具体目标

内部控制的具体目标是内部控制总体目标的细化。内部控制的具体目标可以分为以下五项，这也是企业实施内部会计控制所要完成的具体任务。

1. 经营管理合法合规

经营管理合法合规的目标也称为“合规性日标”或“遵循性目标”，是指内部控制体系的设计要确保企业经营管理活动的合法合规性。遵纪守法不仅是每个公民的责任和义务，而且还是每个企业和组织应尽的责任和义务。一般来说，企业目标是尽可能地创造价值，使企业价值最大化，而这一目标的实现又依赖于企业的经济活动实践。现实经济活动实践中，企业的经济活动不仅关系到企业自身的经济利益，还一定与另一个或多个主体的经济利益有关。企业自身的利益要通过交易另一方的经济利益来实现，不然正常的经济交易秩序就将萎缩甚至消失。为此，国家有关部门和企业都会制定相应的法规、制度与条例等对有关经济行为加以管理和规范，以防止经济交易各方的不正当行为，进而维护正常的经济秩序。如果企业在追逐自身利益的同时，无视其他方利益，盲目追求利润甚至无视国家法律、法规，必将为其行为付出惨重代价。因此，确保经营管理合法合规是一个企业生存和发展的基本条件，也是企业内部控制的基础性目标。无视此目标，企业要想实现其他内部控制目标也将是缘木求鱼。经营管理合法合规目标指的是企业内部控制要合理保证企业在国家法律、法规允许的范围内开展自身的经营活动，严禁违法经营。企业为了更好地落实国家相关的法律、法规就必须组织和实施内部控制，将应该遵循的法律、法规的相关要求嵌入企业经营管理的各个方面，将违法违规的风险降低至最低限度，以最终保证企业经营管理活动的合法性和合规性。

2. 资产安全

资产是企业所拥有的或控制的各种可以用货币计量的经济资源，是企业开展正常生产经营活动的必要物质条件。企业要实现其价值最大化目标，就必须确保资产的保值增值，这就需要企业在其资产管理过程中关注资产自身的安全完整性和资产的有效使用。企业内部控制通过制定涉及各类资产的取得、使用、保管、报废等各环节的严格的管理制度、管理流程，明确各类资产管理过程中的风险事件和风险点，制定资产运用奖惩指标和标准，来保证各项资产的安全完整性，防止各项资产发生损失或被侵吞损害，提高资产的有效利用率，减少不必要的损失和浪费，从而实现对资产安全性的有效控制。

3. 财务报告及相关信息真实完整

财务报告及相关信息是所有利益相关者决策的直接依据，也是企业经营管理活动的直接反映。财务报告及相关信息的提供者可能出于政治动机、经济动机、个人利益动机、违法违规的掩盖动机等对财务报告及相关信息进行舞弊。财务信息不及时、不真实、不可靠，一直是各国企业存在的具有普遍性的问题。因此，确保企业财务报告及相关信息的及时、真实、可靠，是企业内部控制的又一目标。

内部控制的财务报告及相关信息真实、完整目标就是指内部控制要合理保证企业提供的财务信息和其他信息是真实、可靠的。这就需要企业组织和实施内部控制，通过对生产经营活动中每一具体环节的业务手续和凭证流转等业务处理程序进行设计，保证业务记录的可靠性；通过对会计确认、计量、记录和报告等一系列会计处理程序及方法的规范；保证会计记录和财务报告这些财务会计信息的真实、可靠，从而预防和控制信息披露环节的风险及由此而带来的损失。

4. 提高企业经营管理效率及效益

《企业内部控制基本规范》要求企业结合自身所处的特定的经营、行业和经济环境通过健全有效的内部控制，不断提高营运活动的盈利能力和管理效率。

企业的核心工作就是进行生产经营活动，一切生产经营活动都是为了获得最大的经营收益，为企业、为社会创造价值。事实上，如果企业的经营活动效率和效果不佳，经营活动产生的现金流为负数，企业就无法生存，更谈不上发展。因此，企业内部控制的另一重要目标就是保证企业生产经营活动健康有效运行，促进企业提高经营的效率和效益，实现企业经营目标。企业内部控制通过健全法人治理结构，不断完善科学决策机制和组织结构，明确权、责、利分配标准，提高企业整体管理水平，使企业各项业务活动内容合理、合法，并符合企业整体业务目标要求和效益大于成本的原则。企业通过内部控制使各项业务风险控制在可预见的范围之内，使各项业务活动效果具有可持续发展的效益性和前瞻性，并使各项业务活动运行程序明确、顺畅、快捷、高效，确保企业经营管理活动健康运行。

5. 促进企业实现发展战略

企业发展战略是指企业在对现实状况和未来趋势进行综合分析和科学预测的基础上，制定并实施的长远发展目标与战略规划。内部控制作为企业经营管理活动的一个重要分支，其终极目标自然是促进企业发展战略的实现。

《企业内部控制应用指引》认为，发展战略是企业在对现实状况和未来趋势进行综合分析和科学预测的基础上，制定的长远发展目标与战略规划。企业作为市场经济的主体，要想求得长期生存和持续发展，关键在于制定并有效实施适应外部环境变化和自身实际情况的发展战略。现实中，如果企业缺乏明确的发展战略或发展战略实施不到位，势必导致企业盲目发展，使企业难以形成竞争优势，丧失发展机遇和动力；如果企业发展战略过于激进，脱离企业实际能力或偏离主业，也将导致企业过度扩张、经营失控，甚至导致失败；企业发展战略频繁变动，也将可能导致资源严重浪费，最后危及企业的生存和持续发展。内部控制通过改善内控环境，优化内控要素，强化内控手段，规范内控制度和流程，构建内控文化，实施内控活动的推进与评价，进而“查错防弊”“提高效率和效果”“控制风险”，以此来保证日常经营管理活动按照企业发展战略来实施。

（三）内部控制目标之间的关系

内部控制的五个目标不是彼此孤立的，而是相互联系、共同构成了一个完整的内部控制目标体系。其中，战略目标是最高目标，是与企业使命相联系的终极目标；经营目标是战略目标的细化、分解与落实，是战略目标的短期化与具体化，是内部控制的核心目标；资产安全目标是实现经营目标的物质前提；报告目标是经营目标的成果体现与反映；合规目标是实现经营目标的有效保证。内部控制的五个目标的关系，如图 5-1 所示。

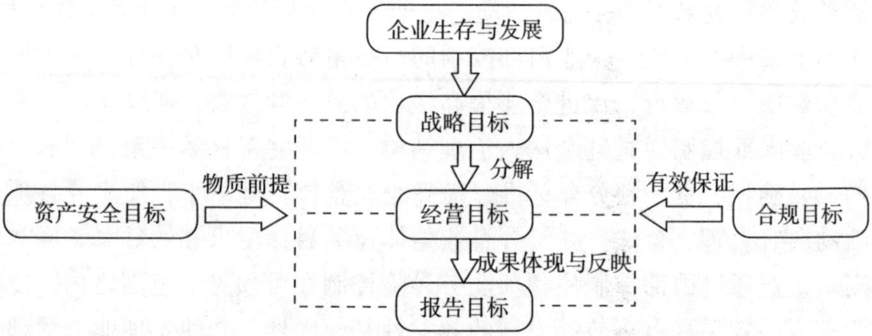

图 5-1　内部控制目标之间的关系

三、内部控制五要素

（一）内部控制五要素内容

1. 内部环境

内部环境是企业实施内部控制的基础，一般包括组织结构、责任的分配与授权、人力资源政策、企业文化等。内部控制应用指引把这些方面归为内部环境要素。内部环境影响着企业内部控制的方方面面，是内部控制其他四个构成要素的基础，在企业内部控制建立与实施中发挥着基础性作用。内部环境的因素具体包括以下内容：

（1）组织结构。企业的组织结构是指为公司活动提供计划、执行、控制和监督职能的整体框架。具体应考虑：组织结构的合适性及其提供管理企业所需信息的沟通能力；各主管人员所负责任的适当性；按照主管人员所担负的责任，判断其是否具备足够的知识及丰富的经验；当环境改变时，企业配合改变其组织机构的程度；员工的充足程度，尤其是负责管理及监督职能的员工的充足程度。

（2）责任的分配与授权。强调对于企业的全部活动都要合理、有效地分配职责和权限，为执行任务和承担职责的企业成员特别是关键岗位的人员提供和配备所需的资源，并确保他们的经验和知识与职责权限相匹配。要使所有员工知道，他们的工作行为以及职责担负形式和认可方式，与其达成组织目标的联系。

（3）人力资源政策及实务。内部控制是由人来进行并受人的因素影响，保证企业所有成员具有一定水平的诚信、道德观和能力的人力资源方针与实践，是内部控制有效的关键因素之一。具体包括有完善的招聘与选拔方针及操作性程序；对新员工进行企业文化和道德价值观的导向培训；对违反行为准则的员工，制定纪律约束与处罚措施；对业绩良好的员工，制订具有奖励和激励作用的报酬计划，并避免诱发其不道德行为；根据阶段性的业绩评估结果，对员工予以晋升、指导以及奖罚。

（4）企业文化。包括单位整体的风险意识和风险管理理念，董事会、经理层的诚信和道德价值观，企业全体员工的法制观念等。一般而言，董事会及企业负责人在塑造良好的内部环境中发挥着关键作用。

2. 风险评估

风险评估是企业及时识别、系统分析经营活动中与实现内部控制目标相关的风险，合理确定风险应对策略的重要方法。风险评估主要包括目标设定、风险识别、风险分析、风险应对四个环节。企业应当首先确定生产、销售、财务等业务的相关目标；然后建立风险管理机制，了解在经营管理中来自内部与外部的各种风险。在充分识别各种潜在风险因素后，企业首先对固有风险（固有风险是指不采取任何防范措施风险可能造成损失的程度）进行分析评估；接下来，重点分析评估剩余风险（剩余风险是指采取应对措施之后风险仍可能造成损失的程度）；企业管理层在分析评估相关风险的成本效益之后，要制定相应的策略，采取恰当的措施降低风险的发生概率，或者使风险造成的损失处于企业可承受的范围内。

3. 控制活动

控制活动是企业根据风险评估结果，通过手工控制与自动控制、预防性控制与发现性控制相结合的方法，采用相应的控制措施，将风险控制在可承受范围之内的控制措施。控制措施一般包括不相容职务分离控制、授权审批控制、会计系统控制、财产保护控制、预算控制、运营分析控制、绩效考评控制等。控制活动在企业内的各个阶层和职能之间都会出现，这主要包括：①高层经理人员对企业绩效进行分析。管理阶层记录经营活动（如市场的扩展、生产过程改良、成本的控制）的结果，然后再与预算、预测、前期及竞争者的绩效相比较，以衡量目标达成的程度和监督计划（如新产品开发、合资经营、融资行为）的制订情况。②直接部门管理。负责某一部门的经理人员复核自己所负责部门的业绩报告，检查本部门各业务活动的情况，以便辨认趋势。③对信息处理的控制。对信息系统的控制活动可分为两类：第一类是一般控制，它帮助管理阶层确保系统能持续、适当地运转。一般控制包括对资料中心运作的控制，对系统软件的控制，存取安全的控制，对应用系统的发展及维护的控制。第二类是应用控制，它包括应用软件中的电算化步骤及相关的人工程序，输入控制、输出控制。

4. 信息与沟通

信息与沟通是指企业及时、准确地收集、传递与内部控制相关的信息，确保信息在企业内部、企业与外部之间进行有效沟通。信息与沟通贯穿于内部环境、风险评估、控制活动、内部监督四个基本要素，同时又是四个基本要素的重要工具，为企业内部控制的有效运行提供信息保证，从而有助于提高企业内部控制的效率和效果。围绕在控制活动周围的是信息与沟通系统。这些系统使企业内部的员工能取得他们在执行、管理和控制企业经营过程中所需的信息，并交换这些信息。企业在其经营过程中，需按某种形式辨识，取得确切的信息，并进行沟通，以便员工能够履行其责任。信息系统不仅处理企业内部所产生的信息，而且还处理与外部的事项、活动及环境等有关的信息。企业所有员工必须从最高管理阶层清楚地获取承担控制责任的信息，而且必须有向上级部门沟通重要信息的方法，并与顾客、供应商、政府主管机关和股东等做有效的沟通。

（1）信息系统。信息系统处理企业内部信息和外部信息。内部信息资料包括采购资料、销售交易资料、内部营业活动资料和内部生产过程资料。外部信息资料包括在显示本企业产品的需求发生改变时，某种特定市场或行业的经济资料，用于企业生产的商品的资料，显示顾客偏好的市场情报，竞争对手产品开发活动的信息，立法机关与行政机关所发布的信息。企业建立良好的信息系统，必须做到建立良好的信息系统支持策略，使信息系统与企业营运应有效地结合；选择更新信息系统的最佳时间；有很好的信息质量。

（2）沟通。企业的信息系统提供有效信息给适当的人员，通过沟通，使员工能够知悉其营业、财务报告及遵守法律的责任。企业沟通包括内部沟通和外部沟通。内部沟通需要做到：所有的员工，特别是那些负有重要营业责任或财务管理责任的员工，除了得到用以管理其职责活动的重要资料以外，还应当得到来自最高管理层的需谨慎承担内部控制责任的清楚信息；必须让每个员工清楚地知道自身所担负的特定责任，使其了解内部控制制度的各项规定、它们如何生效以及他（她）在控制系统中所扮演的角色及所承担的责任；员工在执行任务时，一旦有非预期的事项发生，除了要注意该事项本身之外，还应当注意导致该事项发生的原因，如此才有办法辨认潜在缺失，及时采取行动，并预防再度发生；员工必须知道他所负责的活动是怎样与他人的工作发生关联的；员工必须拥有在企业中向上沟通重要信息的方法。外部沟通应做到：顾客和供应商能通过开放的沟通渠道输入重要的信息；与相关的外部团体沟通，以便获悉关于本企业内部控制功能的重要信息；外部审计人员对企业营业、相关业务问题及控制系统审计后，可以提供给管理阶层及董事会重要的控制信息；政府主要机构所报道的复核或检查的结果，可以有效地弥补控制的缺失。

5. 内部监督

内部监督是指企业对内部控制的建设与实施进行监督检查。评价内部控制的有效性，对于发现的问题及缺陷及时加以改进，是实施内部控制的重要保障。内部监督包括日常监督和专项监督。企业在内部控制实施中开展的内部监督，也是管理层和员工在经营管理中，共同对企业内部为实现目标、控制风险而进行的对外部控制系统的有效性和恰当性的自我评估。监督情况应当形成书面报告，并在报告中揭示内部控制的问题及缺陷。同时建立内部控制缺陷纠正机制，充分发挥内部监督合力。

（二）内部控制五要素之间的关系

内部控制五要素之间并不是相互割裂、毫无关系的，而是具有相互支持、相互关联的逻辑统一体。内部控制五要素框架，如图 5-2 所示。

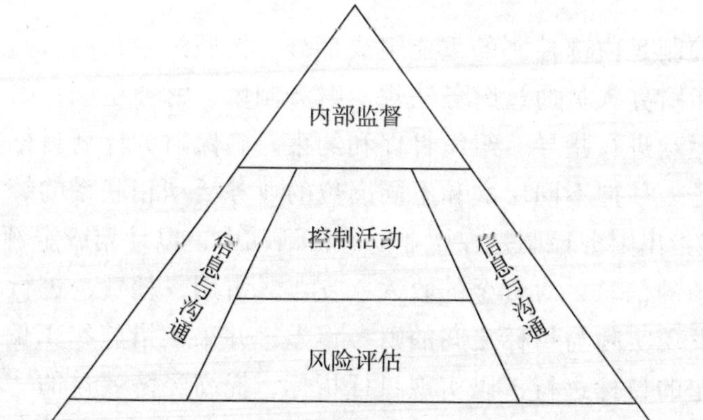

图 5-2　内部控制五要素框架

内部环境在最底层，这说明内部环境属于内部控制的基础，对其他要素产生影响。内部环境的好坏决定着内部控制其他要素能否有效运行。

内部监督在最高层，这表示内部监督是针对内部控制其他要素的，是自上而下的单向检查，是对内部控制的质量进行评价的过程。

由于企业在实施战略的过程中会受到内外部环境的影响，所以企业需要通过一定的技术手段找出那些会影响战略目标实现的有利和不利因素，并对其存在的风险隐患进行定量和定性分析，从而确定相应的风险应对策略，这就是风险评估，它是采取控制活动的根据。

根据明确的风险应对策略，企业需要及时采取控制措施，有效控制风险，尽量避免风险的发生，以降低企业损失，这就是控制活动要素。

信息与沟通在这五个要素中处于一个承上启下、沟通内外的关键地位。控制环境与其他组成因素之间需要通过信息与沟通这一桥梁才能发挥作用；风险评估、控制活动和内部监督的实施需要以信息与沟通结果为依据，实施的结果也需要通过信息与沟通渠道来反映。缺少了信息传递与内外沟通，内部控制其他因素就无法保持紧密的联系，整个框架也就不是一个有机的整体。

第二节　企业财务内部控制基本理论

一、财务内部控制的含义

财务控制是内部控制的重要组成部分。按照汤谷良的观点，所谓财务控制，是指财务人员通过财务法规、财务制度、财务定额、财务计划目标等对资金运动进行指导、组织督促和约束，确保财务计划目标实现的管理活动。它是一种把不同层次和不同岗位的业务活动相联系的综合的价值控制。[①]冯建指出财务控制是在企业的经济活动中，以计划或定额为依据，利用财务反馈的信息，对资金的收入、支出、占用、耗费，进行日常的计算和审核，发现实际与目标之间的财务偏差，并采取措施纠正偏差，使财务活动按预定的目标进行，以实现目标指标，提高经济效益的一种财务管理方法。[②]这种财务控制的观点是以企业的财务管理为基础提出，属于即时直

①汤谷良．财务控制新论——兼论现代企业财务控制的再造[J]. 会计研究，2000(3)：7-11.

②冯建．企业内部控制规范的理论与实务研究[C]// 中国会计教授会秘．2002 中国会计教授会年会论文集．成都：西南财经大学出版社，2002.

接控制的范畴。综合上述观点，笔者认为，财务控制是企业财务管理环节中最核心的部分，它同财务预测、财务决策、财务控制和财务分析一起构成财务管理系统。其含义就是，财务控制主体以法律、法规、制度和财务预算目标等为依据，通过一定财务手段的调节、沟通和合作，对企业各个层次的财务活动进行约束和监督，把个别、分散的财务活动整合起来，确保企业战略目标得以实现的过程。

二、财务内部控制的目标

企业财务内部控制涉及企业经营的各个层面，其控制目标的实现则主要通过相关的财务计划或预算进行确定。就财务内部管理的具体实现过程而言，主要包括财务分析、预测、计划、决策与控制五个部分。其中，财务控制在这一体系中占据着重要的地位和作用，并发挥着承上启下的作用。具体而言，财务分析是进行有效的财务管理的基础和前提，同时也是管理目标实现的方法和工具；财务分析的结果有助于财务计划的制订和财务决策的形成，而贯穿上述全过程的就是财务管理和控制。从最终效果来看，经营绩效是企业财务内部控制效果的外在表现，是对财务内部控制本身的最好评价。

三、财务内部控制的依据

相关财务和会计凭证是企业进行财务内部控制的主要依据。自进入网络信息时代以来，信息对社会发展的重要作用日渐凸显出来。现代管理学认为，所有的管理活动都离不开信息的支持和帮助，只有能够及时获取、可靠、完整的信息，才能帮助决策者作出正确的决策。对企业的财务内部控制而言，存在同样的情况和问题，只有科学、合理、及时、完整的凭证信息才能支持企业财务内部控制的顺利进行。

四、财务内部控制的对象

企业的财务内部控制的对象主要是现金和资产。也就是说，企业的财务管理是对资金、资产的管理。一般认为，企业财务控制包括两方面：一是对企业外部财务要素的控制，主要包括国家宏观经济政策、宏观市场环境、行业市场环境等，上述要素会对企业财务活动进行必要的管理和约束，无论是企业产品销售，还是企业资金运作，都需要考虑上述因素影响。二是企业财务内部控制，主要包括企业微观层面会计控制、管理控制及内部环境控制。

五、财务内部控制的特征

第一，财务内部控制是现代企业管理领域的内部控制理论在企业财务管理领域的应用成果，有助于通过管理行为实现企业财务活动的标准化和规范化，降低财务风险发生，不断推动企业预期经济目标的实现。

第二，企业实行财务内部控制的主要目的之一是在保证企业正常运营前提下，尽量缩减财务成本，提高企业运营效率。

第三，财务内部控制是企业运营管理的重要手段而不是目的，不是为了控制而控制，而是为了通过企业财务内部控制，提高企业财务管理水平，保证企业战略目标实现。

第四，企业的财务内部控制属于一种宏观层面的管理活动，其着眼点并不是某项具体的经济或财务事项，而是基于总体财务目标实现的调控活动，不仅需要将企业各种不同的业务综合控制，还需要将企业下属不同管理部门的各种业务进行综合性调控。

六、财务内部控制的内容

第一，对企业货币资金的有效控制。企业资金对企业的重要性不言而喻，因此，企业财务内部控制的首要任务就是实现对货币收入与支出为主的货币资金的有效控制。显然，对企业货币资金业务实施科学、有效的控制制度，可以提高企业资金管理水平，有效地防止企业各种舞弊行为。

第二，企业财务预算控制。预算是企业进行财务管理的重要手段。财务预算控制贯穿于企业财务内部控制的各层面，是一项重要的日常工作，在企业的财务内部控制领域具有重要的价值和作用，企业必须予以足够的重视。因此，公司在内部控制管理中，必须发挥预算管理的“全面、全额、全员”的作用，将公司的一切活动纳入其中，强化其功能发挥。

第三，企业绩效评价。任何工作的顺利完成都离不开绩效管理手段的支持，财务内部控制也不例外。显然，绩效评价控制对企业内部控制的实现具有重要价值，同时也是企业财务内部控制目标实现的重要途径。从具体实现机制看，通过科学、合理的业绩评价可以激发公司员工工作的积极性，提高其管理水平。

第四，企业的组织规划控制。组织结构对企业财务内部控制管理过程和结果存在重要的影响。因此，企业在财务内部管理过程中，必须强化科学设置。对企业财权方面的问题进行合理分割，确保人事对应，提高管理的效率和质量。

第五，企业的内部审计控制。内部审计是现代企业财务内部控制的重要手段和途径，主要表现为对企业会计工作的控制和再监督。内部审计控制不仅是企业财务内部控制的重要构成部分，同时是其最为特殊的一种表现形式。

第六，企业的财务风险防范控制。对现代企业而言，经营过程中无时无刻不面临着风险，风险防范和控制是现代企业在市场环境下必须面对和认真对待的问题。因此，财务风险防范和控制也是企业财务内部控制的重要内容，企业必须采取各种措施和手段进行风险防范，使企业在低风险条件下运行，并使其获取最佳经济效益。

七、财务内部控制的方法

第一，财务职位分离控制方法。该方法指的是将企业财务管理领域的某种经济事项安排给不同的岗位和人员，实现不相容职位由不同的人员担任，并在此基础上对每个岗位的职责和权限进行明确划分，使每名工作人员都不能单独完成任何事项的全部流程，这样就可以实现岗位的相互制约，防止工作过程中舞弊行为的发生。

第二，授权审批控制。对企业财务管理而言，涉及的授权事项主要有两类：一是一般性授权，主要针对平时的经营管理事项；二是特别授权，主要针对涉及金额较大的特别业务。显然，强化授权管理对提升企业的财务内部控制水平具有重要的作用。企业财务内部的所有工作事项都要经过授权，而未获得授权的行为必须严格禁止。当然，具备授权条件的人员必须用好手中的权力，否则就需要承担相应的法律责任。

第三，财产保全控制。该制度主要针对企业财产保护，也就是企业经营活动中要采取有效的手段保护好企业资产，特别要建立相应的制度和规范，确保有专人管理和定期盘点。

第四，全面预算控制。预算管理是现代大型企业财务管理的重要手段和模式，也是实现企业现代化管理和精准管理的重要方式。通过预算的制定和实施，可以强化企业财务内部控制，有利于企业内部各种财务管理资源的有效调动，以不断提升企业的财务管理水平和市场竞争力。

第五，业绩评价控制，任何制度实施均需要绩效评价系统作为促进和保障。因此，业绩评价控制也是企业财务内部控制的重要方法。企业要在财务管理领域构建科学合理的绩效考核机制，对其所有人员进行绩效考核管理，通过考核结果发现问题，并提出相应的应对策略。

八、财务内部控制的过程

第一步：制定标准。制定标准是指确定进行调节、控制所需要的各种标准。所谓控制标准，就是对企业中的人力、物力和财力，以及产品质量特性、工艺技术参数等所规定的数量界限。它是实行控制的定量准绳和衡量工作效果的规范。控制标准可以用实物数量表示，也可以用货币数量来表示，主要有各项计划指标、预期目标、各种消耗定额、产品质量标准、物资储备定额、费用开支限额等。

第二步：分解指标。财务计划及财务调控目标确定之后，需要进一步将财务调控目标具体划分为可操作、可测量的财务调控指标。落实指标的思路为纵、横两种：纵向落实就是明确上下级各单位之间各自承担的调控责任以及互相的联系方式；横向落实是指将财务调控指标分解并落实到各相关部门，使从事不同业务活动的部门均承担相应的财务责任。在纵横交错的财务调控体系中，一定要确定一个调控主线，既不能“只分不管”，又要确保二者真正成为一个财务调控的组织系统，从机构上、人员上和制度上保证调控的运行。

第三步：实施调控。制定财务调控目标，分解财务调控指标及建立健全财务调控组织体系，都只属于财务调控前期准备工作，还不是财务调控本身。作为对财务资金调节和控制的实际内容应当分为三个阶段：一是发出财务指令；二是执行财务指令；三是财务指令执行情况的反馈。

第四步：衡量成效。衡量成效，就是被控对象所表示的状态或输出的管理特征值与标准进行对比分析，及时发现脱离控制标准的偏差，并据以分析判断企业经济活动的成效。输出的管理特征值优于控制标准称为顺差，出现顺差表明被检对象取得良好成绩。反之，称为逆差。出现逆差表明被检对象取得的成效较差，必须准确找出出现逆差的原因，并为纠正偏差提供方向和信息。衡量成效是在计划执行过程中进行的，为此，企业要切实搞好日常的统计记录、现场观测和技术测定工作，以便掌握真实可靠的被控量实际值，对工作绩效作出及时、正确的评价。

第五步：纠正偏差。通过信息反馈，可以发现执行结果与财务目标之间的偏差。这一偏差至少说明两方面的问题：一是借以了解所定财务目标的切实可行性；二是了解执行中出现的问题。如果执行的结果与目标差距较大，没有达到所规定的水平，就有必要对执行的过程及该过程中出现的新问题进行分析，找出结果不理想的原因。

第三节　内部控制与企业治理互动关系剖析

一、企业治理与内部控制互动的原理

（一）共同的目标是二者互动的动力

尽管公司治理的具体目标是保证重大决策的科学性，风险防控的有效性，保障投资者、债权人及其他利益相关者利益最大化；内部控制的直接目的是合理保证公司经营合乎各项法律法规、公司资产的安全完整、公司所提供的会计信息真实可靠、保障公司的经营效率与效果，并最终实现企业的战略目标。但是，它们的根本目的都是实现企业价值最大化，进而实现利益相关者利益的最大化。目标是行动的指南，是判断行为是否合理、有效的根本标准。公司治理和内部控制拥有共同的根本目标——企业价值最大化，这就为它们的良性互动提供了根本动力，也为它们判断相互关系是否合理提供了根本标准。

（二）共同的载体是二者互动的前提

公司治理与内部控制拥有共同的载体即企业，二者都离不开企业这一组织载体。二者作为一系列的制度安排，都存在于特定的企业之中。脱离企业这个载体，就没有所谓公司治理和内部控制。因此，公司治理和内部控制都是以企业的组织结构、使命、业务及其所处环境为依据，而进行制度设计和运行的，都是为了实现企业的健康运行和价值最大化。公司治理和内部控制是同一企业的两个应当合理分工与协调运转的机制。它们拥有共同的可支配人力资源、财力资源和信息资源，这些为它们的正常运行提供了必要的前提。

（三）趋同的主体是二者互动的条件

如今，随着企业对社会影响的扩大和承担社会责任的增加，现代公司治理的主体不但包括董事会、管理层及其员工，还包括其他的一些利益相关者，如债权人、顾客、供应商等。因此，现代公司治理和内部控制的主体日益趋同了，董事会、管理层和全体员工既是公司治理的主体，也是内部控制的主体。日益趋同的主体为协同公司治理与内部控制，实现它们的良性互动提供了便利条件。特别是治理层和外部董事的共同参与，使公司治理与内部控制的自我评价和对外信息披露成为可能，为外部利益相关者了解公司治理和内部控制有效性以便作出正确的投资决策提供了条件，并使其有效地通过资本市场实现对企业的治理提供了可能。

（四）链接的工作程序是二者互动的途径

公司治理程序和内部控制程序有许多是相互链接的。比如分工控制程序，首先要进行公司治理范畴的分工，包括治理层与管理层权责的合理分工、治理层内部股东代表大会与董事会、董事会与监事会、董事会各专业委员会之间责权的合理分工等，这些对企业内部控制的建立、运行和评价都有重要影响。内部控制的职务分工控制必须以公司治理的职权分工为依据，在此基础上对管理层执行各项业务的职权进行合理分工，形成职务分工控制程序；授权审批程序，首先要将审批决策权限在公司治理层与管理层之间合理分配，形成公司治理的授权审批程序，确保治理层拥有重大决策权，在此基础上，管理层根据自己获得的审批权限负责各项经营业务与财务收支的日常授权审批，形成内部控制的授权审批程序；预算的编制、审批、执行与考核程序，首先要由治理层确定预算编制原则，然后由管理层根据预算编制原则编制预算，再报告给治理层审批，经治理层批准的预算又要由管理层分解、下达、落实、执行和考核，最后管理层还应当将预算执行结果报告给治理层审批。在这些程序中，公司治理的预算程序和内部控制的预算程序是交织链接在一起的。治理程序与控制程序还有许多程序都是相链接的。

公司治理程序与内部控制程序相链接，为它们的相互影响和相互适应提供了有效的途径。比如，治理层可以通过设置比较独立的内部审计并指导其工作，加强其对管理层的监控；内部审计也可以通过直接向董事会及其审计委员会汇报工作，完善公司治理结构和提高工作效率。

二、公司治理对内部控制有效性的影响分析

（一）对内部环境方面的影响

现今上市公司出现一个很普遍的现象，也是公司治理研究领域的一大难题，就是第一大股东持股比例太高，占据绝对支配地位。在这样的情况下，很容易导致第一大股东完全支配公司的董事会和监事会；大股东在日常经营决策中独断专行，利用关联交易，拖欠上市公司巨额资金，信息造假、不分配收益或少分配收益、肆意侵吞公司资产，从而损害其他中小股东的利益。大股东操纵的董事会制定的内部控制制度必然对大股东利益有所偏向，忽视了公司整体的利益，不利于公司目标的实现。不符合公司目标的内控制度其有效性是欠缺的。

公司治理层之间权、责、利的分配不均，制衡不到位，国有资产产权主体缺位或者股权太过分散，债权人收益固定化削弱债权人的参与度，政府、社会及其他利益相关者对公司内部的监督机制还不完善，不论是内部治理还是外部监管功能都被弱化，导致内部人控制问题的出现。企业所有者的目标是使自己的财富最大化，其要求通过治理结构制度措施的安排使经营者以最大努力去完成自己的目标。然而经营者的目标与所有者的目标并不是统一的，作为理性经济人，经营者更关心的是自身利益的最大化，有时经营者可能为了自身目标的实现，而完全背离股东的意愿。在没有任何激励机制的情况下，公司价值的提升对经理人自身不带来一点效用，而成果往往被资本所有者即股东占有，因而产生经理人不尽最大努力工作的道德风险，或者产生经理人进行逆向选择的风险。由此，经营者的目标与所有者的目标产生了矛盾。在内部人控制现象出现时，经营者完全掌握了公司的经营管理权，容易导致经营者权利过盛，并为自身利益从事经营管理决策，损害公司的利益，包括在决策中的短期行为，过度投资与使用资产，工资、奖金无度上涨，侵占利润，转移国有资产，过度在职消费没有被遏制，等等。因为内部控制的制定者或执行人出现了不为整体企业谋福利的动机，舞弊风险加大，易导致会计信息失真，内部控制情况披露不实，内部控制的有效性就会受到威胁。反之，若实现了经理层目标与公司价值最大化目标的趋同，则控制环境对内部控制有效运行形成更稳固的支撑。

可见，股权过于集中或过于分散都会引发内部人控制问题，而股权集

中程度通过经营者控制权的行使将影响内部控制是否被执行，以及在多大程度上有效。

从公司治理各利益相关者来看，董事会的功能被弱化，部分职能被经理层取代时，董事会难以保持其独立性，其对管理层的监督力就会被削弱，更难以为股东利益服务，也无法保证内部控制的完善与有效运行。董事会与经理层的利益趋于一致会对内部控制有效性产生负面效应。近年来我国上市公司共同反映出来一个突出的问题，就是监事会形同虚设，作为内部控制制度有效性的监督机构，监事会难以发挥其应有的作用。在实务中，内部审计从属于财务部门或直接对总经理负责，在独立性与权威性上表现较弱，难以形成对内部控制的有效监督。最后，治理层人员的素质高低决定了内部控制的执行力如何，有的高管人员缺乏内控意识，或者对企业风险评估不到位，缺乏法律意识，甚至不能起到良好的带头作用，滥用职权、徇私舞弊。管理层的管理理念与经营风格直接影响到公司的企业文化，进而影响企业内部控制政策与程序的制定与执行的效率和效果。企业文化是内部控制的环境要素之一，可以有效地弥补内部控制的不足，两者共同服务于企业目标的实现。

（二）对风险评估方面的影响

风险是企业内外部环境变化给企业所带来的不确定性，及时发现风险，规避风险，能够减少企业损失，也有可能化风险为机会。每个企业都面临着风险，而有效地对企业风险进行识别和评估，是建立内部控制制度的基础。在公司的治理结构中，董事会及其专业委员会、监事会、经理层等主体都与风险评估有着很大联系，各层级的人力资源因素本身就是企业内部风险因素之一。首先，董事会、监事会负责公司经营方针政策的制定，对企业的生产经营运作与管理程序应该做到了如指掌。经常性的会议商讨，对问题的反复讨论，可以使治理层更好地明确公司经营的目标是什么，阻碍公司实现既定目标的因素有哪些，可以使经营管理中潜藏的风险逐渐凸显并被及时注意；换言之，管理层的勤勉度越高，对风险发现与风险评估工作的开展就越有利。其次，现今比较流行的做法是在董事会下设战略与风险委员会、审计委员会、薪酬委员会等专业委员会；各委员会各司其职，分领域行使政策制定与管理职能。例如，战略与风险委员会工作与内部审计工作的开展结果，可以为风险评估工作所运用，并且使得公司整体在风险应对方面的能力得到加强。最后，管理层的素质、阅历、价值观及风险意识等，也会对风险的发现与评估工作的开展形成一定影响；风险意识不够的管理者，在制定相关内部控制制度时就容易出现对风险的预计不足的问题；管理层的风险偏好也决定着风险识别及应对方式的不同。

（三）对控制活动方面的影响

控制活动实质上是管理层为了应对风险所发出一系列政策化与程序化的指令，是内部控制有效性发挥的关键环节。具体表现形式就是管理层制定的各种类似内部控制的规章、内部控制手册等内部控制制度及其施行，包括审批、授权、复核、考核、职务分离等相关活动。控制活动的设置主体和实施主体主要是公司的管理层，管理层对内部控制的有效性负责。股权结构对董事会的规模、董事会的决策存在着影响，外部大股东的监督行为与董事会规模是正相关关系，而董事会的规模影响着控制活动的效率，基于股权分布的投票权决定的董事会会议决策，影响内部控制制度的政策偏向性。董事会人数众多，在审批权的设置、分配及授权审批的下放上，相对于人员精简的董事会来说，落实起来就不那么容易，也容易导致相互扯皮的情况发生，权责划分不清，责任落实不到位，对内部控制的有效实施不利。受章程约束的经理层的工作效率，对制度的遵循程度、尽责程度，决定了内部控制的执行力，也给下属各层级的员工严格按照内部控制从事活动树立了标杆。同时经理层更贴近企业经营管理流程，经理层是发现内部控制存在问题，改进内部控制制度的关键。监事会的设置，为控制活动、政策程序的落实提供了监控机制。董事会下设薪酬委员会对合理设置绩效考评机制起到较大的推动作用，而激励与惩罚是控制活动中的要素。激励有助于带动全体员工落实内部控制的积极性，惩罚能够约束相关人员按章办事。

（四）对信息与沟通方面的影响

《企业内部控制基本规范》第三十八条，要求企业应当建立内部控制的信息与沟通制度，优化信息的收集、处理与传递流程，加强信息的沟通，促进内部控制有效发挥作用。公司治理层应该负责建立和实施一个科学、完善、反应灵敏的内部信息系统和信息共享机制，保证内部各管理层级之间、各职能部门之间的有效沟通。例如，董事会与经理层之间要保持通畅的信息传递，董事会制定的方针政策要准确及时地传递给经理层以确保其得到有效落实，经理层收集的内部控制存在问题、实施效果能通过信息传递机制及时地反馈给董事会。董事会规模及人员结构对信息的传递与沟通也有一定程度的影响，当集体决策人数超过了合理规模，信息的处理就可能会延迟，信息的准确和完整也会受到影响。监事会的设置可以使信息的传递得到有效的监督与复核，同时，当监事会发现内部控制缺陷或者内部人员串通舞弊时，治理结构是否存在一个权威机制，能使监事会及时准确表达独立意见，并被管理层重视与采纳，对完善内部控制非常重要。另外，治理机制中能够保证下属员工投诉举报路径通畅，以及建立举报人保护制度，对管理层滥用职权、无视内控制度的行为能够起到很大的遏制作用。最后，管理层对公司内部控制水平的自愿披露态度及治理机制中的信息披露规定决定了内控信息的透明度，企业内部控制信息越透明，越能得到外部股东及债权人的监督，越有利于督促管理层完善内部控制、实施内部控制。

（五）对内部监督方面的影响

通过以上的分析，可见监事会在内部控制中的监控地位。内部监督是内部控制有效运行的保障，不论是对内部控制运行情况的常规、持续性的日常监督，还是在发生重大变化情况下的专项监督，监事会都应该担负其发现问题的责任，发挥其独立处理问题的职权。除此之外，董事会下设的审计委员会对公司的内部审计工作，涉及内部控制的评价，以其处于企业内部的地位，相比外部审计来说，其对企业内部控制的评价更充分，也更容易发现内部控制存在的缺陷，对内部控制运行起到监督作用。同时，内部控制也离不开董事会内部人员相互监督和自我监督。

三、内部控制对公司治理的影响

（一）对公司外部治理机制的影响

1. 对公司资本市场的影响

成熟的资本市场能够比较公允地反映企业的价值，帮助投资者作出恰当的投资决策，反映公司治理效率和效果。内部控制对公司资本市场的影响主要表现为两个方面：一是内部控制是财务信息可靠性的基本保障机制[①]，内部控制的有效性对财务报告的可靠性有着直接的重大影响。在公司股权日益分散与流动的今天，投资者日益依赖于财务报告作出投资决策。“通过内部控制能提高会计信息的质量，从而有效降低信息不对称的程

① 杨瑞平．治理层的监督与内部控制[J]．商业研究，2011（6）：59-63.

度。”[①]因此，健全有效的内部控制能够合理保证财务报告的可靠性，使公司的股价能比较真实地反映公司的价值，进而比较客观地反映公司管理团队的业绩，形成有力的外部治理，从而保护投资者的利益，是资本市场健康发展必不可少的因素。二是内部控制的健全有效性是判断财务报告是否真实可靠的重要依据。重大财务欺诈案的发生彰显了内部控制对遏制“内部人控制”，保证财务报告可靠性的重要作用。因此，《萨班斯－奥克斯利法案》开始强制要求上市公司披露其内部控制有效性信息，以便投资者判断公司治理的有效性和财务报告的可靠性，从而使投资者作出理智的投资决策，切实保护自身利益，形成对公司管理团队的有效治理。

2. 对公司经理市场的影响

所有权与经营权的分离带来的直接问题是如何使得拥有经营控制权的经营者能够为所有者利润最大化而努力工作。这主要通过对经理人的激励与约束两种手段来实现。这种激励和约束不仅可以通过业绩考评、股票期权等机制实现，还可以通过对经理人行为的直接约束来实现。内部控制对公司股票价格具有重要影响，进而影响股票期权的价格，实现对经理人的有效激励与约束。而且，内部控制对经理人行为的有效约束是内部控制最基本也是最重要的职能，认真实施和严格遵循内部控制的经理人员，就能有效控制企业的风险，提高企业经营效率和效果，进而使其自身取得好的业绩和好的品德评价，使其更容易得到留任，否则就有可能被解聘。

3. 对公司产品市场的影响

一个企业治理是否成功主要看企业经营的好坏，企业经营的好坏关键是看其产品的销售数量，产品的销售数量又取决于产品的质量、售价及售后服务等。企业要想在市场上占领先机，无非是产品的质量领先、价格领先、成本领先和服务领先等。有效的内部控制能够提高经营效率，比如能够保证生产经营决策的正确，能够有效控制采购成本和质量，能够防止资产损失，能够节约费用支出，能够保证员工严格遵守操作规程，等等，这些都可以使得企业产品成本降低、质量提升，使企业产品具有市场竞争优势，从而增加企业收入，提升企业价值，最大限度实现公司治理目标。

4. 对公司审计市场的影响

审计市场对公司治理的作用主要表现在审计意见的类型和审计费用的

① 张海茹．萨班斯法案对我国公司治理与内部控制的影响研究[D].哈尔滨：黑龙江大学，2009：14.

高低。公司治理有效，财务报告就真实可靠，公司获得无保留审计意见的可能性就提高，否则就有可能获得非无保留意见，从而影响公司的价值并形成对公司管理团队的压力。公司治理有效，企业对风险的控制就比较有效，财务报告中发生弄虚作假问题的风险就会降低，审计程序可适当简化，审计风险和成本都会降低。同时，审计收费也就会降低。反之，审计费用就可能上升甚至不能获得审计服务，进而会形成企业的利空信息，降低企业价值，增加公司管理团队压力。

内部控制的有效性直接影响财务报告的可靠性，从而影响财务报表审计的风险和成本；内部控制的有效性是公司管理团队诚实胜任情况的具体体现，该信息经审计后披露，会直接影响公司的资本市场、经理市场、产品市场的反映。内部控制的上述两个方面综合在一起，又直接决定审计师对审计意见的选择，从而形成对企业价值和经理任期的影响，进而影响到公司的治理行动。

（二）对公司内部治理机制的影响

1. 对股东和股东大会的影响

股东大会是由股东或股东代表组成的企业最高权力机构，通过所获得的财务信息，实现对企业财务状况和经营成果的客观评价，同时实现对经营者的有效监督，它拥有企业最高的决策权和控制权。健全的内部控制能规范企业会计行为，保证会计资料真实、完整，堵塞漏洞、消除隐患，防止并及时发现、纠正错误及舞弊行为。这样，就能保证投资者获得真实可靠的财务信息，一方面可以使股东作出正确的投资决策，维护自身利益；另一方面可以使股东在股东大会上正确行使决策权和控制权，实现对董事会、经理会的有效治理。

2. 对董事会的影响

董事会是公司治理结构的核心，其职能作用能否充分有效发挥关系到整个企业日常治理效率的高低。董事会接受股东大会委托行使对公司的日常控制权和决策权；负责制定公司重要的经营政策和财务政策，确保公司的经营管理行为符合股东意志；负责任免、监督和考核公司关键经营管理者，保证经营管理者能够忠诚地为投资者服务。有效的内部控制可以保证董事会决策的科学性和民主化，提高其决策的正确性；可以成为董事会监督控制经理层的有效工具，使董事会的控制权得以落实；可以保证企业经营数据和财务数据的真实可靠性，使得董事会对经理人员的考核准确可靠、任免有理有据。因此，内部控制是董事会治理功能发挥的重要保障。

3. 对监事会的影响

监事会是我国公司治理的重要主体，负责对董事会和经理会的行为是否符合股东利益及国家法律等进行监督。这种监督必须以真实、可靠、完整的会计资料、经营资料、会议记录、规划计划、规章制度等为基础。有效的内部控制可以保证上述资料的真实性、可靠性、完整性，为监事会的有效工作提供坚实的基础。

4. 对内部审计制度的影响

现代内部审计以评估和组织控制企业面临的风险，努力增加企业价值为己任，不但要接受企业最高管理层的领导，向最高管理层请示和报告工作，充分发挥管理职能，而且要接受企业治理层的指导和监督，向董事会或其审计委员会报告工作及其结果，充分发挥治理职能。内部审计是内部控制的重要保障。保持内部审计机构的独立性、客观性和权威性是优化企业内部控制环境的必然要求，加强内部审计对内部控制有效性的自我评价是内部控制得以持续有效的重要保证。因此，加强内部审计工作，可以保证和提高内部控制的有效性，同时可以强化内部审计的治理功能。

第四节 合规管理背景下的企业治理机制

合规首先是一个公司治理问题。众所周知，公司治理是经济学的研究对象，进入法学领域后就成为广义的经济法的研究对象，尤其是企业法和公司法，此外还包括企业监管领域的法律，如证券法、金融法、反不正当竞争法、知识产权法、环境法等，都要研究公司治理的结构。如今，合规已经成为公司治理的有机组成部分，在传统所有权和管理权双重组合的公司治理结构内部增加了一种新的治理方式——合规治理。

一、合规管理在企业治理中的作用

原则上，企业建立合规计划的直接目的在于避免合规风险的发生。所谓合规风险，通常是指企业因未能遵循法律法规、监管要求、规则、自律性组织制定的有关准则以及适用于企业自身业务的行为准则，而可能遭受的法律处罚、监管处罚、重大财务损失或声誉损失的风险。相对于传统的业务风险和审计风险而言，合规风险属于因企业自身违法违规所遭受的各种损失，会造成更为严重的后果，企业因此付出的代价也更大。

首先，企业通过建立有效的合规计划，可以避免企业整体利益的损失。准确地说，合规无法直接帮助企业创造商业价值，却可以帮助企业避免重大的经济损失。从短期效果来看，企业通过违法违规开展的经营活动，如贿赂政府官员、采用恶性竞争方法、实施欺诈手段等，可能增加企业营业收入，获取暂时的经济利益。但是，这种违法违规经营活动却破坏了企业竞争的公平性，导致企业运营成本大幅度增加，甚至会因为其他企业普遍采取不正当的手段而失去更大的利益。唯有建立有效的合规计划，企业才能在遵守法律法规与具有相对公平的经营环境和秩序前提下开展经营活动，从而获得整体的利益保障。

其次，合规机制的引入可以使企业避免因为被定罪判刑或者受到监管处罚而付出极为惨痛的代价。20世纪在美国发生的安然事件和安达信事件中，联邦司法部对这两家企业提起刑事诉讼，最终导致两家企业相继破产，数以万计的公司员工失业，当地经济出现严重震荡。这表明，一个没有合规计划的企业，难以预防企业及其高管犯罪行为的发生，而企业一旦被定罪判刑，将会导致其无辜的员工、股东、投资者、代理商、经销商的利益受到严重损失，企业的信誉和声望受到损害，企业轻则失去大量交易机会和交易资格，重则失去上市的资格，特别严重的企业犯罪案件，还会造成企业破产。而唯有建立有效的合规计划，企业才能避免上述最坏的结局，从而获得长远健康发展的机会。

再次，企业合规机制的实施，可以有效地分割企业责任与员工、高管、第三方甚至被投资并购方的责任，最大限度地保护企业的利益。随着企业的发展，企业内部的治理结构变得越来越复杂，一些企业动辄拥有数以万计的员工，数以百计的分支机构。企业不仅面临着管理成本增加的问题，而且还面临着企业因其高管、员工、第三方的行为而承担法律责任的问题。而在投资并购等经营领域，那些作为投资并购对象的其他企业，一旦存在着违法违规行为，也有可能使负责投资并购的母公司受到连累，使其承担不应有的法律风险。而企业一旦建立合规机制，就意味着企业要对员工、高管进行必要的合规培训，将其合规政策和程序向高管和员工进行持续不断的传达和沟通，必要时还要向高管和员工发放员工行为手册，与高管和员工签署合规承诺书。这样，一旦发生高管或员工的违法违规行为，企业就可以将上述合规管理行为作为免除企业责任的重要依据，从而将企业责任与高管和员工责任进行有效切割。[①]同时，在发展诸如供货商、经销商、代理商等第三方合作伙伴的过程中，企业一旦建立合规机制，就要进行必要的合规风险评估，对潜在的第三方进行合规尽职调查，对存在违法违规风险的第三方进行必要的合规管理。这些第三方一旦出现违法违规行为，企业的这些合规管理行为，也可以成为其免除法律责任的重要依据。不仅如此，在开展投资并购等经营活动过程中，作为被投资并购方的企业，一旦存在违法、违规行为，根据所谓的“继承责任原则”，就有可能使得负责投资并购的母公司承担相应的法律责任。为避免承担较大的法律风险，作为母公司的企业在投资并购之前，就应按照企业合规的机制，对被投资并购的企业进行合规风险评估，展开合规尽职调查，进行必要的合规风险管理。由此，被并购企业一旦出现违法违规行为，母公司就可以以合规管理行为为依据，为自己进行必要的合规免责抗辩了。

最后，通过建立合规计划，企业可以承担更大的道德责任和社会责任，并树立良好的社会形象，获得长久的商业信誉，从而实现可持续发展。在法治社会，企业一旦建立合规计划，不仅可以减少多方面的损失，还可以获得一系列商业回报。一个在合规经营中成长的企业，也将因其合规经营而受益，并最终成为业内的模范企业，进而实现“百年老店”的目标。

二、企业合规管理体系的构建策略

（一）对合规制度进行公司法设计

1. 合规要求在公司法总则中的制度设计

合规制度在公司法总则中的基本表达思路是将其上升为公司活动和公司制度设计的基本原则，这不仅是因为合规要求在公司法中具有基础性地位，是公司治理的核心，而且因为只有将其上升为基本原则才能充分发挥其价值和引领功能，从而促进公司社会角色的转换，即从纯粹经济人转变成兼具道德操守和道德自律能力的复合人。从可能性来说，合规原则既符合作为基本原则所要求的独特性、可辨别性和可适用性特点，能够与现有

---

①尹云霞，李晓霞．中国企业合规的动力及实现路径[J]．中国法律评论，2020（3）：159-166.

的效益优先、主体维持等原则进行有效区分，同时该原则还有确切规范内容、独特价值目标和充分正当性的原则。在具体的条文设计上，可以考虑在公司法总则中专设一条并具体表述为："公司活动应符合法律法规、政府规章和章程的要求，遵守社会公共秩序和商业道德，遵守国际规约和商业惯例。"

2. 合规要求在公司法分则中的制度设计

为了减少制度的植入成本，可考虑对合规制度建设和合规义务遵守实行区别对待原则，即将遵守合规要求作为公司和从业人员的共同要求；将建立系统的合规制度和合规机构作为特定类型的公司即上市公司、国有独资公司和金融类公司的法定义务，而对其他类型的公司仅作倡导性要求。其具体内容可设计为：①要求上市公司、国有独资公司和金融类公司应当在章程中说明与遵守合规要求相关联的内容，包括合规标准、合规审查程序，合规官的选任条件及其主要职权等，并把合规制度建设作为公司完善内部治理的重要措施和主要义务。②在内部机构设置上，要求上市公司、国有独资公司和金融类公司应设置专门的合规机构和专职负责人。对此有三种设置方式可供选择：一是借鉴美国的做法设置直属于公司董事会的"首席合规官"，全面负责公司合规政策的制定、管理和执行，但不负责与资产运营相关的业务；二是借鉴《韩国公司法》的做法，区分不同的公司类型，分别设立不同类型的合规负责人；[①] 三是在董事会内部设立主要内部独立董事或外部董事组成的"合规委员会"，专司对董事及公司员工合规行为进行监督。相比较而言，第三种方案更为可取，其理由是，该设置方式既可充分发挥董事会对合规事务的统筹和指导作用，同时在操作上也比较简单，只需在现有的董事会内部设置中增加一个专门委员会即可。为了保证合规委员会充分发挥其职能，可以规定合规委员会对公司和公司内部工作人员的违规行为有独立调查权，相关部门有协助的义务。③在董事会层面，将制定合规制度和监督合规制度的执行作为上市公司、国有独资公司和金融类公司董事会的主要职责。要求董事会采取必要措施保障企业行为符合法律要求，且该种监督义务必须由董事会亲自为之，不得委托给经理层行使。④将遵守合规要求规定为上市公司、国有独资公司和金融类公司特定股东的法定义务。这里的特定股东主要包括两类：一是公司发起人/创始股东，

① 根据《韩国公司法》中规定，对上市公司要求设立合规支援人或称遵法支援人，而另有规定，对金融类企业则要求设立合规检查人。

二是控股股东 / 实际控制人。要求前者承担合规义务的原因主要有两个：其一，是因为公司发起人 / 创始股东的行为直接促成了公司的设立，其价值取向会对公司文化和公司品格产生直接影响，要求其严格遵守合规要求有利于公司良性文化的培育；其二，是因为按照学界观点和许多国家的做法，相对于其他股东来说，公司对发起人 / 创始股东通常会给予一些特别的权利安排，如特别表决权或否决权，根据权利义务相一致原则，发起人 / 创始股东在享受特别权利的同时，当然应受更多义务的约束。而控股股东 / 实际控制人承担这一义务的主要依据是我国大多数上市公司都表现为“一股独大”，因此公司对控股股东 / 实际控制人具有高度依赖性，即公司的行为大多是由控股股东 / 实际控制人操控的，公司与控股股东 / 实际控制人在意志上也具有高度重合性。⑤将遵守合规要求规定为公司董事、监事和高级管理人员的基本义务（简称董、监、高）。由于公司的运作主要依赖董、监、高的职务行为，因此，这些人的行为取向会直接影响到公司的行为选择。加之受委托代理关系中道德风险的影响，当公司利益与个人利益发生冲突时，董、监、高有牺牲公司利益保全个人利益的倾向。所以，无论是为了规范公司行为还是为了保护公司和股东的利益，都有必要将合规义务作为董、监、高信义义务的重要内容，并将董、监、高的合规不良记录作为职业和职务从业禁止的基本内容。同时，明确董、监、高合规义务的具体适用范围，将虚假陈述、不正确说明、违背报告义务、违背保密义务、违背公序良俗、懈怠破产申报、背信等行为明确规定为禁止行为。⑥将遵守合规要求规定为公司从业人员的宣誓性义务。由于公司从业人员的职务行为不但有使公司承担民事责任的风险，而且其犯罪行为也会累及公司，因此公司法有必要专门对公司从业人员的合规义务作出规定。具体可表述为：“公司从业人员在履行职务过程中应恪守法律、章程、公序良俗之要求，并尽善良管理人之注意义务。”⑦要求上市公司，董、监、高和控股股东在从事某些特别行为时必须满足合规要求。这些行为主要包括信息披露、大股东股份减持、公司收购与反收购等。其主要原因，一方面是因为这些行为均与社会公众利益有高度关联性；另一方面是因为这些行为是目前公司自主空间比较大、违法、违规行为发生较多的领域。

（二）加强合规管理的组织保障

在传统的由董事会、监事会、高级管理层、审计部门组成的公司管理体系中，引入合规部门和合规团队，使得在董事会之下有合规委员会的机构设置，其负责人通常由董事会的一名主要成员担任。在首席执行官之下设立首席合规官，由首席合规官领导一个自上而下的合规管理团队。一旦发现公司存在合规风险，合规部门将会承担报告责任，不仅要向高级管理层进行报告，而且还要向董事会直接报告；公司在各项业务运行、财务管理乃至审计监督等环节，都要接受合规部门的独立审查。一言以蔽之，在传统的由公司决策者、执行者和监督者所构成的三角结构之外，组建起一个独立的法律风险防控部门，并发挥其不可替代的独立作用。①

合规部门拥有制定顶层设计制度、开展风险识别评估、参与合规审查调查、开展合规检查指导监督、组织合规培训宣传与咨询等五大职责。所谓“打铁还需自身硬”，企业法律合规管理部门作为依法治企、合规管理的“操盘手”，必须加强自身建设。②

一是准确定位法律合规管理部门和合规管理工作。第一个定位：法律合规部门是领导决策的“智囊”。企业做任何决策都要合法合规，法律合规部门应当成为各级领导决策的一个“智囊”。第二个定位：法律合规部门是领导干事创业的“保护伞”。各级领导做任何决策的时候，都要树立法治思维，首先要想到依法办事，用法律保护自己，这样才不会出现大的失误与错误。在这方面，法律合规部门要主动承担起保驾护航的角色，为领导干部和企业员工干事创业划出“底线”和“红线”。第三个定位：法律合规部门是企业最直接的生产经营部门。把法律合规管理工作视为直接的生产力，把法律合规部门等同于企业的生产部门，保障其作用发挥，切实为企业经营管理全程审核、把关和服务。

二是提升法律合规队伍的专业水平。德才兼备、能管会干的合规人才队伍，有利于助推企业高质量发展③。法律合规人员要争取成为知识面广、综合能力强的复合型人才。法律合规人员需具备以下能力：①培养自我学习能力。能够敏感捕捉信息，及时了解、掌握、研究、吃透最新的法规政策变化，为企业开展业务提供法律合规指引，为领导决策提供依据和支撑。

① 陈瑞华．企业合规制度的三个维度——比较法视野下的分析[J]．比较法研究，2019(3)：61-67.

② 赵华林．全面依法治企是中央企业高质量发展的必然要求[N]．学习时报，2010-01-20(1)．

③ 杨勇．国有建筑企业干部人才队伍建设的探索与思考[J]．铁道建筑技术，2018(8)：124-127.

同时，还要善于总结提炼，把有效的工作实践上升为理论成果，指导今后工作开展。②具备过硬的专业能力。专业能力是法律人员的“金刚钻”，不仅要有分析问题、解决问题的能力，还需具备一定的办案能力。[①] 培训是对人才最好的激励，要多为法律合规人员提供培训机会，鼓励他们参加专业考试，通过学习拓宽思路、提升视野、增强能力。③强化沟通协调能力。法律合规人员在对外交流和谈判磋商中要能代表企业形象，对内要敢于审核把关出具意见，更要善于协调整合资源，在依法合规前提下拿出解决问题的方案。

三是保证法律合规工作的权威性和独立性。独立性是合规管理工作监控属性的必然要求。合规管理牵头部门独立履行职责，不受其他部门和人员的干涉。合规管理的独立性，需要有较高的专业水准作为支撑。要培养法律合规部门、法律合规专业人才的强势地位，企业的每个部门、每个员工都可能存在各式各样的法律合规问题，需要一个强势的部门来作为领导决策过程中最有力的助手，为企业发展保驾护航，把法律、合规的关心与关怀渗透到企业经营管理工作的全过程，只有这样法律合规工作才有立足之本和工作的根基。要建立法律合规部门的强势地位，需要各级各部门认识到位，需要综合行政手段予以促成，更需要法律合规人员不断加强学习，努力提高法律合规专业水准和解决问题的能力。

（三）强化企业合规风险评估

强化企业合规风险评估，具体可从以下三个方面着手：其一，企业要深入考察各项工作岗位的具体操作流程，并有效结合企业现行的内部控制风险、法律风险等，对企业经营管理各环节潜在的合规风险实施系统梳理，形成系统完善的合规管理风险。其二，企业要严格遵循国家相关法律法规和政策，并结合行业标准的具体规范，立足于企业经营管理实际，对适用于各领域的法律法规及各项要求进行系统梳理，并针对企业合规管理构建系统完善的数据库，对企业合规管理的各项要求清单进行有效完善。其三，企业要系统整理并科学编制适用于各项工作岗位合规管理的具体措施，并编写系统完善的合规管理手册，该手册内容要涵盖各项合规风险、具体的合规管理措施、相关法律法规、详细的考核标准，实现对各岗位业务的精确细化，并辅之以科学的量化标准，重点凸显对各类风险的明确提示，采

① 李红燕．国有建筑企业如何留住人才[J]．铁道建筑技术，2018（4）：127-129.

用清单形式对各项业务具体流程相应的操作风险点、风险级别、风险控制具体目标、风险控制有效措施、风险控制岗位职责等进行明确，使相关工作人员明确自身业务面临的合规风险以及自身岗位对风险控制的具体职责，以强化对各类合规风险有效控制。①

（四）强化企业合规监督评价

首先，企业要针对合规管理构建系统完善的监督检查机制，并辅之以日常合规管理工作报告，强化对企业合规管理的有效监督。①针对企业合规管理，构建相应的信息系统。企业相关部门要充分发挥对合规管理的监督职能，根据企业业务管理相关部门对合规制度的具体执行和检查实际情况报告、企业负责合规管理的工作人员的报告以及企业对合规管理的日常检查等，对企业合规管理全过程的各项细节进行全面掌握，在此基础上强化对企业合规管理制度实际执行的有效监督，严厉查处企业各类违规案件，对违规案件的相关工作人员进行责任追究。②企业要构建与合规管理相配套的诚信举报制度，鼓励企业员工对企业经营管理事件中的各类违规事件进行举报，并确保举报内容的真实性。采取有效措施加强对违规事件举报人的奖励和有效匿名保护。③企业要针对各类违规事件构建严格的问责制度。对于企业经营管理实践中的各类违规事件，企业要对相关责任人进行科学认定，并严厉追究其具体责任。同时，要对各类违规行为进行及时有效的纠正，并及时对企业合规管理的具体流程进行优化，对企业合规管理相关制度进行科学的补充修订，实现对违规事件所造成不良影响的有效消除。

其次，企业要强化对合规管理的科学评价。企业要在合规管理的相应系统中对合规管理的各项内容、合规考核具体标准实施初始化处理，确保合规管理各项内容的有据可查；企业要对合规管理相应系统进行充分运用，使企业绩效管理覆盖风险管理，强化企业绩效管理，加强对企业合规制度的科学建设和有效执行，以月为单位，对企业各部门以及全体员工的合规执行实际情况实施科学的考核评分，并紧密结合企业的月度考核兑现；企业将合规管理的实际检查情况作为依据，通过合规管理系统对企业领导干部和员工进行公正科学的合规考核评价，并以考核评价结果为依据，对企业领导干部和员工实施职位的升降和奖惩。

① 吴学静，梁洪力．我国企业合规管理存在的问题及对策[J]. 标准科学，2016（10）：50-52.

（五）加强合规文化建设

在推动企业合规建设的发展过程中，可以主要考虑从以下五个方面进行：其一，企业内部的上层管理者应该重视听取企业基层员工的建议，并在其中融合企业管理者的管理意图，进而制定一个企业上下人员都认同的企业合规文化，并在企业核心文化中将合规文化加以融合，以促进合规文化在企业发展中逐渐成为企业文化中不可或缺的一部分。其二，企业要重视利用有效媒体对企业的合规文化的价值观念潜移默化地融入员工的思维中，进而塑造良好的合规文化氛围。[①] 其三，要制定健全的合规管理体制，进而将合规文化的形式加以统一，并将其内涵进一步固化，时效进一步延伸。其四，要在企业内部通过一定的培训对员工进行引导，尽量将员工对合规文化的不满情绪进行化解，避免员工对合规管理产生抵触情绪。企业要构建网站平台，加强对企业合规培训的在线管理和宣传。通过企业网站对合规培训的动态信息进行实时发布、对企业合规管理相关法规进行深入解读、对合规培训员工的咨询进行在线回复、对员工合规培训的相关电子材料进行上传、对企业合规培训相关资料进行整理汇总[②]。其五，对于出现并购的企业来说，要将企业的合规文化进一步延伸到新并购的企业内部，从而使新并购的企业也能够认同和遵守原有的企业合规文化，并以一致的合规文化作为贯穿企业管理始终的理念。

第五节　企业治理中内部控制与合规管理的整合

一、企业内部控制与合规管理的关系

企业内部控制是由董事会、管理层和员工共同实施的，是保障企业实现正常运营和合规目标的一个过程；而合规管理指的是企业通过设立相关的部门和岗位，制定对应的举措，对自身潜在的内外部风险进行预防、识别和应对，从而保障企业的合法合规经营。

---

① 王伊琳，莫舒萍．保险案例视角下保险公司合规经营研究[J]. 保险职业学院学报，2019（2）：76-81.

② 师野．依法合规管理 实现企业本质安全[J]. 北京石油管理干部学院学报．2015，22（2）：33-37.

（一）合规管理与内部控制的相似点

首先，两者都具有一定的内生性。内部控制针对内部的财务舞弊和控制管理漏洞等问题，采取监督的方式，让风险得到控制并降到最低；合规管理针对的也是内部行为，企业结合自身特点和相关监管要求，对不合规的行为进行监督和识别，并加以改进和完善，进而对风险进行规避，两者都是结合企业内部行为而产生的相应管理措施。

其次，两者都具有相同的目标。内部控制目标主要是促进企业组织的有效营运，确保各职能机构发挥应有的功能，合理保证企业经营合法、合规，提高企业经营效率；合规管理是保证上至国家法律法规，下至内部各项规章制度，企业均能够有效落实执行，避免出现不符合法律法规和公司制度的事情，两者的目标都是共同保证企业的合法、合规性。

最后，两者都是在动态变化。内部控制包含控制制度的制定和执行，以及控制目标的实现，同时还分为事前控制、事中控制和事后控制，主要针对企业的各项业务流程，业务流程发生变化，内部控制也会随之变化；而合规管理，针对的主要是企业在具体执行层面是否遵守相关法律、法规及规章制度，这个特点也决定企业面临的法规政策一旦变化，合规管理的措施也会进行相应调整。

（二）合规管理与内部控制的不同点

首先，两者调整的内容和对象不同。内部控制主要是针对业务流程整体层面制定的各项规章制度，旨在保证企业的各项流程正常运作，降低企业运营风险，让企业按照既定的目标发展；而合规管理旨在告诉企业在具体的操作层面应当怎么做，具体到怎么合理做、合规做、合法做，如员工差旅费报销流程，企业规定部门经理审核—分管领导复核—总经理审批，这是一项内部控制制度，而具体到报销发票的真伪鉴别、报销金额是否超标准则是合规管理的范畴。

其次，两者所使用的方法有所不同。根据内部控制系统五要素理论，内部控制是针对企业面临的内外部环境进行风险分析，识别评估风险，并通过有效的信息沟通和监督，实施控制措施，保证企业合法合规经营，提高经营效率；合规管理是通过建立管理体系的方法来形成对应的监督和培训机制，形成遵章守纪的企业文化，让员工清楚明确合规要求，从而规避风险。

二、内部控制与合规管理整合的必要性

企业想要在市场竞争中实现稳步发展就需要具备完善的管理体系，而内部控制与合规管理恰好是此管理体系中的重要层面。内部控制主要通过对企业资金、物流以及人力资源等方面进行管控，从而实现对公司各方面的风险进行管控；合规管理主要通过对企业工作进度以及企业数据进行监管，从而实现对公司经济收益整体状况的掌握。在企业追求发展的过程中，内部控制与合规管理缺一不可，只有实现将两者高效融合，才能通过企业经营报告中暴露的问题对企业存在的不足之处进行改进，使二者在推动企业发展的过程中发挥作用。

（一）实现完整性的内部控制体系

由上述两者的相同及不同点分析可知，虽然两者侧重点有所不同，但两者本质都离不开监督的方式，让企业的各项经营活动都有章可循、有据可依，从这个角度来看，两者可以进行整合，实现完整性的内部控制体系。例如，企业可以整合人力、物力资源，设立风险管理委员会，下设风险控制管理部门，设置对应岗位及分配权责，同时整合内部控制与合规管理相关的政策制度，让风险管理部门在做好日常监督的同时，对各项政策制度执行情况进行定期检查，发现重大问题及时上报风险管理委员会，并提出改进、完善建议。

（二）提高企业治理的多面性

内部控制主要侧重于业务流程的整体层面，看企业是否有对应的控制制度以及控制制度是否有效运行；而合规管理更侧重于具体的操作执行层面，看企业各项规章制度是否执行到位，控制措施是否得以有效地运行，这就决定了合埋管埋可以对企业内部控制无法涉及的具体内容进行有效补充，让企业内部控制更好地被完善和被执行，使企业内部控制水平得到升级与提高，从而提高企业治理的多面性。

（三）改善公司治理环境

公司治理是指采取一系列措施来对公司与利益相关者之间的关系进行调动，从而确保公司所做的决策具有科学性，进而帮助公司实现利益最大化的一种制度体系。这种具有科学性的公司决策需要通过内部治理机制和外部治理机制共同发挥作用。目前，大多数经济较为发达的国家都已出台相关法律、法规来要求资本市场的主要经营机构设立合规部门，并建立完

善的合规管理内部机制，我国也在《商业银行合规风险管理指引》中明确要求保险行业和证券行业建立合规部门。由此可见，目前合规管理已经成为公司在追求高效的内部治理的过程中非常重视的环节。合规管理对企业内部管理制度而言，是对董事会及监事会依法行使职能的补充。对于监事会而言，监事会的职能主要是对公司董事会以及高管进行监督，而合规部门主要对公司内部员工的经营活动进行监督。当合规部门与监事会共同发挥作用时，可以对公司上自管理层，下至基层员工实现全面监督。

（四）实现合规管理与内部审计的协同发展

合规管理检查的是规章制度执行情况，主要涉及业务前的审查和业务执行过程中的监督管控；而内部审计作为内部控制的一部分，检查的范畴相对更宽泛，除了检查财务与非财务信息的准确性，也包括检查规章制度执行情况，主要是结合内部控制的目标对公司政策和制度的执行情况进行评估和监督。两者检查对象上的重置性也决定两者可以实现一定程度的信息共享，并达到“1+1>2”的效果。例如，通过内部审计可以找出企业内部不合规的现象，及时反馈给合规管理部门，让问题更有针对性地得以处理，合规管理对业务审查发现的问题也可反馈给内部审计，让内审工作更有导向性的开展，彼此相互配合以实现协同发展。

三、合规管理与内部控制整合的对策与措施

（一）为内部控制提供良好环境，形成完善的合规管理体系

公司内部控制是在内部良好的环境基础上运行的，所以需要公司营造良好的控制环境；设置合理的组织架构并进行有效的权责分配；通过风险控制部门对公司的内部控制及合规情况进行监督和检查；引导公司合规文化的传播，培养员工合规和自律的意识，继而改善公司的文化氛围，形成良好的控制环境；保证内部管理的合规性，从而让企业内部控制能够更好地执行。

（二）提高企业员工的风险识别和风险评估能力

风险识别和评估在内部控制的各个环节当中发挥着重要的作用。在风险识别时，需要结合外部法律和企业性质对违规行为进行严格的界定，对具体的违规行为的内容要明确，有助于进行风险识别；在评估风险时，依据公司内部风险发生的概率来进行等级分级，要全面抓住问题的重点，排查重点部门和重点业务，保证能够及时地发现风险，降低风险评估的成本，

提高风险评估的效率。同时，增强对员工的指导和培训，让员工都具备风险意识，不去触碰公司的底线，将公司风险概率降到最低。例如，国家出台与企业息息相关的法律政策，或者企业结合自身管理拟定规章制度，都可通过组织培训的形式，让员工了解其变化，提高员工合规意识，使员工主动避免风险的发生。

（三）加强内部监督反馈机制

企业内部控制是为了内部的稳定与平衡，让企业的各项流程有序进行，合规管理是通过对规章制度执行情况进行监督和检查，发现潜在风险，保障企业健康发展。规章制度能否有效运行，离不开对其有效监督和反馈，风险控制部门对其他部门制度执行的情况进行监管时，其他部门也可以监督合规部门，形成互相监督。风险控制委员会定期对合规管理的情况进行评估，分析合规管理方面的利弊，对现有的合规制度进行完善。

在现代公司治理体系中，尤其是上市公司，企业内部治理存在的问题需要更多地采用内部审计的方式，但由于内审人员属于内部员工，难以保证其客观独立性，也不便于问题的及时反馈，这也导致了监督检查的局限性，需要企业采取措施。例如，对执行监督检查的内审人员给予奖励和保护，提高其独立性，让其大胆及时地去发现和反馈问题，从而提高公司的监管力度，保障企业内部的合规环境。

（四）有效整合内部控制信息和合规管理信息

企业发展道路上离不开信息资源，从前面的分析可知，内部控制和合规管理的诸多共同点决定两者可以在一定程度上实现信息资源共享。企业可以利用合规部门和内部审计的工作内容，整合内部控制和合规管理信息，建立信息共享平台，使两者的信息共享，形成完善全面的分析报告，提高管理效率。

企业应该充分利用内部控制和合规管理的优势，将两者有效整合，找出企业经营过程中的问题所在，提出解决方案，将合规意识形成企业文化并贯穿于整个企业的发展过程，把合规管理与企业内部控制相互结合，使其共同发挥作用，从而提升企业在市场上的良性竞争力，促进企业长久、稳定地健康发展。

第六章　国内外企业治理理论与实践

第一节　美国企业治理模式——外部监控型

所谓外部监控型的企业治理模式，就是指在公司的制度框架中，主要依赖于市场体系对各相关利益主体进行监控。美国企业是该模式的典型代表。

一、美国企业治理模式的形成

由于存在很强的“路径依赖性”，一国公司治理模式的形成与发展深受其政治、经济、历史和文化等多种因素的影响，现分别从以下三个方面分析以美国企业为代表的这种治理模式的形成。

（一）社会历史文化对美国企业治理模式的影响

美国社会崇尚个人主义和自由主义，强调个人权利的天人合理性以及对它的尊重和维护。他们认为个人利益与社会利益具有一致性，个人追求私利的同时就已经促进了社会福利最大化的实现。在这样的社会文化中，美国企业治理结构中的具体表现是股东权益至上，强调市场竞争对公司治理的重要性以及利用资本市场对公司创新的支持等理念。

（二）资本市场管制对美国企业治理模式的影响

不同国家资本市场的发育程度及其在企业的融资和治理中发挥的作用是有明显差别的。原因有很多，这里主要考察资本市场管制的作用。按管制的目标和方式，资本市场分为新古典式管制和关系式管制两大类。根据德特尔（Ditel）的分析，美国的资本市场管制属于新古典式管制，以新古典经济理论为基础，认为在完全竞争的资本市场上，资本的配置效率最高。美国的这种资本市场管制能降低公司内外部之间信息不对称的概率，限制了大股东对公司的操纵，从而促使股权分散，使资本市场在公司融资及治理结构中发挥重要作用。

（三）政府行为对企业治理模式的影响

美国政府对企业外部环境的管理，主要是通过财政和货币政策两大杠杆对宏观经济进行调控，通过基础设施建设和一些必要的公共服务，为企业的经营活动创造一个良好的外部环境。市场机制本身就像一只无形的手，牵引整个经济活动的进行和发展，美国政府对市场进行调控的主要手段就是财政和货币政策。财政政策的主要工具是政府支出和税收；货币政策的工具是联邦储蓄系统的贴现率、银行法定储备率、公开市场业务及信贷政策等。政府直接介入经济活动主要是提供基础设施和公共服务。例如，道路设施、机场设施、城市供水、邮政、环保等。为了保证市场经济的稳健运行，美国还建立了一整套社会保障制度，对失业等人员给予救济和补贴，对劳动者普遍实行社会保险计划，使大多数人拥有医疗和退休保险，一方面加强了社会的稳定性，另一方面也为整个经济的再投资提供了巨大的资金来源，从而形成一个良性的循环。

二、美国企业治理模式的特征

（一）企业治理结构特征

美国企业治理结构一般分为股东大会、董事会和总经理为代表的高级管理团队三个层次。由于公司股东非常分散，股东出于保全自身财产的目的，通常采取理性的“无知行为”。所以在很多情况下，股东一般不太关心对公司的控制问题，而且由于单个股东持股比例较低，也不可能对公司实施有效的控制。如果公司经营不善，股东就出售其拥有的股票。从另外一个角度讲，在股权比较分散的情况下，股权结构就会变得不稳定，被动性较强，一般股东不可能联合起来对公司实施有效的影响。这就使得股东对高级管理人员实施直接监控的力度大为降低。所以尽管公司法赋予了股东大会相应的权力，但基本上是缺乏效力的。

董事会由股东大会选举产生，但由于股权的分散，使得董事的选举实际上是被 CEO 操纵的。公司中不设监事会，董事会负责监督职能。为了解决对 CEO 等高级管理人员的监控问题，除了市场机制以外，纽约证券交易所要求上市公司在董事会中引入非执行董事，设立由非执行董事或主要是非执行董事组成的审计委员会。一般认为审计委员会的成立改善了公司的内部审计、财务控制的程序和方法，同时加强了董事会自身的工作效率。但是整个公司的治理结构层次基本上仍然是由 CEO 及高级管理人员主导的。

另外，机构投资者由于持股量大，难以有效地实施“脚投票”的方式，但为了履行对其委托人的责任，也逐渐开始介入公司的治理结构。

（二）企业融资结构的特点

美国企业融资结构的特点表现为以股权融资为主，股权相对分散，证券市场发达。

一是以股权融资为主，资产负债率较低。在美国大多数股份公司中，由于主要采用股权融资方式，资产负债率一般在35%左右，而德国和日本的多数企业的资产负债率为60%左右。在美国企业的债权结构中，银行债权比重也大大低于德国和日本，而机构投资者拥有较多数量的债权。

二是公司股权相对分散。虽然机构投资者拥有相当数量的股权投资，如在20世纪90年代初，机构投资者拥有美国大中型公司约40%的普通股，20家最大的养老基金持有上市公司约10%的普通股。但对于某一特定公司而言，公司股权的分布仍然十分分散，虽然一个机构投资者的资产可能达数十亿美元，但在某一特定上市公司中的持股比例往往只有1%左右。20世纪90年代以来，美国机构投资者拥有股票比例虽然有所提高，但从总体上看上市公司股权仍然是分散的。

三是证券市场发达。与公司以股权融资为主和股权分散两个特征相适应，美国高度发达的证券市场与股票的高度流动性，为外部接管市场（收购机制）发挥作用提供了有利条件。

三、美国企业治理模式的具体内容

从总体上看，美国企业较多地表现出市场主导型股权治理模式的特点。美国企业治理的基本目标是实现和维护股东利益；董事由股东委派，作为所有者代表参与决策；设有外部的独立董事；股东大会对企业运营参与度较高；经营者受所有者的制约相对严格，但控制权和自主性有增强趋势。

外部监控型，即市场主导型治理模式与美国企业保持距离型融资方式和分散型股权结构特点是相对适应的，这是该类模式在美国企业被普遍选择以保证有效治理的主要原因。由于众多分散的股东不可能有效监控管理层行为，就出现了所谓的“弱股东、强管理层”现象，然而在其市场主导型治理模式中，主要运用董事会机制、机构投资者、经理人市场、公司控制权市场等治理机制以保证公司治理效率。下面分别从股东作用、董事会结构与职能、管理层薪酬激励和公司控制权市场等方面介绍美国企业市场主导型治理模式的具体内容。

美国企业非常强调维护所有者利益。作为企业所有者，股东集团中的机构投资者是股东参与公司治理并发挥作用的重要代表，机构投资者作为重要股东因持股比例和监控能力成为重要的股权治理主体。机构投资者的类型在不同国家有所不同，美国企业的机构投资者主要是养老基金、互助基金、社会慈善团体等非银行金融机构。以养老基金、对冲基金等为代表的机构投资者推动了股东积极主义运动，亚默克（Yermack）在评论股东投票研究时认为，美国的公司治理有朝向股东民主的趋势，高度的股东投票权对于公司利益的影响显而易见，同时投票需要付出成本，股东的干预也会降低管理层追求长期利益的积极性。

在企业组织机构方面，主要特点表现为董事会同时作为决策机构和监督机构，负有业务执行职能和监督职能；没有设置独立的监事会机构，主要通过外部董事或审计委员会发挥监事会的作用。美国企业的董事会由股东大会选举产生，其中外部董事约占董事会成员的四分之三，内部董事则为高级主管人员。董事会下设若干委员会，如审核委员会、薪酬委员会、提名委员会等以保持董事会的独立性和客观性。其董事会结构的优势在于管理阶层的参与，有利于提高信息质量和数量，提高董事会的决策水平；独立董事的参与有助于维持董事会和管理层之间的基本控制关系。董事会机制的运作效率主要取决于其独立性与信息获取能力之间的替代，独立的非执行董事在监督内部董事行为、公司决策等方面发挥着重要作用。

由于分散的股权结构使大多数中小股东参与公司治理的成本偏高，经营者作为内部人控制企业的现象同样存在。美国企业的市场主导型股权治理模式所要解决的重要内容之一，就是强调对经营者的激励，即必须以合理的利益结构以解决利益分配问题。美国企业薪酬计划的核心在于协调管理层的个人收益和广大股东的利益，使股东价值成为管理层的决策行为准则。管理层薪酬一般包括以工作表现为基础的工资、以财务数据为基础的奖金、以股票表现为基础的股票期权以及以服务年限为基础的退休计划，上市公司条例要求年报中必须列明董事的薪酬以及由该公司给予的报酬。行使期权计划的收入也成为管理层薪酬的主要来源。

由于美国资本市场体系十分发达，公司控制权竞争成为重要的股权治理机制。股价对企业经营绩效的真实反映是股权治理机制运作的前提条件，二级市场股票的低价会提高企业在一级市场融资的代价。敌意性的并购对那些现金流量大而无须在证券市场融资的公司发挥作用。由于20世纪80年代末受集团利益影响的立法削弱了公司控制权市场的竞争，因此增加董事会中外部董事特别是独立董事的人数和权力转而成为重要的治理手段。

相对于股权治理机制的主要作用，美国企业在债权治理机制运用方面缺乏适当的金融基础。因为分散的私人银行体制主要进行小规模债务转移，虽然资金的回收周转比较容易，但缺点是造成了银行投资小型化。银行的控股公司不得持有任何非金融性企业5%以上有表决权的股份，法律限制银行在全国范围的经营，这些限制都使银行机构在公司治理中少有作为。

在公司治理环境方面，美国的证券法倾向于对中小股东利益提供较为完备的保护。比如，为维护现有投资者的利益和吸引潜在投资者，要求上市公司必须为投资者提供及时、详尽和准确的信息，减少因信息不对称而带来的决策失误。

第二节　日本企业治理模式——内部监控型

一、日本双重企业结构

在讲述日本企业治理结构之前，首先了解一下日本的企业结构和企业集团是非常有必要的。任何一个工业化的国家，都存在大企业和中小企业共存的现象。在日本，这一点表现尤为特殊。虽然大企业从工业化初期开始就占据主导地位，在整个社会经济发展过程中起支配作用。但是，日本的中小企业无论是在数量上，还是在雇用劳动力及产值方面，都占有较高的地位；在企业结构上足以与大企业对垒，由此形成了日本企业结构的特色——双重企业结构。

日本的大型企业与政府之间存在共生关系。数量仅占企业总数0.2%的大型企业生产的产值占整个国内生产总值的一半，而且大部分分布在国民经济的关键部门，受到政府的保护，并依照政府制定的发展规划及其行政指导行动。此外，日本大型企业与中小企业之间一个非常重要的联系就是企业集团。日本的企业集团大体上可以分为两大类：一类是以大银行或金融机构为中心，兼有融资、生产、销售和投资功能的财团型企业集团。在这种集团中，交叉持股显得较为普遍和深入。另一类是以一个独立大企业为核心，以控股或生产和销售等为纽带将一批企业纳入自己的生产体系的独立系企业集团。大公司同它的供应商保持长期联系，而且是在产品生命周期的初期这种紧密的联系就已经确立起来了。一方面，大企业会扶植中小企业，为其提供足够的订单，另一方面又会在质量、价格及交货时间上对其进行控制。两方面的结果使得这种集团更加注重长期的合作。

双重企业结构的内在运行机制主要包括以下两个方面。

1. 终身雇佣制及企业工会

日本企业实行终身雇佣制，其含义就是员工一经被雇用，除非出现特殊的情况，一般均可在这家企业工作到退休。企业不轻易解雇员工，即使在经济不景气时也是如此。员工与企业之间的这种依存关系，使员工的社会保障在很大程度上在企业内部就解决了，而且也形成了日本比较单一化的劳动力市场。此外，日本企业工会独具特色，它是以企业而不是以行业为单位建立工会的。因此，需要政府在劳动力方面进行干预的事情大大减少，从而为政府实施对经济和企业的管理提供了良好的外部环境。

2. 主银行制

与日本的双重企业结构紧密相关的就是其主银行制度。日本财阀型企业集团一般都是以一家主要银行或金融机构为中心组合起来的。银行对企业集团的影响力比较大，而且方式也比较多。具体包括：以股东或债权人的身份，通过派驻人员到企业，要求查阅有关企业的重要信息，与企业总裁进行会谈等，了解企业经营情况，并依此决定对企业采取适当的行动，如是否增加或减少贷款。日本企业的这种主要通过银行等金融机构筹集资金的方式，为政府对企业施加有效管理提供了一个重要的渠道。例如，日本政府可以通过法律以及行政指导的方式，限制这些金融机构的贷款范围和额度。而那些独立系企业集团，虽然不是以某一家银行为中心，但也是与银行建立了非常紧密的联系。

二、日本企业治理模式的具体内容

（一）企业治理结构

在日本的企业治理结构中，监督主要来自内部。在形式上采取股东大会—董事会—高级经理层。但由于是法人相互持股，总经理是法人股东的代表，股东大会选举董事，董事会选举总经理，最后就形成了总经理自己选自己的局面。当然如果总经理经营不好，法人股东会联合起来罢免总经理。因此，日本公司的股东大会形同虚设，大多数是仪式性的。这一点还可以从日本公司股东大会召开的时间长短窥见一斑。当然，法律上规定股东大会有任命董事及批准鼓励政策的权力和职能，但是几乎没有股东仅通过股东大会就能解雇董事，而通常是在股东大会之外采取相关行为的。

董事不一定是股东，一般任期不超过两年，而且董事几乎都是内部部署，很少有非执行董事。在小公司中，董事会也许有效，但在大公司中，董事会往往会被由总经理和高级董事组成的高层管理委员会控制，董事会的作用受到极大的限制。对于董事的选择，一般是被提名者的已在董事会中的上司与他人协商之后，由总经理选择，而后象征性地由董事会和股东大会批准，很少有提名不被任命的现象发生。对于总经理和董事长来说，常常是不设置退休年限，即使有也是名义性质的。

在企业中也设立相应的审计机构。法定审计员由股东大会任命，以保证公司的运作符合法律及公司制度；而内部审计由管理层任命。但根据日本法定审计协会一项调查表明，除了在一些大公司外，法定审计员发挥的作用较小。

（二）决策与内部监控

日本企业在决策方面更趋向于集体方式，总经理会一般采取非正式的形式一月一次，讨论企业的发展战略。由于法人相互持股，在一个企业集团内部，通常会形成社长会、总经理会。在企业经营不善时，这些实际上的大股东就会联合起来，解聘总经理。当然这并不是经常采用的措施，其原因在于企业内的重大决策通常是集体作出的。

对企业的监控还来自主银行。以银行贷款为基础的“相机性控制”，使银行能在企业正常经营时不加干预，而只是在经营出现困难时，其控制权就会向银行转移。当然要保证银行能在适当的时机得到这种控制权，银行除了不断地跟踪企业的经营情况，而且也会直接下派人员到企业担任董事。

（三）对经理人员的激励

日本企业的经理人员工作的努力程度是有口皆碑的。原因主要有三个：①终身雇佣制使得劳动力市场的流动性受到削弱，在追求对企业忠诚的文化背景下，经理人员经常更换门庭，会大大降低自身的忠诚信用度，这在日本几乎是致命性打击。②在年功序列制下，经理人员只有不断地努力工作，才有可能一步一步往上得到提升。如果经理人员放弃在公司逐渐积累的人脉和经验，离开公司的代价就会很高。③日本公司经理要以个人财产为公司的贷款承担连带责任。当然公司为经理人员营造的环境也是激励的主要来源。

（四）市场机制

虽然日本有一个重要的股票市场，但显然并没有起到像美英等国的配置资源的作用。其中一个重要原因在于，第二次世界大战后工业重建主要由银行进行筹资，而且大部分是在通产省的领导下进行的。银行的目标并不像股市一样，追求利润，而主要是安全和增长。在主银行体制下，即使企业通过借贷或发行债券来进行筹资，其也是依赖于整个集团内的一家或几家主要的银行。人力资本市场由于实行终身雇佣制，使得日本的经理市场和劳动力市场相对稳定，而且其作用也受到了很大限制。

（五）公司股权结构

一方面，日本企业股权结构的集中度比较高。在日本企业股权结构中，银行的持股比例明显高于英、美公司。商业银行在日本企业治理中发挥着非常重要的作用，他们通过控制外部资金来源的手段来对企业施加有效的影响。另一方面，日本企业法人持股及交叉持股率高。由于法人持股的投机性要少，所以法人持股为主的股权结构使得股票的流动性相对也要低些，从而公司股东的稳定性也就高于英、美公司。日本公司之间交叉持股很普遍，公司的“稳定股东”所占比重很大。

第三节　韩国企业治理模式——家庭监控型

一、韩国企业治理模式的形成

（一）历史、文化方面的影响

受儒家文化的影响比较深远，韩国民族文化传统也都烙有深刻的儒学思想痕迹。儒家文化的影响形成了他们独特的工业文明特征：①强调等级秩序、集体协调和政府的权威；②重视家族关系和利益与现代企业经营理念的融合；③重视教育的投资。儒家伦理思想和价值观以极强的团体凝聚力促进韩国经济的迅速发展。

（二）市场机制发育的不完善

根据企业发展的生命周期论，家族企业的发展过程受到两个方面原因的影响：一是企业自身的发展历史时间；二是市场环境的发展程度。在市场环境发育完善的发达国家，大型公司都采用两极分离的现代公司制度，而韩国的市场经济发展起步比较晚，市场经济体系尤其是资本市场、经理市场发育还不成熟，相应的法律规范等都不是很完善。所以，家族企业被现代企业替代的过程就减缓了。

二、韩国企业治理模式的具体内容

作为一种典型的控股股东主导型股权治理模式，韩国企业家族治理模式由家族控股，以家族监控型为主，主要表现为公司所有权与经营权不分离或不完全分离的状态下控制权的分配问题。控股股东普遍采用指派管理者入驻公司的控制方式，约占存在控股股东公司总数的2/3。金字塔结构的控制方式居次。[①] 企业经营管理活动由个体或家族决策，董事、股东、经理三种角色的合一使经理激励问题基本不存在，企业内控程度很高，市场监控力度小，监控主要来自以血缘为纽带的家族。

在购并治理机制方面，韩国公司控制权市场不活跃，部分原因在于政府的政策以及股权高度集中导致的敌意收购困难。个别研究表明，在产业集中度很高的条件下，企业通常作为多样化经营集团和大公司的一部分，集团内部的资本市场、交叉补贴体制也妨碍了竞争性市场成为公司治理的工具。

实行家族控制模式的企业通过在相关产业的影响力限制竞争，并从政府那里获取优惠的资金来源和产业政策支持，但投资项目的“软预算约束”问题和“裙带资本主义”始终较为普遍，已成为制约公司治理效率增进的重要原因。

总之，韩国以家庭监控为主的企业治理模式对中小股东的保护程度较弱，而且存在高度的股权集中问题，金字塔的股权结构导致公司链条上的现金流量权和投票权的分离，这又与代理问题、隧道效应、融资约束、税收等联系在一起，丰富了隧道效应的证据。

① 在金字塔股权结构中，实际控制人具有隐蔽性，无须大量直接投入资金就可以控制上市公司，与中小股东之间的利益冲突也更加激烈，实际控制人控制上市公司经理层进行利益输送，进而侵害中小股东的利益。

三、韩国企业治理模式的主要特征

（一）股权结构的特点

家族治理模式股权结构最主要的特点就是公司股权主要掌握在以家族为主要控股人的股东手上。家族为了掌握公司大部分的股权从而达到控制整个公司的目的，主要通过以下三个方式：①发行具有不同投票权的股票，家族成员拥有的和其他股东拥有的不同类型的股票被赋予不同的投票权，这样公司的控制权就会牢牢地掌握在这个家族手中；②家族控股公司之间交叉持股，控股家族通过组建企业集团让其集团内公司相互持股来掌握远大于其股权份额的控制权；③金字塔式控股，通过其位于金字塔的顶端来达到逐级控制多个公司的目的。

（二）公司内部控制的特点

韩国公司内部控制最主要的特点就是家长制决策，企业内部采用家长制进行领导管理。企业治理结构就是家族的缩影，企业控制权牢牢地掌握在主要控股家族的手中。一方面表现为公司股权和控制权由家族成员掌握，董事会、经理人员具有一定的排外性；另一方面表现为公司决策家长化、员工关系家庭化、经营者双重约束。以家长为核心，根据血缘关系的亲疏远近组成管理体系。除了家长出任企业最高阶层职位外，公司中的董事长、总经理等重要职务人员大都具有父子、兄弟、配偶等血缘或婚姻关系。

韩国家族企业治理的另一个特点就是企业内部普遍实行家庭化的员工管理，将儒家思想的“和谐”与“仁爱”运用于对员工的管理之中，在企业中营造一种家庭式的氛围。整个企业如同“家庭”一样，能够激发、增强员工的忠诚度、集团意识、团队合作意识、企业的凝聚力，从而有利于企业的发展壮大。

（三）公司外部控制的特点

韩国公司的外部控制与联系主要体现在两个方面：一个是与作为投资者的银行等金融机构之间的关系；另一个就是与政府部门的关系。许多家族企业都涉足银行业，他们自办银行，实行“产融合一”，所办的银行也是服务于家族的整体利益，不会对企业形成很强的约束与监督；未涉足银行业的家族公司一般则采用所属子公司互保的方式来获取银行贷款。所以说在这些银行没有监督权，并不能达到真正意义上的对企业的外部监督目的。许多家族企业与政府之间的关系非常密切，在这些家族企业发展之初积极地与当地政府建立密切关系，久而久之，这些家族企业也就与政府之间形成了千丝万缕的联系，进而维系着企业的长久发展。

第四节 我国国有企业治理理论与实践创新

一、我国国有企业的三种主要治理模式

（一）政府控制型股权治理模式

政府控制型股权治理模式表现出所有者代表高度集权特征，由政府完全掌握企业的剩余索取权和控制权，通过一系列中间管理层实行具体管理。这是从计划经济体制延续下来的一种企业治理模式，国有独资企业和一部分重要的大中型国有企业大都属于这种模式。国有企业只是以政府主管部门的行政附属物参与国民经济运行，企业领导制度中决策权、监督权与执行权交叉重叠，不具有制衡、合作关系，没有形成科学的决策机制和激励相容的治理结构。

国家主要采取干预型治理方式，由政府部门控制企业生产计划和重大投资决策，在人事控制权方面不仅可以任免企业一级领导人，甚至也干预二级管理人员的考核。由于国有企业的所有者是全国人民，由政府代理行使所有者权力，政府行权由各级政府官员代理行使，即不承担企业最终经营风险的政府官员拥有企业最终控制权即投票权，并拥有选择企业经营者的权力，这容易导致逆向选择和道德风险的产生，不能有效地保护所有者的利益。

（二）内部人控制型股权治理模式

内部人控制型股权治理模式的主要特点是在政府行政干预下，以经营者为代表的内部人实施超强控制。国家作为所有者代表，对公司治理的重点集中在激励企业实现更多产出，通过放权让利、承包制以及以股份制为主的其他改革措施，将其原来行使的行政控制权从政府、主管部门逐步转移给企业经理人员。这种治理模式在中小型国有企业中比较多见。

随着国企改革的不断推进，企业经营者在缺乏有效约束机制的条件下获得了较为充分的经营自主权以促进企业绩效提高，但未能下放的权力，仍然由各级行政部门掌握以保证所有者利益不至于被过度侵害。经营者权

力迅速增大，对其监督约束力度大大减小，以经营者为首的企业内部人控制问题日益突出。而作为大股东的政府部门及其代理人的特殊地位使其监督控制难免带有行政色彩，易导致对企业的过多干预。

国家对这部分企业主要采用目标性治理手段，事前以合同约定方式体现所有权。比如，通过承包合同规定每年上缴的利税基数和超额分成比例，在股份制企业中通过签订国有资产保值、增值合约进行国有资产授权经营。由于作为委托人的国家和作为代理人的企业经营者之间的信息不对称，内部人控制问题难以避免。经营者具有内部人的信息优势和经营技巧，虽然比政府管理更具效率，但由于其缺乏有效激励机制，使不具有企业财产所有权的经理人员对改善企业经营状况缺乏长久动力。目标性治理方式的事后监督功能也为企业经理人员的机会主义行为提供了空间。

在该模式中，政府干预和内部人控制问题相互影响、相互作用，造成了所有者（国家）的权益受到侵害，国有资产大量流失。

（三）控股股东主导型股权治理模式

目前，由控股股东治理为主导治理机制、国有控股股东为主要治理主体，治理目标为解决股东与经营者之间和股东之间的双重利益冲突的控股股东主导型股权治理模式较为普遍，其主要特点是大股东权力过大和内部人控制混合作用，债权治理机制没有发挥应有的积极作用。

一方面，国有股东的绝对控股地位为其侵占其他股东和投资者利益提供了可能，其多重化的目标追求弱化了国有企业的利润动机，不利于实现企业价值的最大化，而且其自身的委托链条过长和缺乏相对的权力制衡力量使其掌握的权力过大不可避免对公司治理效率和经营绩效产生不利影响。另一方面，前期的国有企业改革在解决企业激励问题方面取得了一定的成效，但在赋予企业经营者更大决策权力的同时，并没有建立有效的经理人员选择和监督机制。国有企业经理人员的任免权仍然是一种实质上的“廉价股票权”，由政府或主管部门行使，并没有由承担企业最终经营风险的所有者在竞争性的经理市场进行选择，导致经理人员的机会主义行为不可能得到有效约束。在国有控股企业中，以控制导向为特征的股权治理受到制约，而银行的监督作用也未能有效发挥，经理人员仍然倾向于次优决策，追求无效率地扩张企业规模和增加在职消费。显然，债权治理和股权治理在国有企业中不是交叉互补而是相互脱节的，缺乏有效的外部监督使国有企业

“内部人控制”进一步强化，公司治理成本增加，国有企业治理状况恶化。

在国有企业的控股股东主导型股权治理模式中，股权结构在股权治理机制方面的不利影响具体表现为：

一是国有股的产权不明晰和不可流通性使股东和董事之间的委托代理关系丧失了相互依存、相互制约的基础，剥夺了国有股股东“用脚投票”的权利，而且可能引发管理层以损害出资者利益为代价利用所控制的资本牟取私利的道德风险。当然，国有股的比例较高也可能使企业更多地获得政府保护和享受税收优惠待遇。

二是作为唯一可在公开股票市场上交易的流通股，目前约占总股份的1/3，绝大多数流通股股东难以通过参加股东大会投票选举和更换董事会成员来对公司管理层实施监控，但可以通过抛售或拒绝购买上市公司股票来实现，这对需要通过配股吸引投资的管理层或内部人在某种程度上产生了一定的制约作用。

三是上市公司的法人股分为发起法人股和募集法人股两大类，法人股尚不能在股票市场自由流通，导致法人股东难以通过股权转让施加影响。

总之，随着我国金融体制改革和国有企业改革的深化，国有企业融资结构也将呈现出新的特点，在国有企业治理实践中也将出现更为多样化的治理模式形态。比如，员工持股和多元化董事会的出现、企业管理人员的公开选拔、企业内部事务公开和信息披露等都表明劳动要素和人力资本在公司治理中的地位和作用得到了显著提升，对共同治理原则的认同已大为加强。只有在企业融资体制变革进程中，选择适应企业融资结构变化的治理模式形态，培育和确立具有激励和约束动因并能承担企业最终经营风险的资本所有者作为企业最终控制权和监控权的拥有者，公司治理效率才能得到可靠保证。

二、我国国有企业改革理论发展

（一）以委托代理理论为基础，以“两权分离”为核心的国企改革

委托代理理论的核心是使代理人能够以委托人的利益为行动目标，主动履行其职责，使国家、管理层都能得到最大的利益满足。国营企业在实践中通过采用“两权分离”，将经营权下放，激发员工工作积极性，焕发企业活力，提高企业效率。“两权分离”即企业所有权和经营权的分离，所有权关注的是企业的所有者是谁，经营权关注的是企业由谁来经营和决策。

不论是国营企业还是私营企业，在其不断发展壮大的过程中，企业的所有者由于知识、能力和精力等方面无法行使所有的权利，必然会导致“两权分离”的产生。随着“两权分离”和国企治理改革的不断推进，国营企业向国有企业转变。但是在委托代理理论指导下的国有企业改革也存在很大的问题，委托代理理论的最根本的问题是委托者和代理人的利益冲突——委托者追求企业利润最大化，而代理人希望自己能拿到更多的报酬。利益的冲突必然会导致两者的矛盾，如果没有有效的机制对其加以约束，代理人的行为很可能会损害企业的整体利益。

（二）以法人治理结构为基础的产权制度改革

建立现代企业制度是发展社会化大生产和市场经济的必然要求，是我国国有企业改革的方向。现代企业制度是以企业法人制度为主体，以公司制度为核心，以“产权清晰、权责明确、政企分开、管理科学”为条件的新型企业制度。我国的现代企业制度有多种组织形式，按其财产构成可分为个人业主制企业或独资企业、合伙制企业以及公司（法人）制企业三种。

在产权制度改革的过程中，仍然有以下三个方面的问题没有解决：一是企业人力资源规划不合理。首先，人员流失快，在现代企业制度下的国有企业，由于企业前景不明确，导致人才队伍缺乏稳定性；其次，现代企业制度将先进的激励机制未加思考地强加给激励机制单一的国有企业，给员工带来不必要的心理负担；最后，国有企业不重视人员培训，许多员工对现代企业制度的认知度较低。二是企业所有权和经营权不分。这不仅会增加企业的成本，也不利于企业的生存与发展。三是资本市场不够完善，产权制度改革的配套措施不健全。

（三）以层级制和市场化理论并举的国企改革

国有企业在现代企业制度理论的指导下取得了一定的发展，虽然我国国有企业数量多、规模大，但是“大而不强”的问题依然存在，片面强调“放权让利”已经不能推动国有企业的长远发展，单纯依靠市场“无形的手”带动国有企业快速做大做强是不现实的。第十届全国人民代表大会第一次会议批准的国务院机构改革方案和《国务院关于机构设置的通知》，设立国务院国有资产监督管理委员会（简称国务院国资委），在层级制理论的指导下利用政府的宏观调控加强国有企业尤其是中央企业的战略重组。

（四）混合所有制理论下的国企改革

经过改革开放几十年的发展，国有企业的发展取得了质的突破，但是在国有企业治理方面仍然存在一些问题。例如，代理人素质不高，董事会、监事会制度不健全、激励机制不完善等，这些问题需要新一轮的国有企业治理改革措施来解决。

国外的混合所有制发展已趋近成熟，为我国国有企业混合所有制改革提供了许多借鉴经验。我们在借鉴国外先进经验的同时，也要立足本国实际，贯彻中共中央和国务院关于国有企业混合所有制改革的精神不动摇，以正确理论为指导，探索出一条适合中国国有企业混合所有制改革的实践道路。

三、创新理论引领下国企改革的实践突破

（一）以公司制为引领的企业组织体系建设

在现代企业制度理论指导下的国有企业改革主要有以下四个方面的措施：一是探索有效的现代企业组织形式。企业向公司制转化，设立股份有限公司。二是国有企业改制和重组。对国有企业进行兼并重组，打造一批具有国际竞争力的大型企业。三是在国企内部建立现代企业组织架构。设立股东会、董事会、执行机构、监事会，提高决策的合理性；设立执行机构，规范企业的生产经营活动，设立监事会，对企业经理人的行为进行监督，确保国有资产的保值和增值。四是建立证券市场，为现代公司治理建立配套的外部资本市场。

（二）市场竞争理论指导下的国企改革发展

在这一时期国有企业治理主要从两个方面进行改革。

一方面是采用层级制治理，在现代企业制度理论的指导下，国有企业重组持续发展，但是涉及关乎国民经济命脉的核心企业，由于其规模大、牵涉的关系复杂，往往很难实现优质企业重组。为了实现打造具有国际竞争力的国有大型企业、打造行业排头兵的目标，国务院和地方国资委作为出资人，依据中央出台的一系列行政法规，促使中央企业之间以及中央企业和地方优质国有企业进行战略重组。1996年，国家经济贸易委员会（简称国家经贸委）宣布，未来几年将重点扶植宝钢、海尔、江南造船、华北制药、北大方正、长虹6家企业，力争使它们在2010年进入世界500强。这六家企业都是在过去的一段时间内，在市场竞争中形成了自己的竞争优势、品牌优势和组建了优秀的企业家团队的企业。在中央政府确定了国家队之后，各省政府应声而动，纷纷开出自己的扶持名单，宣布将在若干年

之后将它们送进中国的500强企业，而各地城市也相应地提出了打造“省级百强企业”的构想。就这样，围绕500强的目标，一个由上而下的抓大战略逐渐形成。到2007年年底全国国企重组取得了进一步的发展，基本完成政策性破产工作；到2010年年底，全国国有企业80%以上进行了公司制改革，国有企业进一步加大重整组合力度，国有企业的规模实力得到显著提升。

另一方面是引入市场化治理理论，虽然层级制治理一定程度上减轻了国有企业战略重组中的成本负担，但是国务院国资委指出企业尤其是中央企业战略重组不能不考虑实际情况，不应用行政手段强行使双方重组合并；而应通过市场调节，围绕企业主体产业推动产业链价值链重组、横向联合以及专业化合并，在市场规律的指导下，进一步完善企业法人治理结构，推动董事会、股东会、监事会的构建，允许员工持股，通过专业途径选聘职业经理人，进一步放宽国有企业经营自主权和决策权。2007年全国开始在省属国有企业建立外部董事会制度，完善外派监事会的工作机制，对企业内部“三项制度”进行改革，推动国有企业建立择优录取、能者上庸者下、企业和员工双向选择的用人用工制度，建立员工报酬与绩效挂钩的薪酬制度，全员劳动合同制基本完成。在层级制和市场化理论的指导下，这一阶段的国有企业治理改革是政府与市场联合调控的集中体现。这使得我国国有企业的经济效益在这一阶段得到显著提升，许多企业在2008年全球金融危机后快速跻身世界500强。

（三）多种形式的混合所有制改革

近几年的国企混合所有制改革主要体现在以下三个方面：一是采取分类改革的措施，对不同类型的企业采取不同的改革措施，摒弃过去国企改革“一刀切”的统一模式，强调因企制宜，针对公益性企业和竞争性企业分别采取不同的改革制度。二是强调混改体系的系统改革。近年来，国家制定和颁布了一系列有关国有企业治理改革的法律政策和文件，即“1+N”政策，包括《关于完善中央企业功能分类考核的实施方案》《关于进一步完善国有企业法人治理结构的指导意见》《关于改革和完善国有资产管理体制的若干意见》，等等，根据中共中央、国务院发布的深化国有企业改革的政策文件，全国各地根据自身实际相继出台国企改革“1+N”文件，在实际操作过程中，高度重视企业改革操作过程以及企业改制的重要环节的规范性，重视对企业改革过程的监督。三是和市场化改革同步推进。近年来，国企混合所有制改革越来越重视市场化改革，深入考虑市场环境要素，所使用的政策和手段，也更加向法律和市场化方向靠拢。市场化色彩在近几年的国企治理改革实践中更加凸显，在我国法律法规的约束下，利用市场手段，稳步推进国有企业混合所有制改革。

四、我国国有企业治理特色与经验

（一）国有企业分类治理与政府职能转变相结合

贯彻国务院文件精神，立足国有资本战略定位和发展目标，研究制订了企业功能界定与分类方案，把企业分为竞争性、功能性、公益性三个类别，并逐步建立完善并符合各类企业特点的法人治理结构、选人用人机制和激励约束机制。分别采用不同的改革治理方案，国有企业分为竞争类、特定功能类、公共服务类三类。分别根据其不同属性和竞争性质加以精准分类、精准施策。近年来，由于国企改革的不断深入以及市场形势的变化，国家开始允许少部分非公有资本通过购买服务、特许经营、委托代理等方式参与具有垄断行业性质的国有企业。这表明在市场经济中，国有企业已经成为市场导向下进行资源配置的主体，国有企业已经不再是政府的附属品。在长期对国有企业改革过程中，越来越多的人认识到，错位的政府职能已经严重制约了国有企业改革发展进程，需要把“转变政府职能，推动国企改革”两者相结合，试图通过对计划经济体制下政企传统关系的突破和政府职能的转换，最终实现对国有企业改革的深度推进。开始把国有企业分类治理与政府职能转变的目标与原则、政府行政法律规制、政府经济职能的定位相结合，并着重探讨了重塑政府职能的内容，主要包括宏观调控、保障监督、协调服务三个方面内容。

（二）多元化治理与加强党的基层建设相结合

2016年，习近平总书记在出席全国国有企业党的建设工作会议上强调：“要通过加强和完善党对国有企业的领导、加强和改进国有企业党的建设，使国有企业成为党和国家最可信赖的依靠力量。”国有企业做大做强要以坚持党的领导、加强党的建设为基础。要实现国有企业多元化治理，必须始终坚持党的领导。坚持党的领导，不是要求企业将党组织凌驾于企业所有治理结构之上、替代其他治理主体地位，而是把党的领导和企业多元化治理有机结合起来，把党组织作为国有企业的政治中心和领导中心，为公司其他治理主体提供工作方向、把控大局，而不干预其依法行使权力。近年来，在深入贯彻全国国有企业党建工作会议精神的前提下，国务院国资委提出要将企业生产经营与坚持党的领导、加强基层党建深度融合。协调推进并提升党的基层建设的标准化和规范化程度，推动党建方法创新。企业党委和主要负责人进行基层党建的意识强，注重理论指导与实践研究相结合，能够准确把握大方向，真正将公司的基层党建融入多元化治理之中，真正做到用党建促发展，从而为深化企业改革、实现高质量发展、提升国有企业的综合竞争力提供有力保障。

（三）混合所有制改革与企业治理系统性改革相结合

党的十八届三中全会后，国内开始注重混合所有制和企业系统治理理论相结合的改革策略，良好的企业治理体系不仅能促进企业的健康发展，而且对企业在激烈的竞争市场中立足具有重要意义。国有企业改革中既要重视公司的内部治理机制，也要关注公司外部的市场环境，这是近年来我国国有企业系统化改革的重点。2016 年 8 月，中国证监会又在原先的基础上进一步完善了上市公司股权激励的管理办法。国有上市公司成为改革先锋，率先进行了股权制改革，中国证监会提出“要规范法人治理结构，建立健全公司股东会、董事会、经营层和监事会，规范董事会、经营层和监事会制度建设，优化工作流程，努力实行协调运转、有效制衡的决策、执行和监督体系”。致力于加强企业内部的监督与管理，企业股东会、监事会和管理层都实行任期制和契约化管理，公司的经理人任届期满，由董事会决定其是否继任，董事会成员由内部董事和外部董事联合担任，提高决策的公平性。在外部的市场环境方面，继续加大简政放权力度，给国有企业充分的自主权，同时建立完善的证券市场机制，提高国有资产的证券化水平，通过鼓励国有企业发行上市股票，利用证券市场评估企业价值，加强企业的市场约束，完善公司治理和信息披露机制。

第七章　现代企业治理实证案例剖析

第一节　中联重科：内控体系建设与企业廉洁文化

一、中联重科企业简述

中联重科全称为“中联重科股份有限公司”，创建于 1992 年，总部位于湖南省长沙市岳麓区，2000 年 10 月在深交所上市，是中国工程机械装备制造的领军企业，也是全国首批创新型企业之一。主要从事建筑工程、能源工程、环境工程、交通工程等国家重点基础设施建设工程所需的重大高新技术装备的研发制造。公司注册资本 86.67 亿元，员工 25283 人，2020 年营业额 416.31 亿元。

中联重科秉承“至诚无息，博厚悠远”的企业文化理念，内源式发展与外延式发展并重，先后收购了英国保路捷、湖南机床厂、浦沅集团、中标公司、陕西新黄工、湖南车桥厂、华泰重工、意大利 CIFA、常德信诚液压，2007 年整体收购母公司建机院的经营性资产，实现了整体上市。目前，生产经营基地分布于中国湖南、上海、陕西、广东以及意大利米兰等地，已形成中联科技园、麓谷工业园、泉塘工业园、麓谷环保产业园、常德灌溪工业园、望城工业园、益阳沅江工业园、上海工业园、陕西渭南工业园、意大利 CIFA 工业园等 20 多个产业园区。

公司生产具有完全自主知识产权的 18 个类别 106 个产品系列 660 多个品种的主导产品，为全球产品链最齐备的工程机械企业。公司的两大业务板块混凝土机械和起重机械均居全球前两位。2018 年 10 月，在“2018 年中国大陆创新企业百强榜单”中位列第一梯队；2019 年 8 月，连续 14 年上榜“亚洲品牌 500 强”；2019 年 9 月，2019 中国制造业企业 500 强榜单发布，中联重科位列第 265，“一带一路”中国企业 100 强榜单排名第 84；2019 年

12月，入选2019中国品牌强国盛典榜样100品牌；2020年9月，入选由中国机械工业联合会、中国汽车工业协会主办的第16届中国机械工业百强名单；位列2021全球工程机械制造商50强第5，2022全球工程机械制造商50强第6。中联重科股份有限公司连续多年被评为“最具成长性企业”“最具影响力企业”“全国用户满意企业”“中国机械工业现代化管理进步示范企业”。

中联重科的发展，经历了科研院所改制、国企主用分离的公司制改造、股权多元化的股份制改造、模拟事业部制改革、整体上市五个关键发展阶段。每个阶段都始终固守国家法律、法规红线，固守政府的政策红线和固守公司自身确定的战略发展目标红线，合规经营、廉洁从业。也正是对这些红线的敬畏，中联重科才能在激烈的市场竞争中取得快速而稳健的发展。

中联重科始终坚持抓企业内部控制和风险管理。在强化内控保证合规的顶层设计和强化廉洁从业的基础设计两个层面做了有益和有效的工作。

二、强化内控与风险管理，保证合规的顶层设计

（一）战略牵引：内控与风险管理的着眼点

中联重科的内控与风险管理始终坚持以符合公司战略目标的需求为工作重心。

产业化阶段中联重科的战略目标是“股份化、专业化、国际化”。这一目标带来的主要风险是发展初期的财务风险。与此对应中联重科的内控与风险管理工作主要集中于对财务风险的控制，从组织架构上来说是以财务部门和审计部门为主。

规模化发展阶段，中联重科的战略目标是“聚变”和“裂变”，这一目标带来的主要风险是作为上市公司对广大投资者的责任凸显、规模化发展带来风险量剧增。针对这种风险状况，中联重科的内控与风险管理工作进入了围绕公司“50字管理方针”[①]的“体系化控制阶段”，主要特征是从组织架构上确定了多个内控部门（如审计、财务、督察、信息化、人力、法务、持续改进等），形成了一个多维度相互联动的内控部门群。企业的风险管理制度不断完善，流程更加顺畅，内控与风险管理队伍不断壮大。

① 50字管理方针涵盖三个层面：管理的总体思路是“点控线，线联面，线面贯通，点面互动”；职能部门的管理原则是“整合资源、目标管理、过程监控、服务协调”，事业部的运行规则是“人、财、物、产、供、销、分配相对独立；集中决策、自主经营”。

全球化发展阶段中联重科的战略目标是“聚变+裂变=全球化”。这一目标带来的风险特点是风险结构的复杂性程度不断提高。为了控制这一风险，中联重科的内控与风险管理也逐步发展，进入了全面风险管理理念下的内部控制系统化阶段。主要特征是引入国际先进的内控与全面风险管理方法，以国务院国资委、深交所及湖南省国资委的规范性指引文件为依据，借助外脑，系统设计、建设公司全面风险管理体系，实现公司内控与风险管理工作“质”的提升。

（二）企业内控与风险管理文化建设：合规经营的软动力

1. 公司领导高度重视合规与风险管理

中联重科自推行企业总法律顾问制度和试点企业风险管理工作以来，公司董事长、CEO高度重视，把合规置于企业管理的基础工作地位，作为“一把手工程”来抓，认真贯彻落实国务院国资委和湖南省国资委的文件精神，以建立总法律顾问制度为契机，制订企业合规风险防范机制的建设方案，将合规风险防范作为提高企业营运效率和企业可持续发展的基本措施和可靠保证。

2. 培养全员合规意识

为了实现全员合规目标，一方面，中联重科成立了以总法律顾问为组长，包括内控系统和各经营单元负责人参加的公司法制与风险防范教育工作领导小组，形成了由领导专人负责、专门机构主管专人组织协调的培训体系，搭建了公司高层、中层干部、普通员工为单元的三级学习网络，形成了直属部门、经营单元等多方位的教育阵地和宣传平台。另一方面，通过公司法制与风险防范教育活动的经常化、多样化、制度化、规模化，提升全体员工的合规意识。

3. 培育“依法治企”的合规文化

为了保证合规工作的顺利开展，中联重科经过多年的不断探索和积累，在“一元、二维、三公、四德、五常、六勤、七能、八品”的企业文化体系中充分融入廉洁文化元素，凸显了廉洁文化的特质。例如，企业文化核心理念“至诚”“公开、公平、公正”“廉”“耻”“无私”“勤勉”“自律”等都贯穿着廉洁文化的精髓。

（三）企业内控与风险管理体系建设：合规经营的硬动力

1. 加强公司内控与风险管理组织体系建设

首先，建立“统一领导、分层管理”的合规风险防范纵向组织体系，保障公司合规风险防范“纵向到底”。

中联重科根据公司的组织结构特点，以及中联重科的业务特点，在总部层面设置了风险控制委员会，统一领导公司合规风险防范工作，并在总部设置了专门的风险控制与法律事务管理部门，具体执行风险控制委员会的决策，指导全公司的合规风险防范工作；同时公司还在各分、子公司设立了合规风险防范分支机构，接受所在分、子公司和总部法务部门的双重领导。总部风险控制与法律事务管理部根据各分、子公司合规风险防范分支机构所服务的对象和目的不同，授予不同的法律事务处理权限，实行分层管理。通过这种组织体系的建立，实现总部宏观政策向基层单位的迅速、准确传递，实现基层单位具体需求向总部顺畅、真实反馈，从而保证公司合规风险管理工作深入到底，不流于形式。

其次，建立“资源共享、信息互通”的合规风险防范横向组织体系，形成公司合规风险防控三道防线，保障公司合规风险防范“横向到边”。

公司通过风险控制与法律事务管理部引导公司各部门进行联动的方式，加强各部门所掌握信息的互通，利用其他部门的专业技能、资源、信息等，真正实施全员参与的合规风险管理。由此，中联重科形成了以公司职能部门和经营单元为第一防线、以风险控制与法律事务管理部为第二防线、以公司风险控制委员会为第三防线的横向组织体系。通过这个体系，公司的合规风险防范工作可以扩展到公司的所有领域、所有环节、所有岗位，逐步实现合规风险防范的全覆盖。

2. 建立符合公司实际的合规标准体系

标准是公司合规风险防范工作的方向，是评价合规风险防范质量的重要指标。为此，公司风险控制与法律事务管理部门通过对公司各成员开展定期普查、不定期抽查、重点环节现场调查、会议访谈和定期反馈等活动，及时、全面、准确地梳理公司重点风险点，广泛、持续收集公司初始风险信息，通过筛选、提炼、对比、分类、组合，形成公司的重点合规风险信息数据库，并做到定期发布、适时更新。

（四）内控与风险管理模式选择：合规经营的方法论

1. 确立“点、线、面”三位一体的合规风险防范思路

“点控线、线联面、点面互动、线面贯通”是中联重科进行合规风险防范的整体思路。点，指风险点，是公司合规风险的控制对象和管理起点。线，指风险控制流程，是风险管理的重点，公司实施以点控线的防控战略，要根据不同的风险点，制定不同的控制流程。面，指风险控制协同机制，实现多

方位联动管控；公司实施以线联面的控制战略，要根据风险点的特征，制定不同的风险控制流程，形成一个风险控制面，使风险点受到全方位的监控。

2. 确立“逐步渗透、分层融合”的合规风险防范策略

为避免风险控制流程与业务流程“两张皮”、合规风险控制与决策风险分析“脱节”的情形，中联重科推行了风险管理流程与业务流程的分层逐步融合，即核心领域，法律服务“无缝对接”；关键领域，法律保障“扫盲行动”；重要领域，法律支持“随传随到”；一般领域，法律监控“主动跟随”。

3. 建立“要素识别—危险评估—策略选择—防范控制—监控跟踪”的合规风险控制流程

第一步，公司对发生的合规风险首先进行要素识别，识别影响合规风险出现的内外部事项，并结合公司的战略目标总体考察，严格区分机遇和风险；要求公司的管理者对其进行评估和反映，并采用相应的应对策略。第二步，展开评估。分析合规风险的可能性和影响程度，了解潜在风险如何影响公司目标的实现，从而确定对合规风险的反应模式和防范的具体措施。第三步，选择应对策略。合规风险应对策略有几种选择：规避风险、减少风险、共担风险和接受风险。公司根据自身情况及风险影响范围、大小选择最优的应对策略。第四步，进行有效防范。制定和执行相关制度或程序以确保风险应对策略得以有效实施。对合规风险进行积极防范后，风险的负面影响会有效控制，但并不意味着风险防范的结束。第五步，对该风险记录进行监控跟踪，通过对风险的持续跟踪和定时评价，以实现对该风险的全面监控，必要时对相关制度加以修正，保证其风险防范的彻底性。

三、拒腐反腐，强化廉洁从业的基础设计

（一）廉洁从业外部管理契约化

企业的外部联系行为是贪污腐败、贿赂行为的多发地带，这些外部联系行为主要包括与供应商、代理商、客户、合作伙伴、政府监管部门的联系行为。在与这些外部主体打交道的过程中，产生不廉交易行为的动机有一部分是因为企业内部有关人员谋私利的利益诉求，但也有相当部分是因为外部主体的不当利益诉求，在这种情况下，企业往往是“被贪腐、被不廉”。中联重科为了遏制这类被动的不廉行为，采取了以下的措施：

首先，所有与中联重科进行交易的供应商、代理商、战略合作伙伴，均需与中联重科签订《廉洁交易协议书》，承诺在与中联重科的交易过程中，

不发生任何不廉洁行为，否则一经发现，中联重科将立即终止与其交易，违约方除应承担相应的法律责任外，还需向中联重科支付高昂的违约金。

其次，中联重科与供应商、代理商、战略合作伙伴达成共识，中联重科定期对这些主体的廉洁从业行为进行尽职调查，将这些主体的廉洁交易行为作为选择、清退合作的重要依据。

最后，中联重科建立“客户廉洁积分库”和“黑名单库”，客户的廉洁从业将成为公司进行客户资信调查、客户资信评级和是否选择与其交易的重要考虑因素。

（二）廉洁从业内部管理标准化

企业内部人员，尤其是掌握一定职权的人员，具有进行不廉洁交易的天然优势，也是易生腐败的重灾人群。为控制这方面的风险，中联重科采取以下标准化设计与安排：

第一，统一企业的廉洁观。即树廉洁之风，当明志、有畏、知耻。“明志”的关键在于树立正确的价值观，唯“明志”才可廉洁；“有畏”是指对道德的敬畏、对法律的敬畏、对规律的敬畏应深植于心，在公与私、廉与贪的抉择上做到“不以一毫私利自闭，不以一毫私欲自累”；“知耻”是文化，知耻的文化氛围，所起的约束作用甚至可以超越法律和制度的作用。

第二，统一廉洁从业“六廉”基本要求。即要存廉心、施廉行、从廉政、树廉风、扬廉德和留廉名。旨在引导干部职工树立正确的价值观，使廉洁意识内化为员工的思想准则和道德准绳，外化为拒腐倡廉的自觉实践。

第三，明确廉洁从业的基本目标：廉洁自律、廉洁用人、廉洁管理。

第四，建立内部廉洁从业约束机制。一是强调制度“他律”。公司制定了《高管守则》《管理团队八不准》《个人重大事项报告制度》《中高层考核办法》等制度。二是强调内控“律他”。公司建立了“一、三、五、八”的廉洁体系，即《中联宪章》“一大法”、内控体系“三张网”（第一张网：持续改进部、审计部、督察部、财务部、风险管理部、招标委；第二张网：股东大会、董事会、监事会、经营管理层；第三张网：党委、纪委、工会）、阳光管理“五公开”（重大决策公开、人事任免公开、薪酬收入公开、招标采购公开、审计公开）、管理团队“八不被”。[①] 三是坚持建立科学的

①公司确立了由风险、督察、审计、财务、投资等部门共同组成的内控管理机构，对内部决策、内部控制、重大项目投资、关联交易、产权转让、成本费用、融资及对外担保、税收等关涉公司运营风险的八个方面进行日常监管，不准有违规行为发生。

公司治理结构。目前公司的“三会”（董事会、监事会、股东大会）建设均体现了现代企业治理的高标准要求，尤其是在董事会的建设方面，独立董事人数超过内部董事的人数，这种设置极大地增强了董事会对公司经营行为进行监督的独立性。

（三）廉洁从业内部监督专门化

为了使公司反腐倡廉取得实效，中联重科除了从上述从业环境和认识标准上进行了设计，使广大员工不愿意、不忍心触犯合规行为之外，公司还设置了专门的廉洁从业监督机构，对不廉行为进行专门化监督。中联重科设置了纪检督察、审计审查、风险控制三大机构对不廉交易行为进行监督，其被誉为公司反腐倡廉的“三驾马车”。

风险控制部门侧重于事前监督公司的经营行为，监督公司是否遵守了合规经营要求，是否存在违规操作隐患，是否进行了事先的风险提示；审计审查部门侧重于事中监督公司的经营行为，通过发表审计意见，对其经营行为中存在的违规操作及时提醒并要求整改；纪检督察部门侧重于事后监督公司的经营行为，对公司已经发生的不廉行为进行查处，构成犯罪的，移交司法机关处理。

上述三个部门相互联动，共同构成了一个严密的“三位一体”的反腐倡廉监控体系，在拒腐反腐方面发挥了关键作用。

（四）廉洁从业警示教育常规化

“流水不腐，户枢不蠹”，经常对廉洁从业要求进行宣传贯彻是有必要的。中联重科设计了常规化的警示教育机制：一是公司董事长、纪委书记每年至少向全体员工发表一次关于廉洁从业的讲话，对员工的廉洁从业敲警钟、提要求。二是建立长效学习机制。中高层管理团队每年都要封闭学习两周，就价值观、人生观、行为准则三大内容进行自我剖析，经过一场深刻的“思想革命”，确保公司核心管理团队清廉自律，勤勉尽责。三是用自己人教育自己人，将廉洁从业奖励与查处的不廉交易行为、范围内进行公开通报，以作警示。

第二节　西门子：变革中的合规管理体系

西门子公司成立至今已有 170 多年的历史，在全世界享有盛誉。出色的技术性能、创新能力、品质、可靠性以及广泛的国际参与度，使西门子公司成为全球电子与电气工程领域的领导者之一。然而随着2007年美国司法部对西门子公司展开的海外商业贿赂调查，西门子公司遭遇了史无前例的危机。2008年西门子公司同意支付大约10亿欧元的罚款，与美国和德国两地主管机关的行贿调查达成和解。美国证交会取消了对西门子的指控，司法部承认西门子公司仍是“一家敢于承担责任的企业”，今后仍可参与美国政府的各项竞标项目。西门子公司为应对这一诉讼又额外支出了8.57亿欧元的咨询费用，至此西门子为此案付出的代价高达20多亿欧元。西门子公司监事会主席克罗默（Cromme）为结束官司感到庆幸，他表示“案件严重程度惊人，但能够在如此短时间内与当局达成调解协议是一个奇迹”。西门子CEO罗旭德（Loescher）虽然也表示贿赂案是“公司历史上最黑暗的一章”，但同时声明：“从管理组织和公司文化来说，今天的西门子已彻底改头换面。”

一、西门子合规管理体系简介

（一）合规的内涵和外延

西门子公司认为合规就是按照支配自身行为的规则行事。这些规则既能够以法律、法规形式从外部添加，也能够以政策、程序及控制的形式在内部制定。内部规则融入了组织的价值观并受外部法律的制约。体现组织的价值观可以为公司带来竞争优势。

遵守经营所在国的法律法规是西门子的基本原则，在任何情况下，均不得从事违法活动。除此之外，所有员工还必须遵守西门子的相关政策。对于任何触犯法律的员工，不论依法给予何种处罚，都将因为违反了其劳动关系下的义务而受到纪律处分。

（二）西门子的价值观是公司行动的基石

西门子的价值观可以概括为：勇担责任、追求卓越、矢志创新。责任是指致力于符合道德规范的、负责任的行为；卓越是指取得高绩效和卓越成果；创新是为了创造可持续价值。

（三）西门子公司合规管理体系

危机过后，西门子公司更换了大部分高层管理人员，包括CEO、法律总顾问、首席合规官等，均从公司外部选聘。时任CEO罗旭德先生明确表示：“西门子公司只从事廉洁的业务。”西门子公司董事会内新设立了一个职位负责法律与合规事务。

此外，西门子公司新制定了许多合规政策，涵盖了诸如银行账户统一管理、现金控制、礼品和接待、并购交易中的反腐败、捐赠与赞助等方面。公司还完善了其商业行为准则，为整个合规体系提供了框架。

另一项重要的任务就是在企业文化中树立合规理念。具体而言，西门子的合规管理体系实现三方面相结合，即防范、监察和应对。在防范阶段，西门子公司致力于制定明确可行的商业行为准则，并建立完善的合规培训和其他咨询项目。在监察阶段，西门子公司主要强调扩展交流报告渠道，加强合规帮助台（Tell us）的作用，并全面重组、扩展公司原有的内部监管系统。在应对阶段，西门子公司纪律委员会，在法律允许范围内，严格审查并处罚违规行为。

（四）西门子合规管理体系的贯彻执行

1. 合规团队

西门子已经建立了强大的合规团队，在全球拥有600名全职合规专员，而过去仅有不到100名兼职人员。西门子建立的全球性合规组织由首席合规官领导。在各个集团和地区公司中都已经任命了各自的集团合规官或地区合规官。这些人员将负责各自责任区域内的合规计划执行事宜，并向首席合规官汇报工作。

（1）首席合规官。首席合规官向西门子股份公司董事会法律总顾问汇报工作。

（2）西门子公司和区域合规官。在各个集团和80多个地区公司中，西门子公司都已经任命了各自的公司合规官或区域合规官。在其他合规工作人员的协助下，这些人员将负责各自责任区域内的合规计划执行事宜，并向首席合规官汇报工作。此外，合规官要按照合规计划要求，负责对员工进行持续性培训。他们应当确保整个管理层（在中国为所有职员）以每两年一次的书面方式作出遵守商业行为准则的承诺。合规官的另一项非常重要的工作是作为上报违反商业行为准则事项的第一个联系点，必须确保上报疑似违规事项的任何人免受报复迫害。

（3）西门子总部合规办公室。除了负责统率集团和区域合规官以外，首席合规官还负责领导总部合规办公室。总部合规办公室由专家律师组成，负责管理公司上下所有合规相关的法律问题。

2. 合规培训

西门子公司坚信培训是改变思维模式、建构负责和诚信文化的关键。

公司针对不同的目标人群采取了相对应的培训课程，主要包括培训公司高级管理层、敏感职位员工，比如与政府官员打交道的经理和员工、具有签字权的员工和合规官。现在全球已经有超过 20 万员工接受了合规培训。

3. 合规宣传与沟通

西门子公司通过多种渠道宣传合规相关信息，既有面对领导层的《领导层资讯》，也有面对全体员工的《商业行为准则》《特定政策宣传单》《合规资讯》，以及“西门子全球宣传员企业内部沟通平台”，从而构建了全面流畅的企业内部合规宣传和沟通平台。

（五）西门子公司合规管理体系的监督管理

1. 与业务相关的控制管理

西门子要求每位经理在进行其业务活动的同时，还要在其职责范围内进行持续性的控制管理检查。这些控制管理事项包括对具体项目所进行的随机检查，确保项目符合反托拉斯和反腐败法的规定。

2. 审计

西门子公司的审计人员应当定期检查合规计划是否在全球各个集团和地区公司内得到了贯彻和执行，并且要定期检查是否存在违规迹象。

3. 投诉处理

（1）与会计实践相关的投诉处理程序。

为了发现会计和审计上的违规情况，西门子公司已经制定了一个特殊程序，来处理与会计实践相关的投诉。这一程序根据《萨班斯—奥克斯利法案》的要求制定而成。在法案第 301 条中规定：一个公司的审计委员会必须制定一项程序，确保员工和第三方可以以匿名的方式提交会计相关的投诉（如果他们选择此种方式的话），并确保此种投诉可以得到正确处理。西门子所有会计相关投诉均将提交至首席合规官处，这项程序已经通报全球。首席合规官将启动由公司财务审计人员执行的专项调查，并向西门子审计委员会汇报。

（2）投诉和意见。

西门子公司任何员工均可以向其主管、人事经理或公司指定的其他人员或部门提交个人投诉，或提供违反商业行为准则事项的线索，也可以向现有的内部劳资联合委员会提交个人投诉或提供违反商业行为准则事项的线索。接到投诉后，相关部门及人员当对投诉事项进行彻底调查，如果有必要，还需要执行相关措施。公司规定所有文件均要做到保密存档，对投诉员工不得进行任何形式的打击报复。

（3）特派调查官：违规业务实践的投诉处理。

从 2006 年 12 月 7 日开始，员工和第三方可以以匿名、保密的方式联系特派调查官，汇报他们在公司内发现的任何违规业务情况。西门子已经授权在德国纽伦堡执业的律师作为特派调查官，在进行真实性调查之后，如果发现存在违反商业行为准则或违反刑法的可疑行为，特派调查官将把这一信息提交给西门子公司的合规办公室。根据律师与客户关系确定的保密原则，特派调查官不会向西门子透露提供信息者个人的任何资料。西门子合规办公室将根据特派调查官所提供的各项线索启动调查程序。在合规办公室履行职责期间，公司内所有部门均需为其提供帮助和支持。合规办公室将就调查的进展和结果向首席合规官进行汇报。

（4）合规帮助台。

为了不辜负客户、伙伴、股东及员工对西门子的信任，业务流程的诚信和透明将成为公司首要努力的方向。西门子希望了解所有的违规行为，尤其是违反《商业行为准则》的行为。“Tell us”平台支持西门子的员工、客户及合作伙伴每周 7 天、每天 24 小时，通过网络或使用多达 150 多种语言进行电话举报。呼叫中心和网站均由专业的外部供应商来运作，以确保每个问题都得以保密处理。西门子希望无论是信息发送方还是接收方都应该以负责的态度使用合规帮助台。

报告内容将由服务提供商转交给西门子公司合规办公室，在那里将确定进一步的行动决议，在任何情况下都将保证其保密性。具有“Tell us”功能的合规帮助台是全球特派调查官功能的延伸，为员工及合作伙伴提供了一个新的举报平台。

4. 报告责任

首席合规官定期或在发生特殊情况时向董事会和审计委员会汇报公司合规发展情况、合规计划的贯彻实施情况以及公司内部的重要合规程序。同时，具有汇报责任的各个公司部门也有义务确保它们上报给首席执行官和首席财务官的财务数据的完整性和正确性。

二、西门子合规管理体系的创新

（一）反公共腐败合规政策

西门子专门制定《反公共腐败合规政策》，更完整地解释了《商业行为准则》中相关条款的含义，以及公司对所有西门子员工的期望，以确保公司员工与政府官员交往时遵守商业行为准则。该政策规定作为西门子股份公司和其所有关联公司的政策，禁止向政府官员直接或间接地提供或给予钱财或其他任何有价物品，以达到影响公务活动或获得不当利益的目的；同样作为公司的政策，应保留准确和公平反映所有交易的账簿和记录；此外，该政策还详细阐述了适用范围、制定的背景、实践指南和报告途径。

（二）与商业伙伴合作

西门子已经制定了与商业伙伴合作的政策，以评估潜在商业伙伴的诚信度，并通过一个创新的、基于网络的工具执行严格的尽职审查。西门子公司的《供应商行为准则》要求供应商声明：遵守法律和禁止贪污贿赂。

西门子总部新的政策要求，在试用和雇用一个商业伙伴之前，被提议合作的商业伙伴必须经过以下六个阶段的鉴定和审批，其中四个阶段涉及合规组织的参与（图 7-1）。

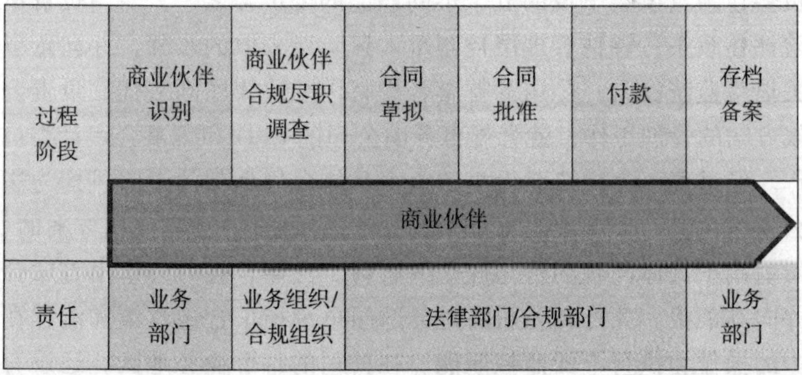

图 7-1　商业伙伴审核及批准流程

第三节 微软：合规管理方案的三大法宝

一、公司合规体系概述

微软公司的目标不仅仅是成为一家好的企业，更是力求成为一家伟大的企业。为了实现这个宏伟目标，仅仅做正确的事情是不够的，同时还要挖掘和采取更多正确的方法。由此，合规就成为微软公司治理中必不可少的组成部分。在微软的所有公司活动中，合规是对“以正确的方法做正确的事情”的概括要求。合规不仅仅是指遵守适用于微软公司各项业务活动的法律法规，更是体现在要求遵守公司制定的涵盖道德标准的内部规范。这些要求在每名员工所持有的员工手册《微软商业行为准则》中均有记录。

在公司发展过程中，董事会领导制定出一系列开放而透明的公司治理政策，以帮助其履行对股东、员工、社区等相关利益者的职责。同时，将这些治理政策写入企业准则，确保董事会拥有足够的权力和手段来审查并评估公司业务运营，以作出独立于公司管理层的决策。在合规管理中，审计委员会作为董事会下设的五个不同职能的委员会之一，专门负责审查公司风险评估政策，评估管理层控制重大风险所采取的步骤，并向董事会提交相关风险监督报告。公司的首席合规官由总法律顾问兼任，负责公司整体合规方案的管理工作，就合规事务向公司的CEO和董事会审计委员会汇报工作。经过董事会决议而设立的负责具体合规事务的专门机构为法律合规办公室，由其负责日常商业行为在合规方面的监管和合规方案的执行，包括对适用于具体问题的行为准则的解释。法律合规办公室由首席合规官领导并向其汇报。此外，公司的财务部门也承担了合规政策和流程在日常业务中的操作和执行上的监控职能。在公司的每个业务地区，还设有专门的地区合规委员会负责指导该地区具体的日常合规事务。

微软公司致力于成为一名优秀的企业公民，以激发个人潜能，实现企业潜力作为公司的使命。所有对公司业务行为和合规方案的支持工作都是对公司作为一名企业公民在践行公司商业行为准则和模范达到政府和行业标准所作的努力。

二、微软公司合规方案的三大支柱

（一）合规风险的防范

1. 多层次的合规制度

在基础防范层面，微软用企业的价值观教育员工，要求员工始终本着诚实和正直的态度办事：对客户、合作伙伴和新技术充满激情；真诚地与人相处，尊重他人并助人为乐；勇于迎接挑战，坚持不懈，严于律己，善于思考，坚持自我提高和完善。对客户、股东、合作伙伴或者其他员工而言，在承诺、结果和质量方面都值得信赖。微软把企业的价值观通过“商业行为准则”的具体要求体现出来，要求员工不仅要遵纪守法，还要满足道德标准要求；员工不仅要做对的事，更要采取正确的方法做事。

微软商业行为准则作为公司价值观的延伸，体现了公司对严保职业操守和遵纪守法的一贯决心，是了解和掌握微软商业惯例和合规方面准则的通用指南。微软的商业行为准则和合规方案得到了公司董事会的批准和支持，在董事会的监督下由管理层负责执行。微软商业行为准则主要涵盖以下领域的规定：

（1）完全遵照法律、法规来管理业务。例如，遵守业务所在国反贿赂法律以及美国的《反海外贿赂法》。公司的代理、合作伙伴和代表也应遵守相关反贿赂法律规定，不得为诱使政府官员乱用其职权为公司获取业务而向政府官员做出任何直接或间接的好处支付或承诺好处支付；遵守业务所在国所适用的反洗钱规定；根据业务所在国有关公平竞争和反垄断的法律从事业务；等等。

（2）建立并维持客户、消费者、合作伙伴、股东对公司的信任和尊重。如要求供应商也需遵守微软认定的供应商行为准则并适时培训其雇员和代表，与供应商开展业务时概不收受回扣、贿赂形式的回报等。

（3）以高度负责的主人翁精神使用、保护、管理公司资产。例如，遵守有关财务记录完整性与准确性的一切法律，一切财务交易均根据管理层的授权进行，并如实、准确地记录并报告一切业务信息；对所有微软保密和专有信息予以保密，不将其用于谋取个人私利，也不将其用于与公司业务无关的目的，并在离开公司后一定期间内仍对其保守秘密；所有微软员工应本着公司利益最大化的原则开展业务，尽量避免任何公司利益与个人利益相冲突的情况产生；员工要按照审慎适度的原则，处理业务活动中的礼品和招待事宜，无论是礼物的接受或赠予，还是招待的提供或接受，均应依法进行，不得违反赠予人和/或收受人的有关政策，同时还需符合当地的习俗与惯例；在作出购买决定、进行谈判、签订合同和管理合同时，均应遵守适用于这些情况的法律法规；等等。

（4）倡导多元、高效、相互合作的工作环境。例如，坦率、诚实、尊重他人，营造公开、诚信和相互尊重的工作环境，等等。

（5）在国际大家庭中做负责任、有爱心的成员，保护自然环境与自然资源，等等。

2. 以“风险 + 监控”为引导的评估模式

没有任何一家公司的合规方案和风险监控能够一直保持完美，但微软公司可以尽力在某一时间段内对某个相对稳定的业务模式做到有效的监控。业务形式不断变化、新的产品不断涌现、操作方法不断改进、新市场的开拓、新的法律法规要求，合规方案因此也应随着这些因素的变化而不断作出相应的调整和深化。

首先，我们要进行风险评估，并非所有发现的风险都要马上控制，要考虑到已有的控制措施。譬如，风险程度很高，但已有相应监控手段的环节并不是马上采取行动的对象；相对于对业务影响中档的风险，但相应监控措施又比较薄弱的环节则需要马上采取行动对其加强控制。

其次，公司在不同地区的经营，不同业务部门所面临的风险不同，相应的监控手段也会不同。例如，在反贿赂方面，根据业务所在地的风险与商业惯例，微软子公司对礼品、招待费等业务所需的支付有不同的规定。比如，在中国，对礼品、招待费的支付有比较保守的数额限制，如果预计支付超过这个限制的则要事先获得当地管理层的审批。又如，对于慈善捐助、商业赞助等活动，也要求取得事先审批，各相关职能部门会参与审批以控制风险，最终费用支付还要以项目合同为支持文件，并伴以相关的支付凭证。

最后，微软公司有量化的流程，每年对公司所面临的风险包括合规方面进行全方位的风险评估，这些评估包括但不限于在反贿赂、反洗钱、进出口贸易、利益冲突、反垄断等方面，或通过内部合规调查和内审等特定情况来评估风险，并评判监控手段与风险程度是否匹配，如果有较大的差距，就要立即去提高、更新，或制定新的、合适的政策和流程。

3. 合规信息的传达与培训

一项新的合规政策或流程制定完成或更新之后需要通过有效的沟通途径传达至所有员工，以确保他们完全理解现行的政策与流程；也要不断提醒员工现有的公司规定和流程，这主要通过对员工的培训和其他方式的沟通来实现。针对每一名加入微软的新员工，在入职时会安排参加公司组织的新员工入职培训，入职培训课程包括了面对面的合规培训环节。合规培训是入职培训中的必修课程之一，并且每一名参加入职培训的新员工在合规培训结束后都要签署书面确认书，以确认其已经完成有关微软政策及程序合规责任的培训。合规培训的主要内容包括简介公司的合规制度、反腐败的要求、员工的行为准则以及如何寻求帮助等。针对新入职的经理还安排了新经理入职培训，课程涵盖与经理日常工作有密切关联的课题，如反贿赂、利益冲突、信息保护、隐私、反垄断、资产使用与保护等。公司对现有员工还安排了每年一次的在线合规培训课程，并统计培训完成的情况，以加深员工对公司政策流程的理解。

此外，针对不同业务部门所担当的业务角色不同、面临的风险不同，公司也定期对各个业务部门进行具有针对性的面对面的合规培训，培训的目的：一方面是提示现有政策的规定；另一方面是通过对以往真实案例的课堂分析，针对相关业务部门面临的特有风险进行分析，帮助员工提高处理风险的能力。另外，公司管理层相当重视合规，定期向全体员工传达合规方面的信息，提醒员工遵守公司合规政策并提出深化理解的要求。

4. 合规方案的监控、复审和评估改进

公司通过评估表和打分表对合规方案的执行情况进行评估，对业务部门的监控流程进行评分以确定现有的监控是否到位，是否有效。定期对流程进行自我检查和复核以及进行内部审计来审查现有的流程是否满足控制风险的需要。外部审计师对公司账簿和报表的统计以及对公司相关监控流程的审查也是一种对现有流程进行评估的有效手段。

此外，公司内部还会对以任何方式知悉的任何可能违反公司政策的行为进行内部调查，对某一特定的问题进行调查的同时，还可以检测判断某一现有的流程是否完善，监控是否有效。如果违纪案件在某些领域频发，则说明合规系统某个环节可能出现了问题：有可能是员工自己忽视了这个领域的公司规定；或公司在合规信息沟通上不够充分；或规章制度执行上出了问题；或规章制度本身存在问题。都需要对规章制度进一步改进，找到根源，及时改进后，公司还需定期回访，以确保改进后的措施能达到控制风险的目的并得以贯彻执行。

5. 对合作第三方的合规要求

首先，对合作第三方进行尽职调查，通过对其声誉、背景和业务的考核，确定是否能够成为合格的微软供应商，以确保未来与微软开展业务，或代表微软开展业务时能够做到遵纪守法，认可并遵守微软的合规要求。

其次，将公司的合规要求，比如反贿赂、遵纪守法等内容，明确纳入与供应商的合同条款中，并将微软认可的供应商行为准则列为供应商合同的附件，作为合同条款约束供应商的行为。

公司每年还会对所有现有的供应商进行复核，以跟进其履行合同和供应商行为准则的情况，并采取相应的措施。

（二）尽早发现问题——合规指导和投诉专线

微软鼓励所有人，无论是内部员工还是合作的外部第三方，就合规问题向公司寻求指导，或举报他们发现的违规情况或任何可疑行为。公司鼓励员工在不能确定是否合规的情况下先问清楚再行动，而非先行动再问。员工寻求指导或投诉，可以向员工的直接经理、管理层其他成员、人事部、法律部和合规官提出，也可以通过微软的商业行为专线通过邮件、电话、传真、信件等方式进行表达。微软的商业行为专线是免费的专线电话，一天 24 小时，一周 7 天，一年 365 天开通，由微软美国总部统一管理，专人负责，以确保投诉内容记录和处理的独立性和中立性。公司将有关商业行为专线的信息公布在官方网站上以方便大众查询，同时也会提及并记录在员工手册中，与合作伙伴和供应商的协议中也会包括举报专线的内容。员工或第三方可以选择实名或者匿名方式拨打商业行为专线，无论何种举报方式，所举报的信息公司都会予以严格保密。公司严格禁止任何形式的打击报复，并将严禁打击报复作为公司政策予以明文规定，任何形式的打击报复都被视为严重的违纪行为，即使被举报的内容证实不存在，打击报复也会以违反公司规定作为一项独立的调查来进行。

（三）对举报作出回应——合规调查与整改

1. 调查程序

微软公司通常会成立专门的调查小组负责对所有举报问题和投诉的调查。调查和评估主要由熟悉美国法律和业务所在国法律的资深合规律师负责领导进行，合规律师可以亲自进行调查，也可以邀请相关部门的人员，如财务调查部门、安全保卫部门等来协助调查。这些部门在合规律师的指导下，根据合规律师的调查要求收集相关事实和证据，在完成调查工作后，将相关事实和证据写成调查报告递交合规律师审阅。合规律师在调查事实基础上，结合法律、法规和公司政策判断是否存在不合规问题，并进一步向公司提出法律意见，作为业务部门或管理层决策的基础和依据。公司对整个调查流程有详细的规定，所有的调查都要在遵循调查流程的程序下进行，以确保调查公平、公正和透明。例如，约谈被调查人时通常都会提前以邮件方式通知，并告之约谈的大致内容、其应配合公司调查的义务以及所享有的权利等。

2. 纪律处分

员工的任何违纪行为一经查实认定都会给予纪律处分。纪律处分的严重程度将取决于员工违纪行为的严重程度、具体的违纪行为以及被处分员工以往的违纪情况。纪律处分可包括解除劳动合同。

3. 事后评估

合规律师对每个案件的调查并不仅限于发现原因并进行处罚，他们还会借此机会找出违纪情况的根本原因所在，有针对性地提出整改建议。有时即使员工的不当行为得以确认，并不能简单地认定违纪的成立，因为现有流程的设计可能存在问题。此时，就需要检测现有流程是否如设计预想的那样有效，执行是否有力，沟通是否通畅，这一问题可以借助内部案件的调查来实现，由此来确认现有的风险监控系统是否尚有待改进之处。对一定时期的多个调查案件进行整理、分析和评估，其信息可以形成某种风险趋势表，提示风险高发、频发领域，为合规风险防范层面的政策和流程的制定和更新提供数据和信息方面的参考。某些经调查的典型案件还会制作成案例分析资料，在培训中使用以加强对员工的教育，用身边发生的事情提醒员工要遵纪守法。

第四节　英特尔：无处不在的合规精神

一、英特尔的合规文化

全球化的进程日益加快，世界的经济联系日益紧密，跨国公司不仅面对本国市场的风云变化，更要把握世界市场的云谲波诡。作为一家全球性的 IT 巨鳄，英特尔始终坚持把可持续发展作为公司长期发展战略的重要组成部分，并将企业社会责任作为企业发展的重要组成部分，不断创新实现社会责任的方式，保持其基业长青。

企业的道德和合规机制是英特尔公司进行企业治理时的原则和关键手段之一，要求公司的每一个员工在任何的跨国分公司都遵纪守法，积极履行一个合规企业的社会责任，任何违反法律法规和商业职业道德的行为在英特尔的管理框架下都是明令禁止的。

英特尔公司致力于成为一名卓越的企业公民，企业社会责任、技术创新和支持全球 IT 行业发展是英特尔公司的长远战略。英特尔认为企业责任是其经营中不可或缺的重要组成部分。无论是在过去还是在将来，企业责任对于公司的成功都非常重要。不论是为员工和供应商设定较高的道德标准，还是提供持续改进且兼容并蓄的工作场所，再到向市场提供可改变人类生活的创新产品——英特尔坚信，企业责任就是用正确的方法做正确的事。

企业责任是指通过不容任何妥协的诚信经营来实现商业成功，它意味着企业要倾听全世界范围内各利益相关者的意见，从中学习并进行公开的沟通，以实现共赢。企业责任是英特尔长期战略的重要组成部分，它已深深融入英特尔的业务体系之中，成为日常规划、管理及企业文化的一部分。作为英特尔企业文化的基石，《英特尔行为准则》包含了公司在环境保护、健康与安全、不歧视、反贿赂与反腐败以及处理利益冲突等方面的政策。发展合规经营是英特尔实现可持续发展以及企业社会责任中的一项核心理念，也是护航企业持续发展的重要制度。

在英特尔的管理框架下，企业社会责任和其整体运行，尤其是商业发展是密不可分的，是公司战略管理的核心部分。在公司的管理层看来，企业良好社会责任的履行，可以为公司创造长效稳定的业务价值，企业的管理策略也植根于公司对于商业道德、经营透明度、合作和创新的承诺之中。联合国千年发展目标等框架为英特尔全球企业社会责任战略提供了借鉴和指导。

英特尔的企业责任和业务发展始终强调可持续改进，因此，每年企业都会采取措施进一步将这一理念更加深入地融入企业的决策、企业文化和员工福利中。公司依靠众多跨职能团队，对整个公司的企业责任活动进行高效管理。除了董事会一级的责任制和监督外，公司还成立了“管理申请委员会”，集合不同部门的资深领导一起审议企业发展历程中的业绩状况并提出改进目标。为了在整个公司内更有效地解决环境和可持续问题，公司成立了“企业生态体系管理核算委员会”，由公司制造和供应链事业部高级副总裁兼总经理领导，每月定期审核英特尔的环境管理和可持续运营工作。此外，英特尔还专门设立了一个全球企业责任办公室作为内部业务顾问，为公司的各个事业部提供相关咨询，并指定一名副总裁负责召集涉及企业责任业绩关键领域的相关部门代表，如环境健康与安全、生态科技项目办公室、道德与合规项目办公室、企业事务、全球公共政策、人力资源、企业多元化、供应链、信息技术等，共同制定明确、一致的环境绩效改善战略。

二、英特尔的道德与合规计划及管理机制

英特尔除总裁兼首席执行官以外，还有多位独立董事。英特尔独立董事除在董事会任职外，不直接参与公司的经营事务，但是他们作为最高层级的管理者，为英特尔带来了多元化的知识、个人观点和可用的商业判断。他们以个人身份会见公司高层管理人员，并出席和参与员工讨论，在没有高层管理人员陪同下访问英特尔在世界各地的机构，独立地评估获得的信息，使董事会能够直接了解公司的实际情况，并使他们的监督和意见更有价值。

公司治理与任命委员会负责评估的企业责任绩效并向董事会汇报，评估企业责任绩效包括商业伦理、应对气候变化等多项议题，以及围绕这些议题所作的公开报告，委员会也会定期给出企业责任绩效报告。

英特尔的道德与合规计划已通过董事会的审批，道德与合规计划旨在培养高标准的商业道德和守法经营的商业文化。该计划提供的工具可帮助英特尔员工恪守诚信经营的原则。为了确保计划的有效施行，包括英特尔公司首席执行官在内的高层管理团队积极树立商业道德典范，加快公开道德和合规性的步伐，加强管理人员的责任感，进而不断提高全体人员的职业道德和文化水平。

英特尔道德规范与合规计划，力求培育高标准的、具有商业道德和守法经营原则的企业文化。英特尔首席执行官确定基调，实施领导问责制，以应对道德规范与合规方面的潜在风险，树立道德行为典范，明确相关政策和行为要求，监督道德与合规系统的持续改进。

每年伊始，英特尔首席执行官都会通过与全体员工展开专业沟通的方式，达到强调道德与合规重要性的目的。管理层以身作则的态度，以及公司每年一度的道德培训、贯穿全年的定期通讯、员工内联网上的培训资料，等等，都帮助公司孕育出高尚的商业道德和合规的企业文化。

英特尔坚持由所有相关的员工来共同承担道德与合规的责任。现在，公司内部大量的跨部门团队和管理人员都致力于提高全体员工在道德和合规方面的意识和责任感。英特尔的道德和合规监督委员会（ECOC）由来自

公司各领域的资深代表组成，由内部审计总监和公司副总裁兼法律部总监担任联合主席，经由董事会审计委员会授权并向其报告。ECOC 每个季度都会邀请英特尔的各个部门评估和报告其业务中的道德与合规性，并共同探讨业务中的道德风险。

英特尔设有道德和合规计划办公室，负责管理内部的道德与合规计划，以及对计划开展进行监督。为了保证计划的实施，公司内部还安排了在道德与合规方面可以直接联系的专职人员，确保他们能够在自己的部门和工作中坚持倡导和监督道德和合规性。除此之外，公司还建立了地区领导者论坛，以便将相关的管理人员集中起来，共同探讨在不同国家遇到的道德和合规问题，并分享问题解决的成果。在该计划的实施过程中，审计、人力资源和法律等部门则负责提供相关的专业知识，帮助管理层和员工在符合公司道德与合规预期的前提下履行自身的职责。

董事会审计委员会授权 ECOC 监督道德与合规计划的实施并确保该计划的有效性。在中国，ECOC 的职责分别由公司内部的审计、法律、人力资源、销售与市场推广、供应商管理、环境健康与安全以及其他部门的高级代表组成。ECOC 的职责包括以下五方面：

①及时更新英特尔的行为准则，确保其准确、易操作。

②审查并评估现有的合规性信息收集、汇报体系和审计程序。

③定期向董事会审计委员会报告公司及业务部门的计划、进展状态并提出建议。

④了解最新的法律法规，更新最佳实践准则。

⑤帮助解决合规性问题。

每个季度，ECOC 都会邀请英特尔的各个部门对自己在业务操作中遵守职业道德和法规的情况进行评估并呈交评估报告。每个部门都需要按照以下三个主要方面撰写道德与合规自我评估报告，包括法律法规风险和法规遵从支持计划，与职业道德和行为准则相关的活动和传播基调，业务可持续性规划和准备情况。法律法规风险领域的评估还需遵循《联邦量刑指南》。ECOC 会对每个业务部门提交的自我评估报告进行审核，同时提出适当的建议和反馈意见，并跟踪各部门对建议的采纳情况。

为加深公司内部对道德与合规性的了解并确立领先地位，英特尔还启动了“英特尔道德与合规性杰出奖计划”。

三、英特尔供应商合规管理机制

英特尔的运营依赖一条复杂的多层全球供应链。分布在 100 多个国家或地区的超过 10000 家的供应商，为英特尔提供设备、零部件、原材料和服务。1998 年，英特尔编制了关于人力资源、环境管理、员工安全和道德规范的供应商守则。2004 年，英特尔开始实施电子产业行为准则（EICC），该准则与《英特尔行为准则》和人权原则一致，提供了被大多数公司接受的最佳实践指导，并且在有关童工和强制劳动、结社自由、劳动时间和健康安全等人权和劳工标准方面有具体规定，英特尔期望员工、一级供应商以及次级供应商遵守这一准则。

在公司内部，英特尔成立了由材料、技术、制造、服务、物流、环境健康安全以及人力资源、法律支持等多个部门人员组成的供应链管理审查委员会（MRC）。该委员会重点关注电子产业行为准则的实施、环境可持续性、道德审查以及全球供应商多元化等领域，定期向英特尔高层汇报供应链管理情况。在公司外部，英特尔积极加入包括电子产业公民联盟、半导体设备和材料协会在内的供应链组织，参与制定审计流程和工具，确保评估数据和环境信息的准确性，改进有关环境、健康和安全的标准。

英特尔一直要求管理一级供应商的商品部经理和采购人员参加有关企业社会责任和环境可持续发展培训，并将相关培训进一步接入公司的管理体系和培训中。

①在商品部经理培训课程中加入更多人权、冲突、破产及环境可持续发展等方面的深层次讨论。

②将可持续发展主题纳入公司的供应商谈判课程。

③把企业社会责任内容融入员工培训、采购网站和管理工具中。

④编制包含企业社会责任元素的采购工作手册，并为相关服务人员提供培训。

⑤将环境和社会要求纳入多群体的战略采购计划。

⑥在供应链管理人员的培训中，开发和实施可持续发展课程。

英特尔通过加强与供应商的沟通，持续帮助他们进行能力建设，使其更好地理解英特尔的要求和期望，随之调整自身运营，不断提升其履责能力。不仅可以实现自身的合规经营，还可以带动相关供应商的合规步伐。

第八章　律师价值——企业合规管理与风险控制的工程师

第一节　打造合规计划，设计合规管理体系

一、打造合规计划的一般要求

所谓打造合规计划，是指企业委托律师量身打造一套有效的合规管理体系。这种合规计划的打造可分为两种业务类型：一是为那些没有建立合规计划的企业建立一套合规管理体系；二是为那些已经初步建立合规体系的企业，针对其主要的合规风险，提出一套改进合规管理体系的方案。既然要帮助企业打造合规计划，就需要了解有效合规计划的基本要求。

合规计划的打造要考虑企业的具体需求。对于一个从事涉外业务经营的企业，尤其是在欧美从事投资、上市、并购、参加项目招投标、开设分支机构的企业而言，需要按照国际一流标准打造合规计划。律师可以参考那些曾接受过国际制裁或外国监管部门处罚的企业的经验和教训，按照所在国法律和监管部门确立的有效合规计划标准，协助其建立一套经得起检验的合规计划。而对于一个仅仅在国内从事业务经营的企业而言，可以根据我国政府监管部门所发布的合规管理体系的国家标准，来构建合规计划。同时，律师不应局限在参考国内的标准和案例，而应关注国际企业合规发展动向，引入一些有效合规计划的国际元素，打造出一套不过时、不落伍的合规管理体系。

律师为企业打造合规计划，首先要明确建立合规管理体系的双重目的。一方面，企业合规是实现有效公司治理的重要手段，打造有效合规计划就是要建立一套确保企业依法依规经营的管理机制；另一方面，企业合规也是保证企业在面临执法调查时获得监管激励或刑法激励的重要方法，企业

借此可以有效切割责任，积极配合执法调查，获得适当的合作奖励，从而最大限度地避免或减少合规风险。基于上述双重目的的考虑，律师帮助企业打造合规计划，就不是定位于应对政府执法部门的强制合规要求，而是将合规看作一场“运动”，从企业合规治理、避免合规风险、获得合规奖励等战略高度，帮助企业获得实实在在的利益，提供专业化和有效化的“合规产品”。

二、打造合规计划的三项原则

律师为企业打造合规计划，应遵循三项基本原则：一是避免大而全的综合合规计划，注重打造专项合规计划；二是根据企业性质、经营业务和主要风险，打造一种基于风险的合规计划；三是注重合规计划的有效性，使其切实有效地发挥防控合规风险的效用。

律师要树立专项合规计划的基本意识，放弃一揽子合规计划的空洞设想。有些律师在为企业打造合规计划时，顺应了企业提出的不专业的要求，打造了一种“整体化”的合规计划，针对数十种合规领域制定了综合合规政策，这显然是一种失败的合规计划设计。真正专业的合规计划一定是针对企业的主要合规风险，就某一特定领域打造专项合规计划。例如，西门子打造的反海外贿赂合规计划，中兴公司打造的出口管制合规计划，湖南建工打造的诚信合规计划，中国农业银行打造的反洗钱合规计划，等等，都属于针对特定合规领域的专项合规计划。中兴公司在打造专项合规计划时甚至针对不同的合规领域，确立了各自专门的合规政策、专门的合规组织、专门的合规管理程序。这些打造合规计划的经验，都是值得律师认真总结和对待的。

打造专项合规计划，并不意味着每个企业都要建立整齐划一的专项合规计划。其实，每个企业基于其性质、业务、公司治理结构和经营方式的不同，都会面临各不相同的合规风险。律师在为企业客户打造合规计划时，应首先进行合规风险的评估，根据企业近期受到监管调查或执法处罚的情况，发现该企业特有的合规风险，列出合规风险清单，按照从重到轻的顺序，以此开展合规计划的设计。例如，对于银行、保险公司、基金公司、证券企业而言，首要的合规风险应为反洗钱合规风险，律师应为其量身打造一套反洗钱合规体系。对于医疗企业、医院、建筑企业、房地产企业而言，最大的合规风险是商业贿赂风险，律师应建议其优先考虑建立一套反商业贿赂合规体系。对于互联网企业、电子商务企业、大数据服务企业而言，可能面临着日趋严重的客户数据隐私泄露、网络安全管理不善等方面的合规风险，律师应将数据合规计划的打造作为这类企业建立合规计划的重中之重。针对那些从事进出口业务或者使用外国进口零部件的企业，可能会面临越来越大的违反外国出口管制法律或贸易禁运法律的合规风险，律师应为这类企业优先打造出口管制合规计划。以此类推，律师对于从事不同经营业务的企业应当为其“问诊把脉”，针对其特定的合规风险，帮助其打造涉及反不正当竞争、反垄断、知识产权保护、环境保护、税收、金融、产品质量等领域的专项合规计划。

在基于风险的合规计划确定之后，律师应当从合规计划的有效性角度，来设计合规管理体系的框架和内容。律师应当认识到，企业仅有一套书面的合规管理体系是毫无意义的，合规计划的灵魂在于在预防合规风险、监控违规行为、应对违规事件等方面发挥确实有效的作用。这里所说的有效性有两个要求：一是在预防、识别和应对违法违规行为方面发挥有效的作用；二是在切割企业责任方面产生积极的效果。按照前者的要求，企业合规管理体系只要对预防合规风险起到积极作用，做到对违规行为的实时监控，在违规事件发生后及时有效地加以应对，尤其是在调查违规事件，处理责任人，发现合规管理漏洞，积极展开整改，主动进行自我披露等方面的有效应对，就相当于建立了有效合规体系。而按照后者的要求，律师应当将企业展开合规培训、合规承诺、合规沟通、合规报告、举报机制、内部调查、处理责任人、积极整改等方面的合规管理行为，作为证据加以保存，必要时提交执法部门，作为证明企业合规体系正常有效运转的证据，使其发挥消除或者减轻企业法律责任的有效作用。

三、打造合规计划的四项工作

在遵循打造合规计划的三项基本原则的基础上，律师可以从以下四个方面，帮助企业打造合规计划：一是合规章程的制定；二是合规组织体系的建立；三是合规政策和员工手册的制定；四是合规实施程序的安排，包括预防、监控和应对三大合规管理体系。

（一）制定合规章程

在雀巢公司六名员工侵犯公民个人信息罪案件的审判中，雀巢公司向法院提交了《雀巢合规宪章》以及相应的公司章程，再加上其他合规文件，最终说服法院认定上述员工的行为属于个人行为。雀巢公司建立了有效的合规管理体系，对员工尽到了告知、培训、指导、监督、惩戒等方面的合规管理义务，因此公司不承担刑事责任。可见，要打造有效的合规计划，律师首先应协助企业制定合规章程或合规宪章。合规宪章是公司具有最高法律效力的文件，具有公司章程的地位，载明了公司合规的基本理念、基本原则、基本框架，上自董事会和高管，下至各分公司和各部门，都要受到合规宪章的约束。合规宪章的打造既可以在总章程中设专章进行，也可以制定一部专门的公司合规宪章。

（二）建立合规组织体系

合规的组织体系是有效合规计划实施的重要组成部分。无论是西门子、中兴公司还是湖南建工，在重建专项合规体系时，都建立了专门的合规管理组织体系。通常而言，合规的组织体系一般包括四个部分：

一是合规管理委员会。一般要求设立在董事会之下，与审计委员会大体平级。合规委员会要求由公司高管担任委员会成员，但董事长和总经理都不能担任主席，只能由独立的执行董事担任主席。

二是首席合规官（CCO）。要求具有企业高级管理人员的地位，目前在我国企业中合规部门逐步取代法务部门，首席合规官也主要由公司的总法律顾问或法务总监担任，在有的企业也被称为首席合规法务官。

三是合规部。有的企业单独设立合规部，有的企业则设立法律合规部。但无论如何，要设有专门的合规部门，部门负责人就是首席合规官。尤其需要注意的是，根据不同的单项合规计划，合规部门要有专门的机构设置。在这一点上，中兴公司就建立了较为专业的合规组织体系，其在合规委员会之下设置了四个合规专业部门，即出口管制合规部、反商业贿赂合规部、数据保护合规部以及合规组织管理部，并由首席出口合规官、首席反商业贿赂合规官、首席数据合规官、首席组织管理合规官等分别领导各个合规专业部门。

四是企业的各个部门，以及分公司、子公司等分支机构内都要设置合规部门与合规团队，即使是在很小的部门中也要设置合规专员。

如此一来，一个自上而下、垂直领导的合规组织体系就在企业内部搭建完成了，同时需要遵循若干基本原则。一是独立性原则，是指组成人员不能有利益冲突，业务部门和财务部门及其人员都不能介入合规，保证合规体系与企业经营活动和财务管理活动没有任何利益冲突；二是权威性原则，要求合规管理部门在企业内部具有较高的地位和权威，不能完全依附于业务管理部门或财务部门；三是信息上下畅通原则，是指既要做到上令下达，又要保证末端合规专员的意见能够直接通达最高层；四是充足资源的原则，要求企业为合规部门配置与合规管理工作相称的合规专业人员和拨给合规经费，投入足够的人力物力等资源。

（三）制定合规政策和员工手册

合规政策在合规体系中扮演"实体法"的角色，相当于国家法律体系中刑法、民法、行政法的范畴。一个有效的合规政策体系包含了合规的各项主要内容，如合规的理念、合规管理的框架、合规的组织体系、单项合规制度、部门合规操作指南、第三方合规等。特定合规领域的管理规范和行为准则需要涵盖企业经营中的每一个环节，做到十分精细。

例如，就反商业贿赂合规政策而言，需要把国家反不正当竞争、反商业贿赂的行政法规和刑法有关贿赂的所有规定转化成具体条款，写进合规政策体系当中，可以细化到娱乐、招待、差旅、赞助、市场、业务推广、慈善捐赠、商业伙伴遴选、费用报销、产品免费赠送、试用、礼物的大小、第三方的监督管理等各个环节，西门子的反商业贿赂合规政策多达百余条，有的企业甚至能达到200多条。

合规政策体系要求把行政法、刑法中所有关于本领域的禁止性条款全部写入企业的内部条文，能够让企业人员不用再去查看国家法律，只要学习合规管理政策和员工手册就能清楚地知道行为的规范和边界。制定合规政策的过程与立法十分类似，其实质就是把国家的行政监管法律和刑事法律转化成企业内部的规章制度。有律师事务所接受了一家涉外公司的委托，约定在半年时间内为其打造合规计划，费用达到几千万元，这显然是一项十分可观的业务。后来该律师事务所负责人感叹，经过半年时间的真正实践后才知道建立合规政策的工作量有多大。一边需要在企业内部治理方面找到风险发生的环节，一边需要穷尽国家的行政法规、地方性法规、部门规章，还有行业惯例、商业伦理、刑法规定、相关案例等，两边内容相互结合可以产生数百个条款，整个过程相当于重新立法，清晰地界定企业运行过程中每一步的行为规范和边界范围。所以熟练开展合规业务并不容易，在合规政策的制定中就需要对国家的民商事法律体系、行政法律体系、刑事法律体系以及公司管理、行业惯例、企业文化等内容了如指掌，穷尽所有资料后才能转化为合规政策和员工行为手册，并且还要根据不同的专项合规建立专门的合规政策。

（四）打造三大合规程序体系

律师在为企业打造合规计划时，必须设计出三大合规实施程序：一是合规风险的防范体系；二是违规行为的监控体系；三是违规事件的应对体系。有些律师也将这三大程序体系分别称为“事先防范体系”、“事中控制体系”和“事后处理体系”。

通常来说，事先防范体系可由合规评估、尽职调查、合规培训、内部政策沟通四个板块构成。合规评估是指针对企业的合规风险点和重点合规领域展开有针对性的合规风险调查和评价。合规评估既可以定期展开，针对企业全体员工和整体经营活动，也可以有针对性地进行，或者针对特定高风险领域的人员不定期开展。尽职调查，主要是针对客户、第三方合作伙伴和被并购企业，对其是否存在违法违规行为、有无风险展开的专门调查活动。合规培训，也就是针对企业员工、第三方合作伙伴、各部门和分支机构所展开的合规管理培训活动。培训可分为定期全员培训和不定期专门培训，培训情况也要做好书面或电子记录。内部政策沟通，企业高层和合规部门应将合规政策和程序传达到每一名员工、合作伙伴、各个部门和分支机构，并要求后者作出合规承诺，也可以对其定期传达企业合规政策和合规进展的动向，推广合规经营的理念和文化。

一般的监控体系又称为“事中控制体系”，包含全流程合规监控、举报制度、合规审计、合规报告制度四项具体要求。首先是建立全流程合规监控体系，要求企业开展的每一项业务，在产品制造、销售、服务的每一个环节，都要有合规把关，对存在违规行为的环节实行合规一票否决制。其次是建立实时举报制度，也就是通常所说的“吹哨人”制度，实行24小时举报机制，开放电话举报、网络举报等途径，搭建专门的举报平台，并对举报人进行严格保护和高额奖励。再次是推行合规审计制度，要对重点人员进行专项审计或者定期审计，发挥审计的实施合规监控作用。最后是建立合规报告制度，要进行定期报告和专项报告，在合规组织体系内自下而上地将合规计划运行情况、合规的风险、违规行为的发生报告给最高管理层。

所谓应对体系，又被称为“事后处理体系”，是指违规行为发生后的反应机制。当违规行为发生或者被发现后，企业就要受到外部监管机构和执法机构的调查，此时需要有一个内部的专业反应机制，否则如果盲目应对，或者采取销毁、伪造证据等错误方式，就会使企业面临更加严厉的调查和处罚。

企业针对违规行为的应对体系包含四项要求：一是要求及时进行合规内部调查；二是要尽快处理违规的员工和第三方；三是要尽快发现合规体系漏洞并进行整改；四是要积极配合调查，必要时进行报告披露，尤其注意不能销毁、伪造证据，不能建立攻守同盟，要配合监管部门的调查，争取获取可能的合作奖励，尽量获得宽大的行政处理或刑事处理，将惩罚、损失和不利影响降到最低限度。

第二节　开展合规调查，担任合规监管人

律师接受企业委托从事合规业务后，通常会为其提供调查服务，提交调查报告。但是，根据所要达到的目的不同，律师的合规调查主要有两种：一是合规尽职调查；二是合规内部调查。其中，尽职调查是指律师为企业进行投资、并购以及发展第三方合作伙伴时，为避免法律风险所进行的专业调查，带有评估和防范合规风险的功能，而内部调查则是在企业面临监管调查、刑事执法或者出现违规事件之后，由律师进行的专业性合规调查活动，主要目的在于查明违规行为、识别违规责任人、发现合规漏洞，为切割员工责任与企业责任、完善合规体系作好准备。

一、合规尽职调查

从企业合规的角度来看，尽职调查是指企业在进行投资、开展并购、发展客户以及寻求第三方合作伙伴时，为全面了解客户、被投资并购方以及合作伙伴的背景、经营情况、业务性质、企业规模、违法和违规经历、接受处罚的情况，减少和控制可能发生的法律风险，所进行的专门性调查活动。在任何一项有效的合规计划中，企业需要针对可能的合规风险，同时建立事先的防范机制、事中的监控机制以及事后的应对机制，而合规尽职调查应属于事先的合规风险防范体系的重要内容。由于律师具有相对独立的地位，具有专业调查的经验和能力，并且承担保守客户秘密的职业义务，因此，通常所说的尽职调查，几乎都是由企业委托专业的律师事务所来完成的。由此，尽职调查成为律师的一项重要合规业务。

作为一项律师合规业务活动，尽职调查是指律师接受企业的委托，针对企业可能的合规风险，对于作为第三方的合作伙伴、被并购企业以及相

关客户所展开的专门性调查活动。通过尽职调查，律师为企业提交尽职调查报告，分析来自第三方、被并购企业和客户的合规风险，在此基础上，将企业责任与第三方、被并购企业责任加以分割，对来自客户的法律风险加以规避，并对第三方、被并购企业进行有效的合规管理，从而对企业的合规风险进行有效的防控。

尽职调查是企业在商业活动中经常采用的调查方法，具有十分广泛的用途和目的。律师接受企业的委托所展开的合规尽职调查，属于尽职调查的一种特殊类型。由于是以合规风险防控为基础的专项调查，因此，调查主要针对被调查对象是否存在违法违规的行为和可能性而进行。

为什么合规尽职调查主要针对第三方、被并购方和有关客户来展开呢？其主要原因在于，企业在发展第三方合作伙伴、展开投资并购以及为客户提供服务过程中，有可能因为这些合作伙伴、被并购方、客户存在违法违规行为而因此承担相应的连带责任或继承责任。为避免承担这种法律责任，防控可能的合规风险，企业需要进行尽职调查，一方面评估可能企业的合规风险，另一方面对被调查者展开必要的合规监控和风险管理。而企业考虑自身没有尽职调查的专业能力，或所做的尽职调查无法满足独立性和权威性的要求，因此，律师作为外部法律专家，为企业提供合规尽职服务，这就成为一项重要的律师合规业务。

为预防可能发生的合规风险，律师可以在企业合规风险进行全面评估的基础上，对有关企业或个人展开全面的合规尽职调查。根据尽职调查的对象，可以将被调查方大体分为客户、被并购方和第三方。

所谓客户尽职调查，主要是在反洗钱合规计划构建过程中，律师帮助银行等金融企业对商业客户所展开的尽职调查。这种尽职调查的目的主要是查明客户的背景、资金来源、违法违规历史、交易情况以及可能存在的洗钱、恐怖主义融资等法律风险。通过尽职调查，律师可以为有关客户的合规风险划出等级，为企业提供是否与有关客户展开商业合作的建议。

所谓被并购方的尽职调查，是指在企业准备实施投资并购活动时，委托律师对被并购的企业所进行的尽职调查活动。这种调查需要对被并购企业的性质、规模、治理结构、经营业务、交易情况、资产负债状况、违法违规历史、商业模式、运营方式等方面展开全面的调查，以便查明被并购企业是否有违法违规的行为，有无可能在企业并购完成后带来新的法律风险。

所谓第三方，通常是指与企业有商业合作的企业或个人，包括上游的供应商、供货商，下游的销售商、分销商或代理商，以及其他特殊服务提供商，如律师事务所、咨询公司、旅行社、会计师事务所等。所谓第三方合规尽职调查，是指公司在发展商业合作伙伴过程中，针对第三方的合规风险所进行的专门性调查活动。这种合规尽职调查的目的有两个：一是对第三方的违规历史、合规意识和合规制度进行全面了解，对第三方的合规风险作出准确的识别和评估。二是针对第三方责任与企业责任进行有效切割，以防范企业自身的合规风险：对于那些合规风险过高、可能使企业承担较大继承责任的第三方，企业应终止与其合作，避免第三方合规风险转移；而对于那些虽有合规风险，但处于可控制范围内的第三方，企业可作出适当的交易安排，提出恰当的合规治理措施，对第三方提出切实可行的合规整改要求，在第三方的合规管理达到企业要求之后，再启动与第三方的正式合作。

具体来说，一项有效的合规尽职调查应注意评估来自客户、被并购方、第三方的合规风险，其原因主要有以下五个方面：一是因其先前的不合规行为，而使企业遭受潜在的政府处罚、刑事追究的风险，以及由此给企业所带来的声誉损失；二是因其不合规行为而使企业承担责任的风险；三是因其投资前的不合规行为而使企业可能继承的法律责任；四是因其在投资或并购完成后的不合规行为，而可能使企业承担的法律责任；五是投资或并购完成后，被并购企业资产流失的风险。

按照上海市方达律师事务所的经验，以反腐败尽职调查为例，一种较为有效的尽职调查体系，应当是“基于风险因素的分级尽职调查系统，也就是根据初步的调查收集和风险判断来决定对第三方进行最合适等级和深度的尽职调查”。一方面，应当对应不同等级的风险，进行不同级别的尽职调查，尽职调查的繁简程度要与风险等级的高低成正比。在尽职调查中要采取正确的调查策略和方法，对于诸如“媒体调查”“调查问卷”“专业背景调查”“第三方关键股东及负责人调查”“匿名电话及现场调查”“访谈管理人员”等调查方法，要进行恰当的运用，以达到识别真相、了解风险和保护企业的有效作用。另一方面，在第三方尽职调查中要准确识别和把握具体的“风险点”，注意常见的风险点，如第三方与政府的密切关系，与同行业具有明显差异的商业条款，不正常的支付模式或财务管理模式，提供大多数竞争对手都无法提供的保证结果，要求支付达成某种有利结果的费用，关于第三方或其关键控制人的不合规报道，第三方缺乏合规意识和内控机制，等等。除此之外，还应准确把握特定第三方所存在的特殊风险点，如医疗企业的受捐赠方、医药咨询公司等第三方，快消品行业的经销商、代理商等第三方，都存在着一些特定的高危风险点。唯有根据这些一般的和特定的风险点展开的有针对性的尽职调查，不断更新和完善最适合本企业的第三方尽职风险调查核对清单，才能对其进行切实有效的第三方尽职调查。

律师常用的尽职调查方法主要有以下七种：一是公开信息检索，也就是对第三方及其关键控制人进行媒体检索和数据库检索，以确认其是否曾经因不合规行为而受到调查、指控和处罚；二是合规尽职调查问卷，以了解公司股权结构、业务、政府关联性、合规和内控的总体情况；三是背景调查，以掌握第三方及其关键控制人的背景信息；四是文件审阅，也就是审阅第三方现有的合规政策、招投标文件、重大交易合同、与高风险第三方的合同以及相关的诉讼文件等，以了解其潜在的合规风险；五是财务账目审查，通过审阅第三方一定范围内的相关账目以及原始财务凭证，发现并核实其高风险费用的形成过程；六是管理层访谈，以了解其公司业务、内控和与政府关系等方面的真实情况；七是现场调查，通过到第三方进行实地走访，了解第三方的合规风险。

在上述尽职调查活动完成后，律师应当形成合规尽职调查报告，对第三方合规风险作出全面评估，提出补救措施，促使第三方加强合规管理，完善企业内控政策。一方面预防企业因第三方投资、并购前的不合规行为而承担继承责任；另一方面也避免企业因第三方投资并购完成后的不合规行为而承担连带责任，并避免第三方在投资并购完成后发生资产流失的风险。

二、合规内部调查

同样是合规调查活动，律师所从事的尽职调查主要目的在于对客户、被并购方和合作伙伴展开背景调查，以避免其可能的合规风险。而内部调查则是一种危机应对机制，是指在违规行为发生之后，企业要对违规行为、违规责任人以及合规机制的漏洞等问题展开有针对性的调查，以便发现违规行为，识别违规责任人，并针对企业内控机制的漏洞和缺陷进行合规体系的完善工作。通常情况下，企业一旦接到相关举报，进行日常监督检查、审计，或者接到监管部门乃至刑事调查部门启动调查程序的信息时，会随之启动这种公司内部调查程序。由于律师作为外部法律专家，既具有高度的独立性，又可以保证调查的专业性和权威性，还可以行使保守客户职业秘密的特权。因此，企业委托律师从事公司内部调查的情况越来越普遍，这种内部调查也成为律师的一项重要合规业务。

（一）合规内部调查原则

作为一项重要的合规风险应对机制，律师内部调查要想达到较为理想的效果，要遵循三项基本的原则：一是独立性原则，二是保守秘密原则，三是合法性原则。

所谓独立性原则，是指内部调查应尽量避免由公司内部人员完全主导进行，而应当委托外部律师主持调查程序，调查团队虽然可以吸纳公司内部人员（如公司合规管理人员、法务人员等）加入，但不应包括那些与调查事项存在利益关系的员工或高管。当年西门子公司在违规事件爆发之后，及时委托美国一家享有盛誉的律师事务所组建内部调查团队，对西门子分公司存在的海外贿赂行为、有关员工的法律责任以及公司合规漏洞等问题所进行的全面调查，就是内部调查独立展开的成功范例。不仅如此，独立的内部调查要发挥积极的效果，还需要聘请其他专业人士作为外部专家参与，这些专业人士可以包括会计师、数据专家、公证人员等。如此，内部调查的专业性和权威性才可以得到保证。

所谓保守秘密原则，是指在企业进行内部调查过程中，应当保守所了解的国家秘密、个人隐私、商业秘密等，避免因泄露这些秘密可能带来的新的法律风险。包括律师、会计师、电子取证专家在内的外部专业人士，应当遵守职业伦理规范，避免泄露相关的职业秘密。同时，应当注意平衡信息披露与秘密保护之间的关系。在应对监管调查或刑事调查过程中，应保持与调查人员的配合和协商，既要履行法定的信息披露义务，又要注意避免违反保密义务。在应对欧美国家监管调查或刑事调查过程中，应通过委托律师来主导内部调查，从而有效行使律师与客户之间的保守职业秘密特权，以有效规避向监管部门或刑事调查部门披露企业商业秘密以及其他秘密的义务。

所谓合法性原则，是指根据内部调查的目的来确定所获取证据的法律效力。公司内部调查可能涉及个别员工的刑事犯罪问题，那么公司内部调查的主要目的在于收集证据，以满足刑事立案所要求的证据标准。同时，注重收集证据，证明公司是否有明确的合规规定，内部审批机制是否完善，员工行为是否逃避了公司监管，从而有效地将员工责任与公司责任加以切割。对于所收集的证据，一方面公司应当加以妥善保管，根据司法机关的要求及时予以提交；另一方面，假如内部调查的目的在于启动民事仲裁或民事诉讼，以便追究员工的民事责任，那么内部调查就要在取证主体、取证手段、取证程序、证据形式、取证时限等方面遵从民事诉讼法的要求，以确保所收集的证据符合民事诉讼法规定的要求。

（二）合规内部调查内容

律师合规内部调查可以分为四个方面：一是协助企业配合执法调查和刑事调查的活动；二是查明直接责任人，对其进行及时的惩戒；三是发现内部管理制度和合规机制的漏洞和缺陷；四是提出进行制度整改和完善合规管理体系的方案。

首先，律师应协助企业调查违法违规事实，查明案件的来龙去脉，将有关证据、书面材料、交易记录、电子文档、证人名单加以收集，在写出完整报告的同时，协助企业将相关证据提交监管部门和司法机关，并做好配合调查的准备工作。不仅如此，对于调查部门没有掌握的违法违规事实，律师也可以说服企业进行自我调查，必要时写入内部调查报告。内部调查只有建立在自我披露、自我报告的基础上，才能发挥最佳的效果。

其次，律师应协助企业展开对责任人的专门调查。在一些内部调查中，这种针对企业内部责任人违法违规行为的调查，有时又被称为“反舞弊调查”。从有效应对调查的角度来说，企业唯有将内部责任人的违法违规事实调查清楚，才能显示积极配合调查、积极整改的诚意，也才可能将企业责任与员工责任进行有效的切割，从而为企业赢得监管部门和司法机关的谅解。美国司法部在实施合规管理机制时，曾提出过一项十分有名的合规准则：“追究直接责任人，才能放过企业。”律师在进行内部调查时，也应将此作为座右铭，说服并协助企业全面调查直接负责的员工或公司高管，对其作出必要的处分，必要时将其交付行政机关或司法机关予以责任追究。

再次，律师通过内部调查，应协助企业查明企业内部管理制度的漏洞，并对其合规体系的有效性做出客观评估。这种调查是对企业管理机制的全面体检，目的在于暴露缺陷、漏洞和不足，对其合规管理体系失灵的原因进行全面审查，对企业面临的合规风险领域和风险点作出全面评估。通过这种内部调查，律师可以帮助企业发现发生违法违规行为的原因，为进一步的制度整改和合规体系完善创造必要条件。

最后，律师通过内部调查，应协助企业进行制度整改，建立和完善合规管理体系的完整方案。律师应对企业所面临的合规风险作出重新评估，并针对企业特定合规风险制订专项的合规计划，如反商业贿赂合规计划、出口管制合规计划、反洗钱合规计划、数据保护合规计划、环境保护合规计划、知识产权合规计划、反不正当竞争合规计划、反垄断合规计划等。同时，律师还应帮助企业重新打造合规组织体系，重新发布专项合规政策，建立针对合规风险的防控、识别和应对机制，建立合规培训、合规定期评估、尽职调查、合规报告、内部举报等合规管理机制。

三、担任合规监管人

我国检察机关在合规不起诉制度改革试点中，在确立附条件不起诉制度和合规监管协议制度的基础上，要求涉案企业委托外部独立专业机构担任合规监管人，协助检察机关从事持续不断的合规监管工作，这是一项意义深远的重大制度探索。考虑到担任合规监管人的主要是律师事务所、会计师事务所、税务师事务所等外部专业机构的专业人员，因此这项改革无疑给予了律师行业探索新型合规业务的机会。那么，律师究竟应如何探索和从事合规监管人的业务呢？

首先，律师应具有从事合规监管人所需要的专业能力。一家律师事务所要具备担任合规监管人的资格条件，应当组建企业合规业务部，或者拥有若干名具有合规业务经验的律师。这就意味着，律师不仅要具有企业合规方面的知识和技能，还应当具有从事合规业务的专业经验。为此，律师事务所应当提前准备，尽早进行企业合规方面的人才储备、知识储备和战略布局，通过举办研讨会、论坛、培训等方式，提升律师的合规服务能力。律师通过为企业提供合规服务，制订专项合规计划、展开合规尽职调查、启动合规内部调查、帮助企业应对行政监管调查、展开合规辩护等，来磨炼并熟悉律师合规业务，成为某一合规领域的专家。尤其是应将律师合规业务细化为专项合规业务，律师事务所可以有意识地培育律师在大数据保护合规、反腐败合规、税收征管合规、知识产权保护合规、环境保护合规、反洗钱合规等方面的知识和技能，使其做到学有所长，并可以独立地开展某一个或某几个领域的合规业务，帮助企业打造若干专项合规计划。律师或律师事务所一旦具备了企业合规方面的专业知识、技能和经验，就有可能被检察机关或监管部门纳入“合规监管人名录”或“合规监管人专家库”中，成为检察机关在遴选合规监管人时的备选人。

其次，律师担任合规监管人，应与涉案企业形成一种委托代理关系，具有合规顾问的地位。与破产管理人一样，合规监管人一旦接受涉案企业的委托，签订合规监管协议，就与企业建立了一种委托代理关系，承担为企业改善合规管理体系，实施合规管理计划，全面进行制度整改，帮助企业进行“除罪化”或“去犯罪化”，帮助企业建立一种可以自我监管、自行防范法律风险的制度机制。作为回报，企业应向合规监管人支付必要的报酬，并积极按照合规监管人的建议完善合规机制，消除自身相关的制度隐患和管理漏洞，争取获得检察机关的宽大刑事处理。

再次，律师在被检察机关任命为合规监管人后，应与检察机关形成一种协助合规监管的关系，并接受检察机关的持续监督。与企业法律顾问、诉讼代理人、辩护人的角色不同，合规监管人在为企业提供合规监管服务的同时，还要接受检察机关的监督，协助检察机关履行合规考察和合规监管的职能。在一定程度上，合规监管人承担着一种“准司法职能”，要遵守法律法规，服从检察机关的合规考察指令，如实、全面披露与企业合规有关的信息，认真、有效地执行检察机关批准的合规计划，定期如实报告企业合规建设的进展情况，及时披露和制止企业或内部员工可能存在的违法犯罪行为，督促企业按照检察机关的整改要求进行合规体系建设。对于怠于履行职责或者违反职业行为守则的合规监管人，检察机关有权对其进行更换。

最后，律师担任合规监管人，应当保持基本的独立性，与涉案企业避免利益冲突，不出现利益勾连，与检察机关也不应存在法律所禁止的利害关系。合规监管人一方面要对企业履行合规建设义务，另一方面要对检察机关承担协助合规监管义务，必须保持基本的独立性。原则上，律师曾经担任过涉案企业的法律顾问、诉讼代理人、辩护人或者其他存在利益冲突的角色的，就不宜再担任该企业的合规监管人；律师担任过与涉案企业存在利益冲突的个人、单位的法律顾问、诉讼代理人、辩护人等角色的，也不宜成为该企业合规监管人；律师与某一检察机关存在利益牵连，如曾经在某检察机关工作过一段时间，与检察机关的相关负责人存在某种利害关系，也不应被该检察机关委任为合规监管人。

第三节 识别与防控企业法律风险

一、识别合规风险

合规风险的识别除了需要企业内部力量，也依赖于律师提供的外部视角和智慧，因为法律是复杂的，也是规范、统一、明确的，法律语言中隐含的统治阶级的立法意图，一般公民难以理解。而且，统治阶级在借助国家强力推行法律的过程中，可以运用权力解释法律和修正法律的意义，使自己的意志随时法律化。因此，合规义务及隐藏风险的识别，单单依靠企业自身，是存在困难且容易造成疏漏的。借助律师的专业法律服务，企业不仅可以了解浅表的权利义务内容，还可以从深层次上把握立法本意，分析监管态势，即便是在无明确法律法规依据可供参考时，企业依然能作出正确的决定。合规风险的识别与防控需要律师掌握特定的方法，即把握合规义务、合规风险及企业内部权力的一致性关系，以及由一致性关系推演出来的风险分布特征，然后确定需要加强管控的关键业务和岗位范围、梳理权责事项并形成清单、查找合规风险点并确定风险等级、拟订风险应对计划和措施，在具体操作过程中，可以依托基于流程的合规风险识别和基于岗位的合规风险识别两种方法来进行分析和评估，在充分了解企业所在行业、主营市场、业务模式、业务流程、风险偏好等的基础上，对企业经营所涉及的内外部规范进行全面审查，充分识别企业面临的各项合规风险，分析该风险的成因、发展、后果，并立足企业的经营实际，拟定可行的企业防控措施并植入企业合规管理流程制度。

二、化解刑事风险

对于企业涉嫌违法违规的案件，我国建立了行政执法与刑事司法并存的二元构造。对于同一行政不法行为，行政机关可以对其作出“行政不法”的法律评价，并作出行政处罚，同时对于其中构成犯罪的行为，则将其视为“行政犯”或“法定犯”，对其追究刑事责任。在大多数情况下，针对企业的行政执法与刑事司法具有一种前置化的关系，也就是行政机关率先启动行政执法程序，然后对于那些构成犯罪的企业再移交公安机关或其他侦查机关启动刑事立案程序。

于是在行政执法过程中，企业就有了一种特殊的法律帮助需求，那就是委托律师为争取将案件解决在行政执法环节，而说服行政机关不将案件移交公安或检查机关，或者说服公安或检察机关作出不立案的决定。可以说，使那些实施行政不法行为的企业成功地实现在行政执法环节的“软着陆”，而被排除在刑事诉讼程序的大门之外，终止于刑事立案之前，这是我国律师在应对执法调查方面的特殊合规业务。

那么，究竟如何帮助企业化解可能的刑事风险呢？结合我国司法制度和律师业务的实际情况，可以尝试“企业商业模式改造”的思路。在遭遇执法调查的危机之后，涉案企业既需要律师帮助其应对海外监管部门的调查以及国内政府部门的执法调查，更需要律师介入进来，帮助企业与政府部门达成行政和解，避免企业受到严厉的行政处罚，同时成功地化解刑事风险。而要达到这一效果，律师就需要对企业的商业模式或业务经营方式作出全面的法律诊断，发现其中的刑事风险，并提出企业改造商业模式的方案。

（一）诊断法律风险

首先，律师要帮助企业对其商业模式和交易模式本身是否有行政违规风险和刑事风险进行合规诊断。律师在开展合规业务的过程中，尤其是对于经济类犯罪案件，一定要通过阅卷吃透案情，摸清楚企业的商业模式，梳理出企业行政违规向犯罪转化的条件，然后才能作出企业刑事法律风险的诊断。

在作出法律风险诊断后，律师应帮助企业向行政监管部门提出化解方案，尽量促成行政和解的达成。行政和解意味着妥协，企业必须具有以下行为才有资格与行政机关进行协商：一是提交内部调查报告；二是对违规行为负有责任的员工和第三方加以惩戒；三是指出合规体系的漏洞，并提出整改方案；四是提交企业建立合规管理体系的证据。尤其是律师应说明哪些是第三方的责任，哪些是员工个人的责任，这些责任与企业并没有关联，企业只是在合规管理体系中存在一定的漏洞，而被第三方或员工恶意利用了。这体现了一种柔中带刚的业务技巧，即在配合调查的同时，明确作出责任的划分。总之，应对执法调查的关键是企业通过提出和解方案，按照方案中的整改措施积极进行整改，并交纳罚款或和解金，以换取行政机关的宽大处理，避免企业受到诸如特许经营资格被剥夺或营业执照被吊销等最不利的行政处罚结果。

（二）改造商业模式

在应对执法调查环节，合规律师可以为企业客户提供的最好服务是化解法律风险，将案件阻止在刑事立案的大门之外。为达到这一目标，就需要改造企业的商业模式，改变企业的交易方式，将其中的刑事法律风险予以消除。为此，企业要树立一种特殊的合规思维，也就是及时消灭特定犯罪构成要件的思维。

在刑事辩护中，律师所代理的案件已经被侦查机关作出刑事立案的决定，并且案件已经进入刑事诉讼程序，此时刑事案件事实已经发生完毕。刑事辩护的思维方式一般是要论证委托人的行为不符合特定犯罪构成要件。为达此目的，律师需要论证犯罪事实是否发生，委托人是否有实施有关犯罪行为。很显然，刑事辩护是一种"在特定案件事实存在的前提下，论证特定构成要件不成立"的思维。

与合规的思维完全不同。在行政机关执法调查开始后，公安或检察机关没有作出立案决定之前，有关行政不法事实已经发生，但案件是否符合特定犯罪构成要件，则处于尚不确定的状态。为阻止该项行政不法事实向犯罪事实进行实质性的转变，律师可以帮助企业改造商业模式，改变经营方式，纠正企业的违法违规行为，阻止符合犯罪构成要件的特定事实继续发生，从而帮助企业既消灭了特定事实，又消灭了特定犯罪构成要件。而特定犯罪事实和特定构成要件一旦被消灭，行政机关就没有理由将案件移交公安或检察机关，那么，公安或检察机关也没有理由对企业作出刑事立案的决定。

在我国法律实践中，对于有些案件行政执法机关和公安或检察机关是同时启动执法程序，行政执法调查和刑事侦查几乎同步进行，这种案件就没有"化解刑事风险"的空间，前面所说的消灭犯罪构成要件也就没有用武之地了。但是对于那些行政机关率先启动行政执法程序，而公安或检察机关尚未启动立案侦查程序的案件，这种通过重建商业模式、化解刑事法律风险的服务方式就有了较大的发展空间。律师只要帮助企业将特定犯罪构成要件及时地予以消灭，案件就有可能实现在行政执法调查环节的"软着陆"，公安或检察机关就不会再启动刑事立案程序。由此，律师帮助企业应对执法调查的业务活动也就大获成功了。

概括起来，通过帮助企业改造商业模式，或者改变经营以及交易方式，消灭特定犯罪构成要件，律师在应对执法调查方面可以达到以下四种目的：一是通过改造商业模式或交易方式，促使企业采取整改措施，建立预防犯罪的机制，消除原有商业模式中的违法因素或犯罪因素；二是采取纠正措施和补救措施，通过积极促成企业与行政机关的和解，积极促使投资人、被害人接受补救措施和处置方案，避免案件的发生；三是收集证据证明企业不符合特定构成要件；四是收集证据证明相关违法犯罪行为系员工、子公司或第三方所为，与企业没有关系，企业无须为此承担法律责任。

参考文献

著作类：

[1] 柴美群 . 公司治理研究：长效监督和信息公开 [M]. 成都：电子科技大学出版社，2017.
[2] 孟令彤 . 比较公司治理研究 [M]. 沈阳：沈阳出版社，2011.
[3] 剧锦文 . 企业与公司治理理论研究 [M]. 北京：中国经济出版社，2018.
[4] 鲁桐，仲继银 . 公司治理与价值创造 [M]. 北京：中国发展出版社，2014.
[5] 李孟洁，许方佩，夏爱红 . 转型经济中的公司治理与变革 [M]. 上海：同济大学出版社，2019.
[6] 高明华 . 公司治理学 [M]. 北京：中国经济出版社，2009.
[7] 沈乐平，张咏莲 . 公司治理学 [M]. 沈阳：东北财经大学出版社，2015.
[8] 李传军 . 公司治理学 [M]. 北京：中国广播电视出版社，2014.
[9] 宋剑涛，王晓龙，黎嘉纪，等 . 公司治理学 [M]. 成都：西南财经大学出版社，2015.
[10] 李维安 . 公司治理学 [M]. 北京：高等教育出版社，2009.
[11] 李维安 . 公司治理学 [M].3 版 . 北京：高等教育出版社，2016.
[12] 张银杰 . 公司治理：现代企业制度新论 [M]. 上海：上海财经大学出版社，2010.
[13] 张银杰 . 公司治理：现代企业制度新论 [M].3 版 . 上海：上海财经大学出版社，2017.
[14] 吴芳 . 中国式家族企业公司治理法律问题研究 [M]. 北京：高等教育出版社，2019.

[15] 孙蕾 . 机构投资者参与公司治理法律问题研究 [M]. 北京：人民出版社，2014.
[16] 高芳 . 公司治理、双重代理与上市公司财务重述 [M]. 武汉：武汉大学出版社，2017.
[17] 韦玮，罗丽琼，程崇祯 . 资本结构、行为金融分析与公司治理相关关系研究 [M]. 武汉：武汉大学出版社，2017.
[18] 陈冰玉，张艳平，祝群 . 内部控制 [M]. 济南：山东大学出版社，2019.
[19] 闻佳凤，仲怀公 . 现代企业内部控制学 [M]. 北京：北京理工大学出版社，2019.
[20] 方红星，池国华 . 内部控制 [M]. 大连：东北财经大学出版社，2014.
[21] 郦锡文 . 合规创造价值 [M]. 北京：中国金融出版社，2008.
[22] 宋云中 . 基于公司治理模式的中国国企高管薪酬机制研究 [M]. 北京：中国经济出版社，2017.
[23] 王志乐 . 合规：建立有效的合规管理体系 [M]. 北京：中国经济出版社，2016.
[24] 郭凌晨，王志乐 . 合规：加强商业伙伴合规管理 [M]. 北京：中国经济出版社，2015.
[25] 周在霞，耿明，杨鑫 . 内部控制 [M]. 上海：立信会计出版社，2009.
[26] 孙旭 . 深度合规管理 [M]. 上海：上海人民出版社，2020.
[27] 科茨 . 金融监管与合规 [M]. 邹亚生，马博雅，刘毓灵，译 . 北京: 中国金融出版社，2018.
[28] 陈瑞华 . 企业合规基本理论 [M]. 北京：法律出版社，2020.
[29] 林野萌 . 内部控制缺陷与内部控制评价 [M]. 厦门：厦门大学出版社，2017.
[30] 郑石桥 . 内部控制基础理论研究 [M]. 北京：中国国际广播出版社，2018.
[31] 叶陈刚，郑洪涛 . 内部控制与风险管理 [M]. 北京：对外经济贸易大学出版社，2011.
[32] 程安林 . 内部控制规范实施有效性与质量评价机制研究 [M]. 上海：上海人民出版社，2015.
[33] 王宏 . 基于目标导向的企业内部控制评价研究 [M]. 南昌：江西高校出版社，2015.
[34] 许江波 . 企业内部控制检查与评价 [M]. 大连：大连出版社，2009.
[35] 孙永尧 . 内部控制案例分析 [M]. 北京：中国时代经济出版社，2007.

期刊论文类：

[1] 陈瑞华 . 大数据公司的合规管理问题 [J]. 中国律师，2020（1）：86–88.
[2] 陈瑞华 . 合规视野下的企业刑事责任问题 [J]. 环球法律评论，2020，42（1）：23–40.
[3] 陈瑞华 . 企业合规的基本问题 [J]. 中国法律评论，2020（1）：178–196.
[4] 陈瑞华 . 论企业合规的中国化问题 [J]. 法律科学（西北政法大学学报），2020，38（3）：34–48.
[5] 李营营 . 中小企业财务内部控制存在的问题及对策研究 [J]. 现代营销（经营版），2020（10）：234–235.
[6] 陈瑞华 . 为什么研究企业合规问题 [J]. 中国律师，2020（7）：86–88.
[7] 陈瑞华 . 刑事诉讼的合规激励模式 [J]. 中国法学，2020（6）：225–244.
[8] 胡芳 . 财务内部控制存在的问题及对策研究 [J]. 现代经济信息，2017（15）：188，190.
[9] 陈瑞华 . 论企业合规的性质 [J]. 浙江工商大学学报，2021（1）：46–60.
[10] 张海波 . 企业财务内部控制存在的问题及对策研究 [J]. 全国商情（理论研究），2013（22）：48.
[11] 李墀欣 . 国有企业财务内部控制存在的问题及对策研究 [J]. 全国流通经济，2021（13）：42–44.
[12] 方叶飞 . 企业财务内部控制存在的问题及对策 [J]. 时代经贸，2019（2）：62–63.
[13] 张平 . 企业财务内部控制中存在的问题及对策 [J]. 时代经贸，2019（14）：31–32.
[14] 孟凡玉 . 中小企业财务内部控制存在的问题及对策 [J]. 中国集体经济，2019（21）：134–135.
[15] 陈瑞华 . 企业合规不起诉制度研究 [J]. 中国刑事法杂志，2021（1）：78–96.
[16] 曹珊珊 . 基于管理效能提升的企业内部控制与合规管理整合路径研究 [J]. 企业改革与管理，2020（4）：25–27.
[17] 赵建凤 . 上市公司股权结构对内部控制有效性的影响研究 [D]. 北京：首都经济贸易大学，2013.
[18] 林君寿 . 对企业合规管理与内部控制建设整合的思考 [J]. 中外企业家，2020（17）：47.

[19] 贾景宏 . 对企业合规管理与内部控制建设整合的思考 [J]. 环渤海经济瞭望，2019（7）：86–87.

[20] 杨美玲 . 基于企业价值提升的内部控制建设的思考 [D]. 上海：东华大学，2014.

[21] 王海林 . 信息技术环境下企业内部控制建设的思考 [J]. 中国注册会计师，2011（4）：84–87.

[22] 朱国泓，张祖士 . 论内部控制国际进展及其借鉴 [J]. 当代财经，2008（3）：108–112.

[23] 肖光红 . 企业内部控制基本理论问题研究 [D]. 成都：西南财经大学，2014.

[24] 侯志鹏，杨婧 . 企业内部控制与合规管理整合研究 [J]. 经济研究导刊，2019（14）：16–17.

[25] 黄胜忠，刘清 . 企业内部控制与合规管理的整合 [J]. 财会通讯，2019（17）：105–108.

[26] 蒋敏利 . 企业内部控制与合规管理的整合 [J]. 中国物流与采购，2020（3）：45–46.

[27] 马增彩 . 探讨企业内部控制与合规管理整合 [J]. 全国流通经济，2020（14）：61–62.

[28] 宋京津 . 内部控制信息披露问题研究：一个分析框架 [D]. 南昌：江西财经大学，2011.

[29] 徐璐 . 企业文化视角的内部控制有效性研究 [D]. 镇江：江苏科技大学，2015.

[30] 王曦凌 . 内部控制审计与财务收支审计的有效结合 [J]. 财经界，2016（11）：294，296.

[31] 陈瑞华 . 西门子的合规体系 [J]. 中国律师，2019（6）：74–77.

[32] 陈瑞华 . 论企业合规的性质 [J]. 浙江工商大学学报，2021（1）：46–60.

[33] 赵万一 . 合规制度的公司法设计及其实现路径 [J]. 中国法学，2020（2）：69–88.

[34] 杨力 . 中国企业合规的风险点、变化曲线与挑战应对 [J]. 政法论丛，2017（2）：3–16.

[35] 尹云霞，李晓霞 . 中国企业合规的动力及实现路径 [J]. 中国法律评论，2020（3）：159–166.

[36] 方拯，方歆然．世界银行合规体系下中国企业合规问题探讨 [J]. 商学研究，2020，27（4）：23–30.
[37] 王志乐．中国跨国公司需要强化合规经营 [J]. 亚太经济，2012（4）：103–109.
[38] 刘玉飞．“一带一路”倡议下中国企业的合规管理 [J]. 国际工程与劳务，2018（2）：29–32.
[39] 范勇．“中兴事件”为中国企业合规管理带来的启示 [J]. 质量与认证，2018（8）：33–35.
[40] 王志乐．强化合规经营意识 促进企业持续发展 [J]. 新产经，2018（9）：14–16.
[41] 黄茂兴，唐杰．改革开放 40 年我国国有企业改革的回顾与展望 [J]. 当代经济研究，2019（3）：21–31，2，113.
[42] 陈瑞华．律师如何开展合规业务（一）——合规计划的打造 [J]. 中国律师，2020（8）：84–88.
[43] 陈瑞华．律师如何开展合规业务（二）——合规尽职调查 [J]. 中国律师，2020（9）：82–84.
[44] 陈瑞华．律师如何开展合规业务（三）——合规内部调查 [J]. 中国律师，2020（11）：79–81.
[45] 陈瑞华．律师如何开展合规业务（四）[J]. 中国律师，2020（12）：85–88.
[46] 陈瑞华．律师如何开展合规业务（五）——律师如何担任合规监管人 [J]. 中国律师，2021（1）：88–90.
[47] 陈瑞华．行政监管环节的律师合规业务 [J]. 中国律师，2021（2）：88–91.
[48] 吴建华．法律顾问参与企业合规建设的探析 [J]. 法制与社会，2020（15）：219–220.
[49] 陶光辉．企业管理中法律顾问的理念与价值 [J]. 法人，2016（7）：54–56.
[50] 肖树伟，韩冰，杨琨．大合规时代来临，律师如何切下这块蛋糕 ?[J]. 新产经，2019（3）：46–49.
[51] 李春静．公司合规管理中的法律服务研究初探 [J]. 职工法律天地，2019（10）：228–229.
[52] 张小满．积极发挥律师在国有企业改革中的重要作用 [C]// 中华全国律师协会，内蒙古自治区律师协会．中国民商法实务论坛论文集，2005：564–568.